感谢贵州财经大学学术专著出版基金资助

拉美汽车工业
发展模式及其启示

赵平◎著

中国社会科学出版社

图书在版编目（CIP）数据

拉美汽车工业发展模式及其启示／赵平著 . —北京：中国社会科学出版社，
2021. 10

ISBN 978 - 7 - 5203 - 9174 - 0

Ⅰ.①拉…　Ⅱ.①赵…　Ⅲ.①汽车工业—工业发展—研究—拉丁美洲
Ⅳ.①F473.064

中国版本图书馆 CIP 数据核字（2021）第 189544 号

出 版 人　赵剑英
责任编辑　张　林
特约编辑　郑成菊
责任校对　王　龙
责任印制　戴　宽

出　　　版　中国社会科学出版社
社　　　址　北京鼓楼西大街甲 158 号
邮　　　编　100720
网　　　址　http://www.csspw.cn
发 行 部　010 - 84083685
门 市 部　010 - 84029450
经　　　销　新华书店及其他书店

印刷装订　三河弘翰印务有限公司
版　　　次　2021 年 10 月第 1 版
印　　　次　2021 年 10 月第 1 次印刷

开　　　本　710×1000　1/16
印　　　张　15.75
插　　　页　2
字　　　数　273 千字
定　　　价　88.00 元

凡购买中国社会科学出版社图书,如有质量问题请与本社营销中心联系调换
电话:010 - 84083683

目　　录

第一章

导　　论

工业化是一个国家发展程度的重要指标之一，也是第二次世界大战后发展中国家最为关注的核心问题之一。汽车工业具有强大的关联效应，能够极大地提高工业化发展水平。拉美国家积极发展汽车工业，形成了独具特色的依附型发展模式。拉美的汽车工业发展取得了巨大的成就，但也不乏经验教训。中国已经成为全球最大的汽车产销国，但中国的汽车工业仍然存在"大而不强"的弱点。进一步推动中国汽车工业的发展，不但要从自身出发练好内功，也应该从其他国家汽车工业的发展历程中吸取经验教训。

第一节　问题的提出

在后发国家的工业化模式中，拉美国家的工业化道路相当具有代表性。汽车工业是"工业中的工业"，第二次世界大战之后逐渐成为推动拉美国家工业化进程的重要部门之一。作为汽车工业发展的后起国家，拉美诸国走出了一条与众不同的发展道路。当然，这种发展模式也广受争议。但是，墨西哥、巴西和阿根廷等国的汽车工业在从无到有、从弱到强的发展过程中，积累的许多经验教训仍然值得我们深思和研究。

纵观国内外的相关研究和发展中国家的工业化实践，研究拉美汽车工业具有重大的理论意义和现实意义。汽车工业的规模经济性以及由此造成的寡头市场结构是对传统经济学理论的挑战。尽管不完全竞争理论在张伯伦和罗宾逊夫人的启示下得到了极大的发展，汽车工业也常常被作为典型的案例加以研究，但对拉美汽车工业的理论分析却很鲜见。因此，深入探讨拉美汽车工业的发展历程、政策设计及效应、市场进入和退出壁垒等问题具有重要的理论意义，至少能够为经济学理论研究提供一些典型的案例。

众所周知，汽车工业具有广泛的关联效应和强劲的带动作用。在整个 20 世纪，它先后成为众多发达国家和发展中国家（地区）的支柱产业。21 世纪，汽车工业不但仍然是发达国家工业体系中不可或缺的重要部门，而且是发展中国家工业化过程中无法轻视且无法回避的重要部门。汽车工业之所以被许多国家视为支柱产业，是因为汽车工业对经济增长具有重要的推动作用，以及其对上下游相关产业具有巨大的关联作用。而且，汽车工业在某种程度上代表了一个国家制造业的整体水平，甚至能够代表一个国家的综合竞争力。随着技术创新和科技革命的发展，汽车产业正在向智能化和节能化方面进步，吸引了新能源、人工智能和物联网等高科技产业融入汽车产业链，形成了新的带动效应。因此，汽车工业对世界各国经济、社会发展具有不可替代的作用。

中国是一个后起的汽车工业国，自 20 世纪 50 年代初以来，中国汽车工业在半个多世纪中不断地向前发展。进入 21 世纪以来，中国汽车工业发展不断加速，尤其是在新能源汽车、汽车智能等领域取得了令人瞩目的成绩，很多高科技应用领域甚至成为全球的标杆和示范。如何评价和反思"以市场换技术"和"以市场换资金"战略？如何抓住全球汽车工业大变革的历史机遇进一步推动中国汽车工业发展？如何坚持走自主创新的汽车工业发展道路？拉美汽车工业发展过程中的宝贵经验和惨痛教训给我们提供了许多重要的启示，这也正是深入研究拉美汽车工业发展模式的现实意义之所在。

第二节　文献综述

一　国外文献

1885 年，德国人卡尔·本茨（Karl Benz）用四冲程汽油机发明了世界上第一辆汽车，世界汽车工业自此发端。1908 年，福特 T 型车的问世将世界汽车工业带入了大批量生产和销售的新时期。美国人也因此以其敏锐的市场开发能力和高效的生产方式夺走了欧洲的"汽车生产中心"头衔。从此之后，汽车的批量生产和大众消费成为可能，一个新的产业逐渐形成并迅速成为工业化国家的支柱产业。汽车工业在国民经济中的重要性以及汽车工业本身的性质（如规模经济性、产业关联性）引起了学术界的高度关注。无论是在微观经济层面（企业技术创新与技术进步、市场结构、产业组织），还是在宏观经济经济领域（政府的产业政策、工业化道路、产业结构的演变），汽车工业都非常值得研究。作为汽车工业发展的后起国家，拉美诸国创造的与众不同的汽车工业发展模式备受学者们的关注，他们的研究成果也是本书研究的起点。

（一）关于拉美汽车工业的发展模式及其演变

Jenkins 全面、深入地研究了拉美汽车工业的发展，他有许多关于拉美汽车工业的论著。Jenkins（1977；1987）从跨国汽车巨头的海外扩张和拉美地区经济发展战略的大背景出发，系统考察了拉美汽车工业的发展历程以及拉美汽车工业发展模式的演变。他认为，拉美汽车工业是一种依附性发展模式，即依附于跨国公司发展。Jenkins 的这一论断界定了拉美汽车工业的发展模式，尔后其他学者的研究基本上没有脱离这个框架。Mericle（1984）从拉美汽车生产大国——巴西的汽车工业着手，研究了巴西汽车工业的发展模式及其面临的困难。在巴西汽车工业的建立阶段（1919—1961 年），其发展得益于政府政策的大力支持。但是，巴西汽车工业的发展势头随即被结构性困难所困扰，并在 1962—1967 年徘徊不前。当然，20 世纪 60 年代初的政治、经济危机是巴西汽车工业发展受挫的重要原因。1968—1974 年是巴西汽车工业的加速扩张时期，这一时期正好与"巴西奇迹"在时间上相吻合。Mericle（1984）的研究还表明，巴西汽车工业的发展面临的最大困难是生产规模过小和生产成本过高。虽然巴西政府的政策为在巴西投资的跨国汽车公司提供了有利的条件，并使汽车工业迅速成为巴西的主导产业。然而，巴西汽车工业政策引发了许多经济问题和政治问题，反过来影响了汽车工业的发展。Lung（2000）在分析新兴汽车市场的产量增长及其面临的问题时也曾经指出，市场需求过小造成的困难比早先的预期更加严重。而且，自由化和对 FDI 的过渡开放也导致了市场不稳定。如同其他新兴汽车市场一样，巴西和墨西哥的汽车工业都曾经经历过类似的危机，而且至今仍然面临很多不确定性，如政治不确定性、市场不确定性、全球金融和汇率不确定性等。

拉美汽车工业发展模式一直处于动态的发展之中，尤其是深受世界汽车工业发展的影响。Kronish（1984）首先注意到了拉美汽车工业与世界汽车工业的关系。他指出，20世纪50年代后期和60年代的拉美汽车制造业相对封闭，但20世纪70年代后期以来，跨国公司开始将在拉美的汽车生产与全球生产紧密联系起来，从而促进了拉美汽车的出口。在他看来，出现这种情况的原因在于，跨国公司之间市场争夺的加剧和发达国家汽车工业劳资冲突的增多，导致了跨国公司偏好于将生产地点转移到发展中国家。Jenkins（1987）在研究拉美汽车工业发展模式时，也提及了拉美汽车工业对全球化和区域化的参与。但他认为，直到20世纪80年代，拉美汽车工业才更加深入地参与到世界汽车工业一体化当中。尽管在时间界定上有所差别，但一个无法否认的事实是，拉美汽车工业发展模式在20世纪70年代末80年代初的确发生了重大的变化。随后，许多学者进一步研究了汽车工业后起国家参与全球化和区域一体化的不同模式。Layan（2000）把墨西哥归结为一体化外围市场（IPMs）。这种一体化模式的显著特征是，根据自身的比较优势参与全球汽车生产链的某个环节——主要包括组装和生产劳动密集型零部件。此外，他还考察了墨西哥加入NAFTA之后汽车工业的发展，并比较了这种模式与早年西班牙参与区域一体化的异同。Humphrey和Salerno（2000）讨论了新兴汽车市场区域一体化的另外一种模式，即新兴区域市场（ERMs）的发展，东盟（ASEAN）和南方共同市场（Mercosur）都是典型的案例。他们认为，自南方共同市场成立以来，巴西、阿根廷的汽车工业发展模式变得更加开放，双方的汽车贸易迅速发展，并很快地融入全球汽车工业中。Freyssenet和Lung（2000）在跨国汽车公司竞争全球市场和区域市场的背景下，探讨了新兴汽车市场汽车工业的发展。他们提出的观点并没有随声附和，而是认为尽管汽车工业比过去任何时代都更具国际性，但地区之间和企业之间仍然存在无法抹杀的差别。

（二）关于拉美政府的汽车工业政策

在全球范围内，政府大力支持本国汽车工业的发展是一种普遍的做法，后发汽车生产大国尤其如此。拉美的汽车工业体系建立于实施进口替代工业化战略时期，深深地打上了政府干预的烙印。Kronish和Mericle

（1984）比较研究了 20 世纪 80 年代之前阿根廷、巴西和墨西哥的汽车工业。他们明确指出，这三个国家的汽车工业都需要广泛的政府支持。政府干预和支持模式的差异在很大程度上表现为对当地成分要求（Local Content Requirement）的规定不同，不同的规定对汽车工业的发展利弊兼有。巴西和阿根廷政府规定了非常高的当地成分要求（90% 以上），这种做法恶化了两国汽车工业存在的结构性问题，但是政府通过收入集中扩大了国内需求，从而促进了汽车工业的发展。墨西哥的情况有所不同，由于汽车零部件高度依赖进口加剧了国际收支困难，因而政府不得不重视促进出口。

政府政策是否有效，不但取决于政策本身，还要受到诸多其他因素的影响。例如，Jenkins（1984）的研究发现，劳资双方谈判能够影响产业政策的效果。他在考察阿根廷汽车工业面临的困境以及政府为改变此局面所进行的努力时发现，阿根廷政府的汽车工业政策类似于巴西，但由于工人阶级的力量相当强大以及阿根廷的经济比较封闭，这些政策没能取得预期效果，因而阿根廷汽车工业也一直未能走出困境。Bennett（1986）重点研究了墨西哥汽车工业政策对该国汽车零部件产业结构和绩效的影响。其研究表明，旨在促进汽车工业发展的政策常常具有相反的效果——阻碍新企业的进入和维护在位企业的市场势力。20 世纪 60 年代和 70 年代，由于墨西哥的零部件需求旺盛而新企业又无法进入，零部件厂商常常无法满足汽车装配企业的需求，从而迫使后者在需求高涨时期大规模进口。Bennett 在考察这一段发展历程的基础上总结道：与政府的意愿相反，汽车工业政策增加了墨西哥汽车部门的外汇赤字。

Humphrey 和 Oeter（2000）研究了新兴汽车市场政府为了促进当地汽车工业发展而采取的政策。20 世纪 90 年代以来，拉美汽车工业政策发生了重大的变化，巴西和墨西哥都变得更加开放，两国分别通过融入南方共同市场和北美自由贸易区而扩展了汽车工业。尽管如此，但对国内市场的过度保护仍然导致新兴汽车市场无法利用规模经济。在整个拉美地区，仅仅巴西的部分车型实现了大规模生产。Shapiro（1994）全面探讨了巴西汽车工业的发展，沿着巴西汽车工业发展的脉络，他分别研究了政府的干预方式及效果、汽车市场产业组织的演变、跨国公司的战略变化、汽车零部件工业的发展等问题，并且分析了巴西政府与跨国汽车公司之间的博弈和利益分配。Shapiro 的观点是，一系列政治、经济因素推动了巴西汽车工业的腾飞，其中成功的政府干预和跨国公司的投资尤为重要。

（三）关于拉美政府与跨国公司的关系

拉美汽车工业的发展史，在某种程度上就是一部跨国汽车公司在拉美的投资史。对于政府而言，既要大力吸引跨国公司的直接投资，以获取资金、技术、管理经验和就业机会，又要引导跨国公司在整体上服务于本国的战略目标。跨国公司则既希望利用在位优势（包括原材料、廉价的劳动力和市场进入），又不愿因为受到东道国政府过多的管制而无法顺利实施其全球战略。因此，几乎是自拉美汽车工业出现萌芽以来，东道国政府和跨国公司之间的争夺和矛盾冲突从未间断过。Bennett 和 Sharpe（1984）回顾了墨西哥汽车工业创立阶段（1960—1964 年）政府与跨国公司之间的谈判。他们的分析表明，尽管双方在很多实际问题上存在众多分歧，但双方的冲突仍然维持在合作和双赢的范围内。此外，他们还分析了讨价还价过程本身，发现跨国公司能够有效地游说母国政府向墨西哥政府施加压力，而墨西哥政府却未能有效地利用其潜在的势力，因而在谈判中处于下风。Bennett 和 Sharpe（1985）从历史的视角对墨西哥汽车工业的发展进行了解释，并且深入研究了跨国公司与发展中国家政府之间的讨价还价关系和相互依赖关系。他们指出，1960—1962年、1969 年和 1977 年，墨西哥政府与跨国汽车公司之间分别进行了三次重要的讨价还价博弈，这三次博弈对墨西哥汽车工业的发展道路和跨国公司在墨西哥的策略选择产生了重大的影响。尤其以第一次讨价还价最为重要，因为它决定了双方之后的博弈基调。

Fleet（1984）讨论了哥伦比亚这样一个小规模产业中政府和跨国公司之间的博弈。尽管哥伦比亚政府的讨价还价能力有限，但它利用跨国公司之间的竞争而获得了较好的合约。可是，由于跨国公司逃避政府管制，这些合约很难实施。此外，Jenkins（1987）也考察了拉美汽车工业中的政企关系和劳资关系。

（四）关于拉美汽车工业中的劳资关系

20 世纪 80 年代末以来，拉美汽车工业进行了规模较大的重组，由此导致的劳资关系变动也引起了很多学者的高度关注。实际上，由于拉美汽车市场基本上被跨国汽车公司所垄断，劳资关系牵涉的范围甚广，如政府与跨国公司的关系、政府对本国工人权益的关注程度、企业管理层和工人的关系、劳动生产率的提高，以及谈判中各方的策略选择等。因此，在研究拉美汽车工业发展模式时，劳资关系是一个无法回避的话题。

总体上来说，随着跨国公司策略的调整和政府态度的微妙变化，拉美汽车工业中的劳资关系较为稳定，一些原来比较激进的工会也被跨国公司的分化策略瓦解。Humphrey（1984）曾经指出，尽管巴西汽车工人的工资水平和工资环境并不像人们通常所认为的那样好。相反，他们工作环境糟糕，而且随时面临着被解雇的风险。然而，政府态度的变化在一定程度上影响了工人的选择，劳资关系并没有恶化。例如，1988—1992年，巴西政府曾经积极促进劳资双方在工资和就业方面的谈判。但随着巴西汽车工业在20世纪90年代开始恢复增长，1992年之后，政府对劳资关系的关注逐渐下降（Arbix和Rodrigues，1998）。

其他国家劳资关系相对缓和的原因不尽相同。墨西哥主要是因为领头工会比较保守和工人缺少组织。Roxborough（1984）对墨西哥汽车工业工会内部结构及其策略的研究证明了这一点。他指出，整个20世纪60年代，大部分工会依附于保守的领头羊——墨西哥工人联盟（CTM），只有那些逐渐脱离CTM形成的独立工会要相对积极一些。Tuman（1998）也认为，在工人运动开展得较好的情况下，大多数工人断绝（或者削弱）了与CTM的联系，而且工人的参与度较高、工会制度比较民主。Morris（1998）认为，汽车工业的发展引导墨西哥从高度保护的进口替代模式转变为较为成功的出口导向经济，但出口导向的新企业的工人缺乏组织。总之，在政府干预和工会组织衰落的情况下，墨西哥的劳资冲突相对较少。在委内瑞拉，汽车工业主要集中在汽车装配工业方面。工人对汽车工业的调整比较平静，因为尽管调整带来了一定的不利变动，但汽车工人的工作条件仍然比较优越，工资待遇也相对较高，而且就业有保障。委内瑞拉汽车工业的工会领导在与资方讨价还价中的策略比较保守而且能力有限，劳资双方的矛盾只在小范围内存在（Lucena，1998）。哥伦比亚的情况又有别于墨西哥和委内瑞拉。Cárdenas（1998）分析了20世纪70年代以来在哥伦比亚投资的雷诺公司与工人组成的工会之间的长期博弈。他发现，雷诺公司为了缓解与工会的关系而实施的全面质量管理计划，以及 1993 年下半年雷诺提出的工人退出工会就能获得更高工资的承诺，大大地削弱了工会的讨价还价能力。

在拉美各国中，阿根廷汽车工业中的工会算得上是独树一帜。Evans、Hoeffel 和 James（1984）发现，阿根廷汽车工人常常以激烈、有效的方式挑战政府的经济政策，而且能够有效地阻碍汽车厂商提高劳动生产率的努力。Catalano 和 Novick（1998）在贸易自由化和区域一体化引起阿根廷汽车工业巨大变化的背景下，研究了阿根廷汽车厂商的反应和劳资关系的变化。尽管在阿根廷的外国汽车厂商顺势而为，引入了质量管理制度和团队管理概念，但工会仍然向政府施压，通过进行政府代表、管理方和工会三方会谈，成功地保证了就业并提高了实际工资。值得深思的是，一方面，阿根廷工会的力量很强大；另一方面，阿根廷汽车工业逐渐落后于其他拉美汽车生产大国。当然，不能因此就轻易地判断这二者之间一定存在某种必然的联系。但是，这个现象确实值得关注。

此外，在实证研究方面，Berry、Grilli 和 Florencio López-de-Silances（1992）考察了北美自由贸易协议（NAFTA）对北美汽车工业的影响。他们的研究表明，墨西哥的汽车工业前景看好，但是它高度依赖美国的跨国公司以及从美国和加拿大的零部件进口。通过对汽车需求进行计量经济分析，他们认为，随着世界经济的增长和汽车价格的下降，墨西哥汽车工业的规模还会进一步扩大。总体上来说，NAFTA 有利于墨西哥汽车工业的发展，尤其是它为墨西哥汽车工业提供了产品多样化和合理化的机会。

国外对拉美汽车工业研究的成果颇丰，以上的总结只是冰山一角。即便如此，这些研究也基本上概括了拉美汽车工业发展模式的各个方面。这些研究成果既是后学们研究拉美汽车工业的宝贵财富，也是无法脱离的起点。当然，这些研究也还有不够完善的地方。国外研究最大的不足之处在于，没有形成一个统一的体系。拉美汽车工业发展模式的本质特征是什么，为什么会出现这些特征，这种发展模式利弊何在，是否有可供其他国家的借鉴之处？我们还不能从上述研究中得到客观、明晰的答案。实际上，影响拉美汽车工业发展的许多因素可能是互动的。例如，政府政策肯定会影响跨国公司的战略选择，而后者又会反过来影响前者的效果。只有在一个统一的体系中全面研究这些因素，才可能更好地理解拉美汽车工业发展模式的本质和特征。因此，我们还有必要在现有研究的基础上更进一步。

二　国内文献

在中国的工业化过程中，政府、企业界和学界也非常重视汽车工业的发展。他们不但研究中国的实际情况，而且常常研究国外的汽车工业，以此为中国的汽车工业发展提供有益的借鉴。

（一）对拉美汽车工业发展模式的界定

对于拉美汽车工业的发展模式，国内存在很多不同的看法。主要原因在于，学者们对汽车工业发展模式的界定不尽相同，甚至同一个学者也根据不同的标准任意分类。到目前为止，国内最为常见的是将后起国家的汽车工业分为完全开放模式和自主发展模式，而拉美国家的汽车工业发展模式属于前者。例如，冯飞（2002）执笔的一份研究报告中称：从国际汽车工业的发展历史来看，后发国家存在着两类典型的发展模式，一是以韩国等为代表的自主发展模式，二是以巴西、西班牙、加拿大等国家为代表的完全开放模式。钱平凡（2003）通过考察墨西哥、西班牙、加拿大、巴西和韩国的汽车工业发展历程，也概括出完全开放和自主开发两种模式。并且，他对两种模式的内涵、特点以及政府作用进行了比较研究。张占斌（2003）在总结国内对汽车工业发展模式各种分类的基础上指出，国际汽车工业大体上可以分为自主发展型和开放发展型两大类，巴西和墨西哥属于后一类。胡安生（2006）的研究也主张，后起国际汽车工业发展可以分为两种模式：以韩国为主的自主发展模式和以巴西为代表的完全开放模式，并总结了两种模式的特点及其对中国的启示。这两种发展模式各有特点，也各有利弊。正如冯飞（2002）执笔的研究报告所指出的那样，"这两类模式尽管所走的路径不同，但都使一个国家的汽车工业从无到有，或从明显弱势到在国际汽车工业中占有一席之地，并成为实现经济增长目标的支柱性产业。由于所走的路径不同，也导致了汽车工业具有不同的产业特征，各有所得，也各有所失"。

另外一种看法是，拉美的汽车工业属于产业依附型，即依赖跨国公司。宋泓和柴瑜（1999）认为，巴西和墨西哥的汽车工业都是依附跨国公司型，在不同的发展阶段都离不开跨国公司的直接投资。夏大慰、史东辉和张磊（2002）回顾了墨西哥汽车工业的发展历程，也把墨西哥汽车工业定位为跨国公司主导下的成长。李逢生和顾作英（2002）把汽车工业发展模式分为独立自主型（美国和德国）、部分依赖型（日本和韩国）和完全依赖型（巴西和中国台湾地区）。他们指出，"巴西汽车工业在发展上基本上依赖外资，实质上成了跨国公司的海外加工和市场（尽管也促进了巴西经济的发展）"。杨强和胡树华（2002a）认为，世界汽车工业发展模式可以归纳为三类：纯进口消费发展模式、产业依附型发展模式和产业主导型发展模式。各国的政策对汽车工业发展模式的形成与发展具有重要影响，巴西、墨西哥采取了产业依附型发展模式，即依赖跨国公司发展汽车工业。但杨强和胡树华（2002b）又把世界汽车工业的总体发展模式概括为自主开放型发展模式、共同经营发展模式和外资主导型发展模式，并且指出发展汽车工业的能力和条件、汽车市场的竞争、发展汽车工业的政府政策共同决定了各国发展模式的选择，巴西和墨西哥都选择了外资主导型发展模式。究其原因，可能是分类的标准和角度发生了变化。但由此也可看出，国内现有的研究对世界汽车工业发展模式的分类没有统一的标准，甚至显得比较混乱。尽管产业依附型发展模式受到很多批评，但也有其优势。毕忠华（2005）指出，像巴西的这种产业依附开放型模式的基本产业特征是，借助跨国公司的力量，按照产业增值链的国际分工，在一些本国具有比较优势的领域（例如劳动力资源）形成面向国际市场的汽车工业。

（二）对政府作用的研究

不管对拉美汽车工业发展模式作何分类，但学术界对政府政策和跨国公司在这种发展模式中的重要作用都予以了高度重视。江时学（1989）较早研究了拉美汽车工业的发展历程以及政府在各个阶段采取的扶持政策。在评价拉美汽车工业发展的成效时，他认为，拉美汽车工业对经济、社会发展做出了巨大的贡献。但是，拉美汽车工业仍然存在高度依赖跨国公司、国际竞争力不强、市场难以拓宽等问题。郑保国（1990）对阿根廷、巴西、墨西哥三国汽车工业的发展历程以及影响三国汽车工业发展的两个因素——政府政策和跨国公司的作用进行了分析。他指出，跨国公司和政府政策是影响三国汽车工业发展的两个重要因素，三国汽车工业从简单装配到进口替代，再到出口导向的过渡，是政府政策和跨国公司相互影响的结果，也是国内经济发展对汽车工业的发展要求和国际汽车工业发展变化共同作用的体现。在整个发展过程中，政府的强制性、引导性和动态性的干预政策对汽车工业的发展发挥了重要的推动作用。邱毓伟（2004）进行的国别研究也表明，半个多世纪以来，正是在政府政策和跨国公司的推动下，巴西汽车工业才从无到有，发展为如今的汽车生产和贸易大国。他在工业化背景中详细研究了巴西政府对汽车工业的扶持政策和跨国公司对巴西汽车工业发展的影响，发现政府政策和跨国公司是巴西汽车工业发展的两大主要推动力。但是巴西汽车工业掌握在跨国公司手中仍然埋下了隐患，严重损害了政府政策的自主性。迄今为止，巴西汽车生产规模与其他主要汽车生产国仍然有较大的差距，在车型的替代以及生产技术的升级等方面也仍处于相对弱势。

　　还有一些学者专门评判了拉美各国政府采取的具体政策措施。来有为（2001）考察了巴西汽车工业发展过程中政府采取的各种措施，包括增长点产业政策、严格保护国内市场、大力引进外资等。这些政策推动了巴西汽车工业的发展，但是进口替代和严格的国内保护也使巴西汽车缺乏国际竞争力。韩琦（2011）深入研究了跨国公司对墨西哥经济的影响，详细介绍了20世纪60—80年代墨西哥汽车工业的发展历程和政府法规变化，充分肯定了汽车工业对墨西哥经济的带动作用，并深刻总结了墨西哥汽车工业政策的不足之处。

　　（三）对跨国公司作用的研究

　　关于跨国公司和外资对拉美汽车工业发展的作用也有许多专门的论述。郑保国（1990）认为，拉美的汽车工业发展取得了巨大的成就。例如，阿根廷、巴西和墨西哥三国的汽车产量迅速提高、出口初具规模、产品结构较为合理，并拥有一个比较完整的零部件工业生产体系。但是，三国汽车工业的发展却存在诸如受跨国公司控制、生产成本高、国际收支不平衡（巴西稍好）等严重问题。王今（2005）的研究表明，在发展中国家的工业化过程中，外资发挥着重要作用。对于把汽车工业作为主导产业的发展中国家来说，同样离不开外资的作用。但是，后起汽车大国在利用外资的形式、对外资的限制程度、政府对本国汽车工业保护和干预力度、与利用外资相对应的产业战略等方面都存在很大的差别。巴西对外资的限制较少，外国投资的方式以FDI为主。他同时指出，巴西政府的汽车工业扶持政策和汽车产品出口促进政策对汽车工业发展的重大推动作用也不容忽视。夏大慰、史东辉和张磊（2002）高度重视外资在墨西哥汽车工业组织演变中的作用。他们认为，墨西哥当代汽车工业组织状况实际上是当代汽车工业全球竞争的一个缩影，墨西哥汽车工业组织的演变基本上是各大跨国公司全球战略安排的结果。此外，程振彪（2002）还从微观上分析了跨国汽车公司在拉美的投资状况，并讨论了跨国公司的战略决策。

（四）对拉美汽车工业发展阶段的研究

国内很多学者的相关论著也涉及了拉美汽车工业的发展。例如，张森根和高铦（1986）曾经对拉美汽车工业的发展状况进行过概述。他们指出，拉美的汽车工业最初以汽车装配为主，20世纪60年代才转为在当地制造。就发展历程来说，20世纪80年代中期之前的拉美汽车工业可以划分为三个阶段：美国资本控制拉美汽车工业时期（1916年至第二次世界大战）、拉美民族汽车工业发展时期（第二次世界大战后至20世纪60年代初）和国际垄断资本控制拉美汽车工业时期（20世纪60年代初至80年代中期）。江时学（1996）认为，尽管拉美各国政府大力扶持汽车工业，但拉美汽车工业依然存在许多严重的缺陷。例如，政府在高度保护本国工业时，没有充分考虑规模经济效应。吴国平（2002）研究了跨国公司在拉美汽车工业投资格局的变化以及跨国公司的策略调整。他还指出，南方共同市场的发展对巴西、阿根廷的汽车生产和贸易起到了巨大的推动作用。徐世澄（2004）回顾了墨西哥汽车工业的发展进程，并展望了墨西哥汽车工业发展的挑战和前景。墨西哥汽车工业发展取得了巨大的成就，是墨西哥实现现代化战略的重要因素。在他看来，尽管墨西哥汽车工业面临着诸多挑战，但它的中长期的发展前景看好，因为墨西哥汽车工业已有比较坚实的基础，在国际市场上已占有一定的位置。

国内学者对拉美汽车工业的广泛研究富有深刻的启发意义，尤其是在拉美汽车工业发展模式方面提出了许多重要的见解。这些研究成果不但提供了新的理论解释，而且对中国汽车工业的发展具有重大的现实意义。但相对而言，国内学者对拉美汽车工业的研究还不够深入，这可能是因为国内学术界对拉美的关注度还不算太高。除此之外，研究者们还可能会受到历史时空观和知识结构的局限，他们的研究不可避免地被打上了时代的烙印。纵观当今，经济学理论和世界汽车工业的发展都出现了很多新的变化。以新的理论来解释新的实践，不但可行，而且必要。

三　研究评述

拉美汽车工业发展走出了一条独特的道路，如今墨西哥成长为全球重要的汽车生产大国和出口大国，巴西在灵活燃料技术方面独树一帜。当前文献对拉美汽车工业的发展历程和特征进行了比较全面的研究，大多数研究都强调了政府政策和跨国公司在拉美汽车工业发展中的作用。但现有研究对拉美汽车工业发展模式的概括还不够精确，缺少讨论政府和跨国公司之间的互相作用，没有总结拉美汽车工业发展的根本动力，大多数研究都偏重于介绍某一个方面的内容，没有把拉美汽车工业作为一个产业系统来研究。在讨论拉美汽车工业发展的经验和教训时，现有文献缺少比较研究，没有根据国情差异研究中国汽车工业发展的战略选择。

第三节　研究内容

详细探讨拉美汽车工业的发展历程及其趋势，客观、全面地评价拉美汽车工业发展模式，并总结拉美汽车工业发展的经验和教训，对中国汽车工业发展具有重要的借鉴意义。本书虽然冠以"拉美汽车工业研究"，但重点关注拉美的汽车生产大国阿根廷、巴西和墨西哥的汽车工业，智利、委内瑞拉和哥伦比亚等国的汽车装配业也会有所涉及。

本书的研究将围绕"一线两面"展开，拉美汽车工业从无到有的发展过程是贯穿本书的主线。从拉美汽车工业发展的历程来看，政府扶持政策和跨国公司始终是两个至关重要的因素，而且二者处于不断博弈的动态互动关系中。拉美国家政策的出台及其效果不但受到国内外政治经济条件的影响，而且与跨国公司的战略选择有关。反过来，跨国公司也总是根据政府的行为来调整自己的战略。总之，政府与跨国公司之间的动态博弈贯穿着拉美汽车工业发展的全过程。因此，本书一方面研究拉美汽车工业政策的出台背景、主要内容、实施效果，以及影响政策效果的各种因素；另一方面讨论跨国汽车巨头在拉美投资的目的、战略变化，及其对拉美汽车工业发展的影响。

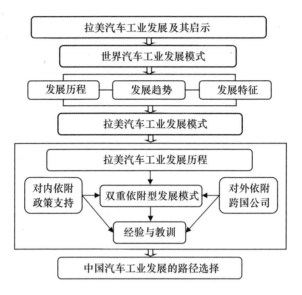

图 1-1 研究框架

在结构上，本书的安排如下：

第一部分为"导论"，介绍选题的依据和意义，并在综述国内外研究现状的基础上提出研究思路。

第二部分为"世界汽车工业发展概况"，详细论述世界汽车工业的特点、发展历程和发展趋势，并总结世界汽车工业的不同发展模式，以揭示拉美汽车工业发展的国际环境和背景。

第三部分为"拉美汽车工业发展的历史演变"，在概述拉美汽车工业发展历程的基础上界定拉美汽车工业的发展模式，并论证汽车工业在拉美国民经济中的重要性，分析制约拉美汽车工业发展的若干因素。

第四部分为"拉美国家的汽车工业政策"，深入研究拉美各国政府干预汽车工业的必要性、方式、内容及其效果，并追踪阿根廷、巴西和墨西哥等拉美主要国家的汽车工业政策的动态变化。

第五部分为"跨国公司与拉美汽车工业的发展"，概括跨国公司投资拉美汽车工业的历史与现状，剖析跨国公司在拉美的战略变化及影响。

第六部分为"拉美汽车工业发展的经验教训",总结拉美汽车工业的发展成效与缺陷,为中国汽车工业的发展提供经验与教训。

第七部分为"中国汽车工业发展的历程与战略选择",在回顾中国汽车工业发展历程的基础上,深入剖析中国汽车工业发展面临的机遇和挑战,并在此基础上提出对策建议。

第二章

世界汽车工业发展概况

世界汽车工业已经走过了100多年的发展历程，历经萌芽阶段、初步形成、走向成熟、多极化和融合创新等不同发展阶段。汽车的出现使人类的生活方式和生产方式发生了巨大的变化，汽车工业因此成为现代工业的重要代表，成为众多国家国民经济的重要支柱。作为一个产业体系，它在一些国家运行得相当成功，但在另外一些国家却没有得到相应的发展。进入21世纪的世界汽车工业朝着全球化、高新化、智能化、多极化方向发展，引起了汽车工业格局的重构，为后发汽车工业国家提供赶超发展的历史机遇。

第一节　世界汽车工业的发展历程

自1885年世界上第一辆汽车诞生以来，世界汽车工业已经走过了一个多世纪的历程。在过去的100多年之中，全球汽车工业的发展取得了令人瞩目的成就。然而，与任何其他产业一样，世界汽车工业也经历了一个由小到大的发展过程。从最初简单粗糙的产品设计到如今功能多样化、个性化突出的产品层出不穷，从少数富人和权贵阶层的炫耀性消费品发展为大众化的普通交通工具，从小规模的手工生产方式到"福特制"的批量生产方式再到如今的柔性化生产方式，从少数发达国家特有的产业到如今的全球生产布局，汽车产品和汽车工业不断地带给人们惊喜，也在不断地改变人类的生活方式和生产方式。

一 第一阶段（1885—1908 年），世界汽车工业的萌芽

从 1885 年世界上第一辆汽车的诞生至 1908 年福特公司 T 型车的问世，可以看作世界汽车工业发展的第一阶段。在这一阶段中，技术创新诱导了汽车的问世，并吸引了许多创业资本进入这一新兴产业。

（一）汽车的问世

欧洲是汽车的诞生地，是世界汽车工业的摇篮。1885 年，德国人卡尔·本茨用四冲程汽油发动机制造了世界上第一辆真正意义上的汽车，拉开了世界汽车工业的发展帷幕。1886 年 1 月 26 日，卡尔·本茨向德国的曼海姆（Mannheim）专利局提交申请，并获得了世界上第一项汽车专利权，标志着世界汽车工业的正式诞生。但是，卡尔·本茨制造的三轮汽车存在发动机笨重、转速低、功率小、点火装置不可靠等重大缺点，因而没有投入商业使用。在此期间，德国人戈特利布·戴姆勒（Gottlieb Daimler）发明制造出世界上第一辆四轮汽车，并装配上改进了的四冲程发动机和采用更加可靠的热光管点火系统，推动了汽车工业的商业化生产进程。

尽管卡尔·本茨和戈特利布·戴姆勒被视为汽车的发明者，但其他发明家的贡献也不可忽视。例如，最初问世的汽车产品与其他交通工具之间最重要的区别在于二者的动力机制截然不同，因此，发动机的发明和改进至关重要。如果没有蒸汽机和内燃机的问世，就不可能出现汽车这一有别于传统动力机制的交通工具。而且，汽车诞生之后，许多重要的技术发明不断出现，才推动了汽车性能的提高，使汽车的普及推广成为可能（见表 2 - 1）。例如，1888 年英国人邓禄普发明的充气轮胎、1891 年法国人潘赫德和莱瓦索尔设计的发动机前置和后轮驱动的结构型式以及专用底盘，都大大提高了汽车的使用性能和生产效率。

表 2 - 1　　　　世界汽车工业诞生前后的一些重要发明

年份（年）	发明者	国家	发明的内容
1803	特利维柯	法国	蒸汽机驱动的汽车
1838	亨纳特	英国	内燃机点火装置

续表

年份（年）	发明者	国家	发明的内容
1862	莱诺	法国	二冲程内燃机
1885	卡尔·本茨	德国	第一辆三轮汽车
1886	戴姆勒	德国	第一辆四轮汽车
1888	邓禄普	英国	充气轮胎
1889	标致	法国	齿轮变速器和差速装置
1891	潘赫德和莱瓦索尔	法国	发动机前置、后轮驱动的结构型式，并设计了专用底盘
1892	杜里埃	美国	喉管型喷雾化油器
1898	富兰克林	美国	顶置气门4缸风冷式发动机
1904	希思	英国	液压制动系统

资料来源：作者整理而得。

（二）汽车工业的初期发展

自从汽车正式投入商业化生产之后，发明家和生产商一直在不懈地寻求产品性能的改善、生产技术的突破和生产效率的提高，但从1885—1908年的20多年期间，汽车生产技术仍然处于初始的摸索和积累阶段，手工和简单落后的机械设备一直都是汽车生产的主要手段，因此汽车生产的效率低下，产量难以迅速提高。汽车诞生10年之后的1895年，全球仅有法国的P&L、标致和德国的奔驰三家汽车公司，汽车总产量不及300辆。截至1907年，法国的产量是25200辆，英国的产量是12000辆，德国是5150辆，意大利是2500辆，美国的产量也仅有44000辆（见表2-2）。

表2-2 20世纪初世界主要汽车生产国的汽车产量（单位：辆）

年份（年）	法国	美国	英国	德国	意大利
1900	4800	4000	175	800	0
1907	25200	44000	12000	5150	2500

数据来源：［日］福原宏幸：《形成期法国汽车工业的危机与雷诺公司的对策》，《经济学杂志》1985年第86期，第4—5页。转引自夏大慰、史东辉、张磊《汽车工业：技术进步与产业组织》，上海财经大学出版社2002年版，第39页。

此外，就产业组织而言，这个阶段最大的特征是大量厂商从事小规模生产。由于规模经济效应尚不显著、汽车生产的进入门槛较低，作为现代汽车工业重要特征之一的寡头垄断市场结构还没有形成。

从世界汽车工业生产的区域分布来看，这一阶段的世界汽车工业中心在欧洲，尤其是法国统治了年轻的汽车工业。作为时尚之都的法国巴黎为尚属炫耀性消费品的汽车提供了生产和销售的舞台，从而使法国一度成为欧洲乃至世界最大的汽车生产国。此外，德国、英国和意大利的产量在当时也相当可观。然而，从 1905 年起，法国便将世界汽车产量第一的地位让给了美国[1]。即便如此，欧洲汽车生产的整体实力仍然不可忽视。1906 年，法国和德国仍然占世界汽车生产总量的 58%，而且它们被认为是高质量的汽车生产者[2]。直到 1908 年之后，美国才夺走欧洲的世界汽车工业生产中心头衔。

二 第二阶段（1908 年至第二次世界大战），世界汽车工业的初步发展

从 1908 年福特发明 T 型车至第二次世界大战是世界汽车工业发展的第二个阶段，全球汽车生产和销售中心逐渐转移到美国。

（一）T 型车和流水线批量生产方式

1893 年，美国马萨诸塞州的杜里埃兄弟两人研制出了美国第一辆汽车。尽管比德国的汽车发明落后了 8 年，但是他们发明的汽车在 1895 年举行的美国第一次汽车大赛上战胜了从欧洲进口的同类汽车，从而引发了美国汽车研究和生产的热潮。1908 年，亨利·福特发明的 T 型车开创了汽车工业的批量生产（mass production）时代，成为汽车工业史上一次具有划时代意义的革命。T 型车简单实用、材料出众、轻巧结实、操作方便舒适，而且可以实现大规模生产，从根本上改变了汽车工业的面貌。

但是，T 型车推出的初期仍然主要依靠手工生产，昂贵的造价令普通居民不敢问津。福特为了降低汽车生产成本，坚持不懈地进行新的尝试。

---

① 夏大慰、史东辉、张磊：《汽车工业：技术进步与产业组织》，上海财经大学出版社 2002 年版，第 39 页。

② 李洪：《中国汽车工业经济分析》，中国人民大学出版社 1993 年版，第 27 页。

1914 年，福特公司再次率先推出了流水线装配批量作业方式，使汽车生产的效率迅速提高、产量大增。流水线作业方式将工人固定在某一个特定岗位上，零部件和原材料通过传送带在专门从事不同工种的工人之间进行转移。这种生产方式节约了组装时间，提高了生产效率，从而降低了汽车的生产成本和销售价格，将汽车从富有阶层的奢侈消费品转变为大众化的商品。

通过使用传送带，福特公司在 5 年之内将生产成本降低了一半，15 年之内 T 型车的价格降低到最初的三分之一。而且，T 型车的产量从 1909 年的 12000 辆提高到 20 世纪 20 年代初的 100 万辆以上[1]。福特汽车公司进行的生产变革使美国出现了普及汽车的高潮，世界汽车工业发展的中心也从欧洲转向美国，这就是人们通常所说的世界汽车工业的第一次大转移。从 20 世纪初期至 20 世纪中期的长达半个多世纪中，美国完全主宰了世界汽车工业。据统计，这段时间内，美国的汽车产量占世界汽车产量的 80% 以上，20 世纪 20 年代更是曾经高达 95% 以上[2]。

福特制的流水线批量生产方式发挥了巨大的示范作用，1910—1920 年代中期，几乎当时所有的美国汽车制造商都模仿了福特公司的生产方式，以致美国汽车史上出现了所谓的"福特化时代"。20 世纪 20 年代初，通用汽车在批量生产方式的基础上推行产品多元化战略和进行全系列产品生产，进一步改善了汽车工业的生产方式和管理体制。经过美国两大汽车巨头的创新，汽车工业逐渐显示出规模经济的特性，由此也引起了汽车生产的集中。

（二）汽车工业产业结构的变化

20 世纪 20 年代，与批量生产相伴随的是，规模经济带来的竞争压力导致汽车生产迅速集中在少数的大厂商手中，而许多小规模的企业破产或者被兼并[3]。1938 年，英国和德国的汽车厂商分别减少至 22 家和 21

---

① Jenkins, R., *Transnational Corporations and the Latin American Automobile Indusrty*, London: The Macmillan Press, 1987, p. 13.

② 张仁琪、高汉初：《世界汽车工业：道路、趋势、矛盾、对策》，中国经济出版社 2001 年版，第 2—3 页。

③ Maxcy, G., and A. Silberston, "The Motor Industry", *The Economic Journal*, 1959, 69 (276): 786.

家，与英国1922年的88家和德国1925年的200多家相比，简直不可同日而语。而且，英国、法国和德国当时的3厂集中率达到了75%左右，而意大利的汽车工业更是完全由菲亚特（Fiat）控制①。而在美国，1921年尚有88家汽车生产厂，10年之后则仅余35家，1941年只剩下12家。而且，到1930年为止，福特、通用、克莱斯勒的产量之和占美国汽车生产总量的90%②。

总之，由于汽车生产规模的扩大及其对人类生产、生活方式的进一步渗透，汽车消费和汽车文化在全球范围内不断扩展。20世纪20年代初，随着汽车产品价格的下降，越来越多的中等阶层开始购买汽车。汽车消费成为一种普遍的风尚，反过来也为汽车制造商提供了更大的动力，美国通用汽车公司（1908年）和克莱斯勒汽车公司（1925年）、日本的丰田纺织厂汽车分部（1933年）、德国的大众汽车公司（1934年）等先后宣告成立③。值得一提的是，当年的这些汽车生产的新生儿如今都已经成长为鼎鼎大名的跨国公司。

（三）美国汽车生产方式在欧洲的推广

20世纪30年代，福特制生产方式迅速传播到欧洲。"早在（第一次世界）大战前就有一股朝拜的人流，包括安德烈·雪铁龙、路易·雷诺、赫伯特·奥斯汀访问了海兰公园。……在30年代，他（福特）在达根汉和科隆建立的工厂在欧洲当地已直截了当地显示了大量生产方式的各个方面。因此，早在第二次世界大战爆发之前多年，在欧洲已经很容易了解到大量生产方式的基本概念。"④

欧洲大陆并不是完全被动地接受这种生产方式，他们在生产实践中不断地加以改良和修正。大量生产体制建立之后，产量的扩大使得开拓

---

① Jenkins, R., *Transnational Corporations and the Latin American Automobile Indusrty*, London：The Macmillan Press，1987，p. 15.

② Jenkins, R., *Transnational Corporations and the Latin American Automobile Indusrty*, London：The Macmillan Press，1987，p. 13.

③ 与其他汽车厂商的诞生所不同的是，德国大汽车公司是由著名汽车设计大师波尔舍（Porsche）联合34万人合股成立的，当时还得到了希特勒政府的支持，该公司因开发了广受欢迎的甲壳虫汽车（Beetle）而迅速成为国际性的汽车厂商。

④ ［美］詹姆斯·P. 沃麦克、［英］丹尼尔·T. 琼斯、［美］丹尼尔·鲁斯等：《改变世界的机器》，沈希瑾等译，商务印书馆1999年版，第50页。

海外市场成为必要，从而进一步推动了汽车消费和汽车文化在全球范围内的传播。美国汽车厂商主要采取两种方式加大了对海外市场的渗透，其一是扩大出口，其二是在国外建立汽车装配厂[①]。1929 年，美国的汽车出口达到了其产量的 10%，即 546000 辆。同时，福特公司在国外建立了21 家装配厂，通用汽车公司则拥有 16 家海外装配厂[②]。而且，美国汽车巨头的外海装配厂除了落户汽车市场比较发达的欧洲市场之外，还有部分位于拉美等后发国家，带动了没有汽车生产能力国家的汽车消费。

三　第三阶段（第二次世界大战后—20 世纪 80 年代初），从发展走向成熟

从 1908 年开始，经过了 30 多年的发展，世界汽车工业已经小有规模。然而，第二次世界大战中，各国民用汽车工业的发展受到了很大的干扰。战争结束初期，德国、日本等国的汽车工业几乎陷入了全面的停滞。经过几年的调整之后，德国和日本的汽车工业迅速得到了恢复和发展，成为举足轻重的汽车生产和消费大国。从第二次世界大战结束到 20世纪 80 年代初，通过西欧和日本在产品设计以及生产组织方面的两次革新，世界汽车工业逐步走向成熟，美国、日本和西欧全球三大汽车市场遂成鼎足之势。在此期间，西欧和日本的两次革新带来了世界汽车工业发展的两次大转移，从而奠定了全球汽车工业发展的新格局。

（一）20 世纪 50 年代世界汽车工业重心向欧洲转移

第二次世界大战后，世界汽车工业第一次重大创新发生在 20 世纪 50年代，欧洲在美国批量生产方式的基础上实施产品差异化战略，从而引发了世界汽车工业的第二次转移——从美国转移到欧洲。20 世纪 50—70年代，欧洲经济发展处于"黄金时期"，西欧主要的汽车生产大国德国、法国、英国和意大利都获得了较快的发展。在这个时期，欧洲汽车厂商通过提供差异化的产品满足了不同顾客的各种需求，推广了欧洲汽车的

---

① 美国汽车厂商积极建立海外装配厂主要是出于两个方面的考虑：第一，当时的交通基础设施不完善，运输成本高。第二，欧洲国家为了保护国内生产，在 20 世纪 20 年代提高了汽车整车和零部件的进口关税。美国汽车厂商为了在海外市场上获得更大的成本优势和避开关税贸易壁垒，因而加大了海外投资的力度。

② 李洪：《中国汽车工业经济分析》，中国人民大学出版社 1993 年版，第 28—29 页。

普及程度。1950年，欧洲的汽车产量已经达到了200万辆。随着世界各国关税的进一步降低和美国生产技术在欧洲的扩散，从1955年到1966年，欧洲汽车生产以年均10.6%的速度增长，产量一举突破1000万辆，超过北美成为又一个世界汽车工业发展中心①。到了20世纪70年代初期，欧洲汽车市场规模已经能够与美国相媲美，汽车生产总量甚至已经超过了美国。但由于受到两次世界石油危机的冲击，欧洲汽车工业此后进入了长期的徘徊和低速增长时期。

（二）20世纪60年代世界汽车工业重心向日本转移

日本是第二次世界大战的战败国，战争刚刚结束的时候，日本工业体系受到严重破坏，阻碍了汽车工业的发展。20世纪50年代前期，日本汽车工业仍然十分弱小，国内市场充斥着美国和欧洲生产的汽车。在日本政府的大力支持下，丰田公司于1955年推出了一款设计精巧的"皇冠RS"汽车，并在两年之后成功打入美国市场。从20世纪60年代开始，日本的汽车工业进入快速扩张时期，国内的寡占市场格局也逐渐形成。1967年，日本汽车产量达到300万辆，居世界第二位。1980年，日本生产1100万辆汽车，成为世界上最大的汽车生产国。在产量增长的同时，日本的出口量也大大增加。尤其在20世纪70年代的两次石油危机期间，日本的低油耗小型车在国际市场上大受欢迎，汽车出口量激增。1973年，日本的汽车出口达到了200万辆，1980年激增至600万辆。

日本汽车工业迅猛发展最重要的原因是，在丰田公司的带动下，日本汽车厂商大力缩短开发时间，采用并推广小批量生产方式和产品多元化战略，并且通过不断的学习和创新追求产品品质的提高。1984年，美国麻省理工学院的研究小组正式将日本这一灵活、高效的组织管理方式冠名为"精益生产"（Lean Production），并将其誉为"改变世界的生产方式"。精益生产方式是第二次世界大战之后世界汽车工业的第二次重大创新，带来了世界汽车工业发展的第三次大转移——从欧洲转到日本，日本也由此成长为世界上又一个汽车工业中心。总之，20世纪80年代以来，全球汽车工业进入了美、日、欧三大成熟市场三足鼎立的时代，尤

---

① 张仁琪、高汉初：《世界汽车工业：道路、趋势、矛盾、对策》，中国经济出版社2001年版，第5页。

其以日本汽车工业的发展最为引人注目。

（三）后起汽车生产国的起步和发展

在西欧、日本汽车工业蓬勃发展并迅速成为成熟市场的过程中，一些后起国家或地区（包括东欧、东亚和拉美诸国）的汽车工业也先后于20世纪50年代进入实质性的起步阶段或者快速发展阶段。在这个阶段，由于汽车贸易的发展和先发国家的示范作用，许多发展中国家（地区）也开始大力发展汽车工业，部分国家（地区）甚至将汽车工业确定为支柱产业或主导产业，并且取得了巨大的成就。

20世纪50年代末60年代初以来，许多发展中国家都建立了雄心勃勃的汽车工业发展计划，以巴西和阿根廷为中心的南美汽车市场、以韩国、中国、中国台湾和印度为中心的亚洲新兴汽车市场、以苏联为中心的中东欧市场逐渐形成并快速发展。后发国家的汽车工业几乎都是起步于进口零部件组装，然后通过大力发展零部件工业和实施国产化政策，促进当地生产的发展①。由于受限于国内市场规模，当后发国家的汽车制造业发展到一定水平后，都致力于大量出口，以缓解国内市场的压力和平衡国际收支。当然，还有很大一部分后发国家仍然停留在CKD组装和国产化阶段，还未能走出国门参与国际汽车市场的角逐。

四　第四阶段（20世纪80年代初—21世纪初），向多极化方向发展

20世纪70年代末80年代初，经济危机使美国和欧洲汽车工业遭受到了一定的挫折，但日本汽车工业的发展可谓一枝独秀。面对着日本汽车巨头全球扩张的凌厉攻势，欧洲和美国汽车厂商几乎难以招架。在贸易方面，欧洲和美国车商一方面花大力气推出新款汽车和改变沉闷的旧式设计，另一方面游说政府出面迫使日本签订自愿出口限制协议和强迫日元升值，从而抑制日本的汽车出口。为了绕开欧美设置的贸易壁垒，日本汽车公司加大了海外投资建厂的力度，本田、日产、三菱和富士公司相继在美国设厂。

---

① 后起汽车市场的汽车组装业通常分为全散件组装（Completely Knock Down，简称CKD）和半散件组装（Semi-knock Down，简称SKD）两种。CKD是指进口零散的零部件，在国内进行组装。SKD是指进口各大部件总成的半成品（如发动机、驾驶室、底盘等），在国内进行组装。

（一）传统汽车巨头合纵连横

从微观层面来看，20 世纪 80 年代以后的汽车工业是跨国汽车巨头在全球市场争雄的年代。根据美国学者的预测，21 世纪全球将仅剩 9 家汽车公司，其中美国、日本、欧洲各占 3 家。尽管世界汽车工业发展的实践否定了这些夸张的预测，但全球汽车巨头的兼并和重组确实令人瞩目。经过了 20 世纪 90 年代的大兼并之后，各大汽车巨头之间形成的战略联盟关系使世界汽车市场上一度出现了人们通常所说的"6＋3"格局，其中的"6"是指通用系（包括菲亚特、铃木、富士重工、五十铃、大宇）、福特系（包括马自达、沃尔沃轿车、阿斯顿—马丁）、戴姆勒—克莱斯勒系（包括三菱—现代）、丰田系（包括大发、日野）、大众系（包括奥迪、斯堪尼亚）、雷诺—日产系（包括三星）等 6 家巨型跨国公司集团，"3"是指本田、PSA 标致雪铁龙、宝马等 3 家相对独立的汽车公司①。"6＋3"的汽车产销总量占世界总量的 90% 以上，在企业规模、科技水平和品牌影响力等方面，一般的汽车公司也难以望其项背。但世界汽车工业的"6＋3"格局并非一成不变，通过联合、兼并组成的大型汽车集团仍然存在很多变数。2007 年 5 月，克莱斯勒被美国一家基金公司收购之后，曾经被人们津津乐道的全球最大汽车合作项目——戴姆勒和克莱斯勒集团在苦苦支撑之后终于走向分手。随着其他汽车公司的战略调整，"6＋3"格局已经成为历史，世界汽车工业的微观格局有待重构，跨国汽车公司之间的竞争和联盟将会继续进行。

（二）新兴经济体汽车工业腾飞

20 世纪 90 年代以来，新兴汽车市场成为全球汽车工业的重要推动力，中国、印度、巴西、墨西哥和西班牙等都已经成为全球重要的汽车工业国。相比于发达国家的成熟市场来说，新兴汽车市场的平均增长速度要快得多。因此，一些专家认为，全球汽车工业正在发生第四次转移——从发达国家转移到发展中国家。一个重要的、不能忽视的现象是，与之前的三次大转移相比，所谓的"第四次转移"并不是发展中国自身

---

① 6 大汽车集团联盟主要通过部分所有权安排（partial ownership arrangements，POAs）来实现。各个汽车厂商通过相互交叉持股，既可以得到其他厂商的技术和经验，实现优势互补，又能够保持相对独立性，还可以通过便利产出信息的交流、降低竞争而确保较高的价格和利润。

的技术创新引致的，而是发达国家的跨国公司在全球角逐引发的。尽管发展中国家的汽车工业获得了巨大的发展，大多国家都建立了雄心勃勃的汽车发展战略，但它们仍然在很大程度上依赖跨国公司的技术和资本。汽车工业是个资本密集、技术含量高的产业，许多国家采取了"以市场换资金"和"以市场换技术"的战略来促进本国汽车工业的发展，但在资本积累和技术创新方面的效果并不明显。因此，对于发展中国家来说，实现"第四次转移"还有很长一段路要走。

五 第五阶段（21世纪以来），汽车产业融合创新发展

（一）世界汽车工业格局不断演化

进入21世纪以来，传统汽车工业强国的地位不断发生变化，美、日、欧三足鼎立的局面呈现此消彼长的趋势。日本汽车工业在技术创新的引领下继续保持较好的增长趋势，丰田、本田继续保持领先优势，但日产、三菱等汽车企业的发展不够稳健。美国传统汽车巨头遭遇增长瓶颈，不过像特斯拉这样的创新型汽车企业正在引领全球汽车产业的发展趋势。欧洲汽车巨头也分化明显，较早布局中国市场的欧洲汽车巨头发展趋势良好。从产销量增长趋势来看，全球汽车工业已经进入一个平稳的阶段，未来很难出现爆发式增长。新一轮科技革命带来的改变将重塑全球汽车产业，汽车产业的竞争已经从传统模式转向新型汽车产品和服务的竞争，未来的汽车行业格局将会加快演变。

（二）新兴科技改造传统汽车工业

最近十年以来，新一代移动通信技术、互联网技术、大数据、云计算、人工智能技术与传统汽车工业的融合发展越来越明显，推动汽车产业由"制造"向"制造＋服务"转变。在技术革新和应用的引领下，世界汽车工业的技术含量不断提高，向着环保化、智能化、信息化等趋势发展。未来的汽车产品将更加智能化和便利化，成为可移动的智能网联终端，必将带动通信信息、人工智能、交通服务、新能源等不同领域的产业直接参与到汽车工业中来。

随着各种产业不断加入汽车出行生态圈，未来汽车产业的内涵和外延将不断拓展，汽车产业的边界不断扩大。首先，新能源汽车的发展和应用将会更加普及，从而吸引相关行业与汽车产业进行深度融合，推动

汽车产业向绿色环保化发展。根据著名机构 EV – VOLUMES 的预测，截至 2018 年年底，全球电动汽车保有量达到 540 万辆，相比 2017 年增长 64%，新能源轻型车市场渗透率达到 2.2%。2019 年全球电动汽车保有量将达到 850 万辆，其中纯电动汽车的成交量占比将达 69%①。其次，未来的汽车出行将加速吸引各类科技产业进入汽车产业供应链，促进汽车出行向智能化方向发展。智能网联、人工智能、无人驾驶等高端技术和个性化定制等新商业模式都从正在从概念走近现实，各国政府加大了汽车产业领域这个新兴阵地的支持力度，汽车企业和相关配套企业也在加快抢夺制高点。可以预见的是，智能化、生态化汽车产品和服务将不断替代传统汽车产品。

世界汽车工业已经发展了 100 多年，可以粗略地将其发展过程分为五个发展阶段。实际上，还可以进一步将世界汽车工业发展的各个阶段细分，这主要取决于分段的标准。总的来说，世界汽车工业的发展历程可以分为三次重大的创新和四次重大的转移。每一次创新都引起新的世界汽车工业中心的兴起，并导致了汽车工业发展重心的转移。但是，人们津津乐道的第四次转移实际上是跨国公司在全球调整生产布局和争夺市场的结果，并不是新的技术或生产组织方式的变革所引起的。因此，对于汽车工业向新兴汽车市场转移的发展前景，我们在目前不能过于乐观。

第二节 世界汽车工业的发展模式

长期以来，世界各国汽车工业的发展模式一直是中国政府和产业界十分关心的话题，也是经济学界乐于研究的课题。研究发达国家和其他发展中国家的汽车工业发展模式，一个共同的目的是为中国汽车工业的发展提供有益的借鉴。中国的学者们根据不同的标准和侧重点，将世界汽车工业的发展模式分成很多不同的类别，并总结了不同发展模式的特点，以及研究了不同发展模式在中国的适应性问题。这些研究从不同的

---

① 第一电动网：《EV – VOLUMES 预测：全球 2019 年电动汽车保有量或将突破 850 万辆》，https：//www.d1ev.com，2019 年 8 月 10 日。

角度揭示了世界各国汽车工业发展的特点和规律，对中国汽车工业发展道路的选择具有非比寻常的意义。但是，任何一种发展模式的概念都不是随便臆想出来的，它是对一个国家在特定时期内汽车工业发展根本特征的总结。正因为如此，在判断汽车工业发展模式时必须慎之又慎。当前学术界对汽车工业发展模式的分类仍然略显混乱，有些研究流于表象，有些研究过于复杂，有些研究分类的标准不够客观和统一。因此，对世界汽车工业发展模式的研究还有待于继续深化。

一　产业发展模式的含义

（一）模式的内涵与争论

"模式"是一个十分抽象的词语，在英文文献中常常用 model、pattern、style 或者 form 等词来指代。西方主流经济学一般不使用"模式"这个术语，第二次世界大战后许多发展经济学家开始频繁地使用，从而使"模式"一词得以推广。但是，发展经济学中的"模式"一般是指一国（或地区）整体经济的发展道路和发展战略，而不是指局部地区或者某个特定产业的发展模式。例如，著名的发展经济学家钱纳里认为，结构即模式。1959 年，纳克斯提出了三个可供选择的模式：初级产品出口模式、工业制造消费品出口模式、国内市场扩张模式。1985 年，在耶鲁大学召开的第 25 届国际发展经济学年会上，许多提交的论文都直接使用"模式"一词研究经济问题，提出了诸如原形模式、结构转换模式、国际贸易模式、发展模式和增长模式等概念①。

到底何谓"模式"？"'模式'这个词并不是指某国采用的每项正确和错误战略的细节，而是从该国发展的历史经验中概括出最有关的特点……模式的价值在于制订一套结构，对数量研究所收集的事实与情况给予解释"②。也有学者认为，尽管发展战略与发展模式的含义不同，但"由于发展战略是发展模式的最重要的组成部分，因此，用发展战略界定

---

① 虞月君：《中国信用卡产业发展模式研究》，中国金融出版社 2004 年版，第 49 页。

② ［美］查尔斯·K. 威尔伯：《发达与不发达问题的政治经济学》，高铦等译，中国社会科学出版社 1984 年版，第 293 页。

发展模式或许是较为妥当的"①。正因为如此，发展经济学文献中常常出现的模式概念还有外向或内向模式、进口替代或出口主导模式、市场主导或政府主导模式等。需要注意的是，"科学的定义不能靠头脑中的意念想象出来，而必须按照事物内部不可分离的性质来表述该现象，这才是客观的。也就是说，应该根据事物的全部性质，不能根据个人对事物的或多或少的理想观念"②。因此，"不论用什么形容词修饰发展模式，最关键的一点是必须使这一称谓反映出发展模式的本质及内容"③。

虽然学者们已经对发展模式进行了广泛的研究，但迄今为止，经济学界对"模式"一词尚没有形成一致性的确切概念。发展模式的定义和界定十分困难，究其原因，主要有两点：第一，因为模式是由多个相对独立的因素构成的整体，不像制度那样是一个容易描述的、关系单一的组织实体，很难用一致性的概念进行定义。第二，模式一直游离于主流经济学的研究之外，没有得到应得的重视④。

（二）产业发展模式

定义发展模式是一件困难的事情，定义一个特定产业的发展模式就更加困难了。随着"产业发展模式"在经济学界使用的增多，许多学者尝试着进行定义。有学者认为，"产业发展模式是在既定的外部发展条件和市场定位的基础上，通过产业内部和外部的一系列结构所反映出来的一种资源利用方式"⑤。这个定义比较抽象地界定了产业发展模式的定义，并涵盖了产业发展过程中的多个要素，是一个值得推广的定义。根据上述产业发展模式的定义，产业发展模式不但要能够反映一个产业的内外部结构，而且要表明资源配置和利用的方式，还要考虑到产业自身的发展特点和外部环境。在界定产业发展模式时，不同的要素组合和不同的侧重点可能会导致分类标准的差异，从而将同一个国家（或地区）的同一个产业分类成不同的发展模式。

---

① 江时学：《拉美发展模式研究》，经济管理出版社1996年版，导言。

② ［法］埃米尔·迪尔凯姆：《社会学方法的规则》，胡伟译，华夏出版社1999年版，第28页。

③ 江时学：《拉美发展模式研究》，经济管理出版社1996年版，导言。

④ 娄勤俭：《中国电子信息产业发展模式研究》，中国经济出版社2003年版，第38页。

⑤ 娄勤俭：《中国电子信息产业发展模式研究》，中国经济出版社2003年版，第38页。

需要注意的是，任何事物都在不断地发展变化之中，汽车工业发展模式也会随着产业的生命周期和外部条件的变化而发生改变。在萌芽时期，一个产业的发展常常需要借助外部力量，如政府保护、引进外国资金和技术等，此时的产业发展模式可能明显地表现为依赖外部力量的特征。当一个产业经过成长期的发展之后，产业自身可能积累和培养一定的自生能力，发展模式的独立自主性将会表现得更加突出。此外，一个国家在国际分工体系中的地位和国际产业链条的变化也可能会导致产业发展模式特征的改变。

二　世界汽车工业发展模式的分类

根据前文的论述，我们可以把汽车工业发展模式定义为，在既定的外部发展条件和市场定位的基础上，通过汽车工业内部和外部的一系列结构所反映出来的一种资源利用方式。国内学术界从不同的角度广泛地研究了世界各国（地区）汽车工业的发展模式及其变化趋势，但如何将世界汽车工业的发展模式进行分类，学术界没有一个统一标准。

（一）世界汽车工业发展模式的类别

从研究的角度来说，汽车工业发展模式的分类可以多样化，也应该多样化，因为各项研究的侧重点和目的有所不同。但需要指出的是，汽车工业发展模式是各种相对独立的因素构成的有机整体，每项研究必须根据自身的研究需要，按照一定的客观标准来进行分类，而不能在同一项研究中根据不同的要素进行分类，否则就可能出现混乱。

表2-3总结了国内学者对世界汽车工业发展模式的分类，其中的一个共识是，发达国家的汽车工业发展模式和发展中国家的发展模式迥然不同。发达国家的汽车工业自主研发能力强、产量大、产品质量过硬、国际竞争力强，而且几乎都有自己的巨型跨国公司和世界级品牌。当然，发达国家内部也存在很大的差异，有些发达国家如美国、德国、法国等是汽车工业自主发展模式的典型代表，而日本却是通过技术模仿走上汽车工业自主发展道路的，加拿大的汽车工业则几乎完全由外国的跨国公司所控制。

大多数发展中国家（和地区）的研发能力较差，几乎都是通过"CKD—国产化—产品出口"这样三个阶段顺次发展，因而常常被归类为依附型发展模式。但是，后发汽车工业国家和地区所走的道路也不尽相同，韩国汽车工业在政府的干预下，通过引进和消化技术，形成了自主开发能力；巴西和墨西哥汽车工业的整车生产完全由外国的跨国公司控制，民族资本主要涉足汽车零部件工业；还有许多发展中国家（和地区）的汽车工业仍然以 CKD 生产方式为主，或者正处于向国产化过渡的阶段。

表 2 - 3　　国内学者对世界汽车工业发展模式研究的总结

研究者	研究对象	类　别			
何世耕（1989）	所有国家	自主发展、自由贸易型（美国、日本，西欧等国）	依附或半依附型（巴西、韩国）	自主半封闭型（苏联）	
孙建斌（1999）	所有国家	民族汽车工业（德国）	本国汽车工业（美国、日本、法国、韩国）	外来汽车工业（加拿大、比利时、西班牙、澳大利亚、墨西哥）	发展中汽车工业（中国、巴西、东欧诸国）
李逢生、顾作英（2000）	所有国家	独立自主型（美国和原联邦德国）	部分依赖型（日本、韩国）	完全依赖型（巴西和中国台湾）	
刘世锦、冯飞（2001）	后起国家	自主发展型（韩国）	完全开放型（西班牙、加拿大、墨西哥）		
张仁琪、高汉初（2001）	所有国家	自主开放型（日本、法国、韩国、意大利、美国，美国辅以外资主导型和共同经营模式）	自主开放型为主，与外资主导型相结合（德国）	自主开放性、共同经营型、外资主导型相结合转为外资主导型和共同经营型为主（西班牙）	外资主导性（巴西、墨西哥、加拿大、英国，其中英国是从自主开放型为主转为外资主导型为主）

研究者	研究对象	类 别			
张宇贤等（2001）	所有国家	独立自主发展型（美国、德国、法国）	部分依赖发展型（日本、韩国）	竞争依赖发展型（巴西、西班牙）	
冯飞执笔（2002）	后起国家	自主发展模式（韩国等）		完全开放模式（巴西、西班牙、加拿大等）	
程振彪（2002）	所有国家	自主型（美国、德国、法国、意大利、英国、日本、韩国、俄罗斯、印度）	开放型（加拿大、巴西、墨西哥、西班牙）		
杨强、胡树华（2002a）	所有国家	纯进口消费型（中小国家）	产业依附型（比利时、西班牙、英国、巴西、加拿大、墨西哥）	产业主导型（美国、德国、法国、意大利、日本、韩国）	
杨强、胡树华（2002b）	所有国家	自主开放型发展模式（美国、日本、德国、法国、英国、意大利、韩国）	共同经营发展模式	外资主导型发展模式（加拿大、巴西、墨西哥）	
武康平、费淳璐（2002）	所有国家	消费型（完全依靠进口满足国内消费的中小国家）	主导型（也可称为自主开放型）（美国、德国、英国、法国、意大利、日本、韩国）	依附型（巴西、加拿大、墨西哥）	

研究者	研究对象	类　别			
张占斌 (2003)	所有国家	自主发展型	开放发展型	比较优势的大国开放竞争模式（中国）	
钱平凡 (2003)	后起国家	完全开放（巴西、墨西哥、西班牙、加拿大）	自主开发（韩国）		
冯波（2004）	所有国家	纯进口消费型发展模式（缺少发展汽车工业能力和条件的发展中国家）	产业依附型发展模式（西班牙、比利时、巴西、加拿大、墨西哥、英国，其中英国是由初期的产业主导型模式转向产业依附型模式）	产业主导型发展模式（美国、日本、德国、法国、英国、意大利、韩国）	
胡安生（2006）	后起国家	完全开放模式（巴西）	自主发展模式（韩国）		

资料来源：根据文献整理得到。

（二）汽车工业模式分类的标准

由于各国汽车工业的起步时间不一、资金技术实力迥异，各国的汽车工业战略和发展道路具有不同的特色，从而导致汽车工业发展模式的分类极其复杂。但是，从现有的研究中可以发现，汽车工业发展模式的分类还是有据可依、有章可循。例如，从汽车工业的技术来源分，可以分为自主开发型和技术引进型两种发展模式。这两种模式最根本的区别在于，本国（地区）是否形成汽车工业发展所必需的整套技术开发能力和是否拥有发展汽车工业的核心技术。即使一个国家通过技术引进而形成一定的模仿或创新能力，但如果不具备核心技术开发能力，也只能算是技术引进型。

从与外部的联系来看，世界汽车工业可以分为封闭型发展模式和开放型发展模式。这两种模式的主要区别表现为，对汽车贸易和外国投资的态度差异。封闭型发展模式是特定的政治经济环境下的产物，苏联就是最典型的代表。从当今世界汽车工业的发展趋势来说，没有哪个国家（地区）可以继续在完全封闭的状态下发展汽车工业，无论是发达国家还是发展中国家（地区），在汽车工业的国际贸易和外资待遇方面，都或多或少地带有一定的开放性。

以微观主体为标准，世界汽车工业可以分为跨国公司主导型和民族企业主导型。这种分法很好区分，外资主导型是指外国的跨国公司主导和控制本国的汽车工业。民族资本发展模式是指国内民族资本是汽车工业的主要资金来源，民族企业在汽车工业中占支配性地位。此外，世界汽车工业发展模式还可以从许多其他角度来分类，如可以根据市场目标分为进口替代型、出口导向型等。对于那些完全依靠进口来满足国内消费的中小国家，它们国内没有建立汽车工业生产体系，有些学者把它们归结为纯进口消费型或者消费型。

（三）自主型发展模式和依附型发展模式

如果将汽车工业发展战略中的不同因素组合起来，汽车工业发展模式的分类将会更加复杂。但是，既然汽车工业发展战略是由多种因素组成的，那么汽车工业发展模式的定义最小限度要反映出占统治地位的因素的根本特征，只有这样，才能真正反映出不同国家（地区）汽车工业发展的本质特征。有鉴于此，本书将根据各国（地区）汽车工业在微观基础和技术来源两个方面的差异，把世界汽车工业发展模式分为自主型发展模式、依附型发展模式和半自主半依附型发展模式。判断一个国家（地区）的汽车工业发展模式时，关键看这个国家是否具备汽车工业发展所需的核心技术开发能力和是否培养了一批具备一定国际竞争力的民族企业。实际上，这两个条件是相互联系在一起的，核心技术的开发需要企业的参与，而具备国际竞争力的企业必定拥有核心技术。如果这两个条件都具备，就属于自主型发展模式；如果两个条件都不具备，就属于依附性发展模式；介于这两者之间的，属于半自主半依附型发展模式。

自主型发展模式指以在一国（地区）的汽车工业中，占重要地位的民族企业具备成套技术开发能力，能够做到自主开发、自主建设、自主生产以及自主销售，并形成一定的国际竞争能力。美国、日本、德国、法国、英国和意大利等国家均属于此类，韩国也可以归结为这一类。这种发展模式要求建立一个比较完整的汽车工业体系，形成一定的自主开发能力和创建出民族品牌。在国际贸易和外国投资方面，除了在特定的时期之外（如汽车工业的起步阶段），自主型发展模式一般采取比较开放的态度，外国跨国公司甚至可以在本国的市场上占统治地位。最重要的一点是，即使离开跨国公司的资金和技术，本国（地区）的民族企业完全可以独立自主地发展国内汽车工业。

依附型发展模式是指一个国家（地区）的汽车工业的发展完全依靠拥有先进生产技术和管理经验的跨国公司，国内缺乏具备核心技术开发能力的民族企业，加拿大、西班牙、墨西哥、巴西等国是采取这种发展模式的典型代表。采取这种发展模式的国家（地区），汽车工业生产规模可能达到较大的规模，甚至能够通过促进在当地生产的外国跨国公司出口产品而占据较大的国际市场份额。民族资本可能在汽车工业体系中占有一席之地，但大多数民族企业需要引进外国技术，并主要从事零部件生产，在整个汽车工业链条中处于从属地位。而且，由于受到跨国公司的控制，汽车工业发展的主动权常常会受到挑战，政府与跨国公司之间不得不进行相互妥协的讨价还价博弈。

半自主半依附型发展模式是指一个国家（地区）的汽车工业具备一定的技术基础和能力却缺乏核心生产技术开发能力，建立了众多国有或民族私有却缺乏国际竞争力的民族企业，中国和印度等发展中大国是典型的代表。在这种发展模式中，政府的初衷可能是走自主发展道路，但在各种不利的内外部条件的制约下，没能培养出一批具有自生能力的民族企业，于是陷入了一种依赖引进核心技术的半依附状态。这种发展模式可以通过加大技术开发的力度而走上自主发展的道路，也可能因为路径依赖而陷入全面的依附。

三 选择汽车工业发展模式的决定因素

产业发展模式的选择在于从全球产业分工体系中选择一种能够充分发挥自身优势，并合理利用各种资源的方式[①]。从各国的发展实践来看，产业发展模式的选择十分复杂，因为任何一个产业的发展模式都是在一定的约束条件下进行选择的，不同时期内居主导地位的约束条件存在很大的差异，从而导致政府的选择各不相同。在汽车工业这样一个全球性的产业中，决定一个国家选择汽车工业发展模式的因素更加多样化，政府应该在众多的可行性选择中挑选出最具可行性的发展战略。

（一）工业基础条件

一个国家发展汽车工业的能力和条件是决定汽车工业发展模式选择最重要的因素之一。此处所说的能力和条件主要包括发展汽车工业所需要的技术、资金、相关基础工业的发展和市场规模等。充足的资金和系统的技术体系是汽车工业发展的根本，钢铁、机械制造等相关基础工业的发展是汽车工业发展的前提，广泛的市场前景则是汽车工业发展的动力之所在。这些能力和条件在很大程度上决定一个国家汽车工业的发展途径和方式，但并不是发展汽车工业的必要条件。具备上述条件的国家，如美国、德国、法国、英国和意大利，一般通过自身的力量建立汽车工业发展体系，从而形成自主型发展模式；不具备上述条件的大多数发展中国家，往往需要在不同程度上借助或者依赖外部力量，从而选择半自主半依附型发展模式或依附型发展模式。这些能力和条件，可能在一国的汽车工业发展之初就已经初步具备，但大多数国家是在汽车工业的发展过程中通过资本积累、技术创新和市场培育而逐渐形成和具备的。例如，日本、韩国的汽车工业都是在技术引进、消化、吸收和创新的基础上逐步走上自主发展道路的。

（二）政府的政策选择

各国政府发展汽车工业的政策，对汽车工业发展模式的形成和演变具有至关重要的影响。"特别是各种模式都有可能使汽车工业得到发展

---

① 娄勤俭：《中国电子信息产业发展模式研究》，中国经济出版社2003年版，第40页。

时，发展政策就起着决定性的作用"①。在各个不同的时期，政府都会要求汽车工业服从经济发展战略的整体需要。由于经济发展战略的差异，政府发展汽车工业的主要目标和动机相差甚远，从而导致各国选择不同的汽车工业发展战略和道路。

例如，虽然巴西和韩国同属于汽车工业后发国家，汽车工业建立初期面临的基本条件相差不大，但实行进口替代工业化发展战略的巴西和倡导出口导向工业化发展战略的韩国对汽车工业的发展提出了不同的要求，从而导致两国选择了不同的汽车工业发展模式。在巴西，出于促进进口替代工业化战略深化发展的需要，政府发展汽车工业的主要目的在于促进宏观经济增长、改善不断恶化的国际收支和创造更多的就业岗位。为了迅速实现这些目标，巴西政府采取了借助跨国公司的资金、技术、管理经验和国际营销渠道等资源来发展本国汽车工业的战略，完全忽略了培养自主开发能力和创建民族品牌，最终走上了依附型发展道路。在倡导出口导向型发展战略的韩国，政府明确提出了自主发展汽车工业的战略目标，并采取各种手段进行积极的干预，从而走上了自主型发展道路。实际上，韩国汽车工业发展之初，同样不具备自主发展的能力，但政府在重视技术引进和创新的基础上，通过保护、引导和规制国内民族汽车工业的发展，培养了一批具有国际竞争力的民族企业。

（三）外部条件

在汽车工业这样一个世界性的产业中，外部条件也是选择发展模式时无法忽视的一个重要因素，对于汽车工业后发国家来说尤其如此。汽车工业的发展实践表明，长期的封闭发展，无法培养一个真正具有国际竞争力的汽车工业，只有积极参与国际汽车工业生产体系的分工，并不断提升在国际分工体系中的地位，才能使一国的汽车工业健康成长，从而能够更自主地选择汽车工业发展模式。而且，当今的世界汽车工业已经形成跨国公司主导下的全球生产和营销体系，跨国公司的全球战略选择对各国（尤其是汽车工业后发国家）汽车工业发展模式的影响非常大。在全球化的背景下，跨国公司可以选择国际贸易、对外直接投资、签订

---

① 张仁琪、高汉初：《世界汽车工业：道路、趋势、矛盾、对策》，中国经济出版社2001年版，第85页。

技术许可证协议等各种国际经营方式，不同的方式对于各国汽车工业发展模式的影响是不同的，影响的方向和程度取决于各国的具体国情。

纵观世界各国汽车工业的发展历程，可以发现，汽车工业发展模式的选择可以、也应该多样化，因为各国的国情相差甚远。汽车工业发展模式的选择，同时受到发展汽车工业的能力和条件、政府政策和外部条件三种因素的影响。在不同的国家和不同的时期，各种因素发挥着不同的作用，而且交互影响。总之，各国的汽车工业发展模式既受到客观条件的支配，又受到外部条件和偶然因素的影响，是各种因素综合作用的结果。

第三节　世界汽车工业的发展特征

在投入、产出、研发和营销方式等方面，每一个产业都具有自己独有的特征。也正因为如此，每个产业才能区别于其他产业。而且，任何一个产业都有自身的发展规律和特点。汽车工业也不例外，无论是作为消费品的汽车产品还是作为国民经济一个部门类别的汽车工业，从其诞生之日起，汽车和汽车工业就具有与众不同的特点。

一　技术含量高

"汽车是先进技术的结晶，技术是汽车发展的源泉，汽车是随着技术的发展而发展的。汽车工业的发展进程是汽车技术不断完善的进程。"[1]回顾汽车工业发展史，我们可以发现，从汽车工业萌芽的那一刻起，它就与技术创新紧密相连。随着世界汽车工业的发展，激烈的市场竞争使汽车生产对技术水平的要求越来越高，从而进一步推动了汽车工业技术进步和创新，提高了汽车工业的技术含量。一般认为，汽车工业技术包括产品设计技术、装备技术和工艺技术三个方面，任何一方面的技术落后都有可能成为汽车工业发展的瓶颈。因此，汽车工业是一个技术含量高的产业已经成为人们的共识。

---

① 张仁琪、高汉初：《世界汽车工业：道路、趋势、矛盾、对策》，中国经济出版社2001年版，第183页。

（一）汽车产品诞生于技术创新

汽车工业是建立在技术创新基础上的产业，是先进技术成果在交通运输方面应用的结果。在世界上第一辆汽车诞生之前，对新的动力系统的追求驱动人类不断地进行技术创新。当蒸汽机和内燃机被先后发明并广泛运用之后，人类终于将动力系统装置提高到了一个全新的水平。正是在19世纪后期那个技术创新层出不穷的年代，人们开始"异想天开"地尝试综合运用众多发明和技术来改变传统的交通运输方式。最终，通过借鉴各种研究成果，两位德国的天才发明家卡尔·本茨和戈特利布·戴姆勒成功发明并改进了当时最先进的交通工具——汽车。在汽车工业发展的最初阶段，汽车依靠技艺精湛的工匠生产，由于生产技术在当时的先进性，连最小的故障也要由专门的机械师来维修。

（二）汽车工业的发展建立在技术创新的基础上

汽车工业的成长和发展离不开技术创新的支持。演化经济学认为，技术创新是产业发展和变迁背后的根本力量，而技术创新的动力主要来源于市场竞争，汽车工业的发展也符合这一规律。从汽车的发明到少量生产，从"福特制"的大规模流水线生产模式到第二次世界大战后日本丰田汽车公司创立的精益生产方式，每一个时代都具有不同的技术发展特征，都是在激烈的市场竞争驱动下实现的。在生产模式提升的过程中，每个阶段都表现出对更高生产力水平和更先进技术的渴求。可以说，汽车工业发展至今，其生产和经营方式、生产工艺、产品设计等方面已经发生了翻天覆地的变化。正是技术创新和进步，才使得这些变化得以实现，才使得世界汽车工业不断发展进步。至于21世纪的智能汽车和智能出行模式，更是集合了通信技术、电子技术、人工智能等不同领域的高端技术，才能使人类出行方式发生了天翻地覆的改变。

（三）汽车工业发展离不开关联产业的技术进步

汽车工业与其他产业的技术进步密切相关，它既借鉴了其他产业的技术进步成果，又为相关产业的发展提供了技术支持。例如，在19世纪末20世纪初，汽车工业的批量流水线作业方式就是在合金切割工具、电力传输装置以及多功能机床普遍应用的基础上得以实现的；汽车的轴承、传动链条、齿轮、充气轮胎等都借鉴了自行车工业的相关技术和经验。如今，电子信息技术、自动化生产装置、指纹识别点火开关、卫星导航系统以及红外线夜视系统等先进技术都在汽车工业中得到了广泛的运用。反过来，汽车工业在运用这些技术的过程中，往往因为各种需要而不断进行技术改进和创新，或者对相关技术提出更高的要求，从而推动了其他产业的技术进步。而且，汽车本身的构造十分复杂，其产业链较长，产业辐射能力较强，汽车工业的技术进步能够成为拉动整个产业链及相关产业发展的原动力，汽车工业生产组织方式的进步、管理理念的转变也是相关产业学习和模仿的样板。

（四）技术进步是汽车工业的核心竞争力所在

从宏观上来说，如果一个国家（或地区）不能跟上技术创新的脚步，就不可能成为汽车工业强国，就会在激烈的国际竞争中处于落后地位，甚至受制于人。从微观上来说，如果一个汽车企业无法培养强大的研发力量来维持核心竞争力，就很难获得持续发展。正因为技术对汽车工业是如此的重要，为了在国际市场上立于不败之地，国际汽车巨头都投入巨资进行技术研发。通用汽车公司总部的技术中心占地404万平方米，雇用6000多名研究人员。大众位于沃尔夫斯堡的技术开发中心的建筑面积达100万平方米，拥有员工超过6000人。美国克莱斯勒公司1991年建成的技术中心是世界上现代化程度最高的汽车设计和研发中心，其建筑面积达33万平方米，总投资额为10亿美元。而且，对全球一些主要汽车生产厂家进行的调查表明，前12家全球较大的汽车及零部件公司的研究开发费用，平均每年占各自总销售额的4.8%[1]。各大汽车公司研发中心的研究开发设施齐全，从事汽车的设计、开发、样车制造和试验等各项相关研究的高级研究人员和技术精英众多，为汽车工业的技术进步提供了保障。

总之，汽车工业是技术密集型行业，汽车的研究开发经历的市场调研、概念设计、原型开发、产品制造、样车测试、售后服务等各个环节都十分复杂，专业性相当强，并需要大量的资金投入。汽车工业也是一个综合性行业，是众多高新技术的结合体，各种新材料、新设备、新型配套产品在汽车上运用广泛[2]。如今，汽车工业的技术含量正在不断提

---

① 中国汽车工业协会信息工作委员会：《汽车》，机械工业出版社2002年版，第204—205页。

② 李一鸣、刘军：《产业发展中相关理论与实践问题研究》，西南财经大学出版社2006年版，第332—333页。

高，高新技术的开发和运用能力越来越受到重视。"进入 20 世纪 90 年代以来，随着电子技术等其他高新技术的发展，各国商用车制造公司正在采用令人惊叹的高新技术，来最大限度地保障安全、提高效率。"① 从未来的发展趋势来看，无论是为了满足消费者的安全性、舒适型和经济性要求，还是为了达到政府的排放控制标准和环保要求，汽车工业的发展都离不开技术的支持，而且，运用于汽车产品上的技术将趋向高新化。

二　规模经济显著

（一）规模经济的内涵

新古典经济学认为，在企业生产扩张的开始阶段，厂商扩大生产规模，产出增加的比例能够超过投入增加的比例，单位产品的平均成本随着产量的增加而降低而使经济效益得到提高，这种现象被称作规模经济（Economy of Scale）。然而，当生产扩张到一定的规模以后，如果厂商继续扩大生产规模，就会使经济效益下降，出现规模不经济（Diseconomy of Scale）。由此可见，"所谓规模经济（Economy of Scale），是指随着生产和经营规模的扩大而收益不断递增的现象。它可以表现为长期平均成本曲线向下倾斜，即费用递减。"②

规模经济主要来源于以下几个方面：规模扩大为企业内部发展专业化分工和协作提供了条件，从而带来生产效率的提高；购置和使用大型、高效的专用设备的经济性；规模扩大有利于实行标准化和简单化的操作，从而增加产量、提高质量、降低成本；大批量采购、销售和运输带来的经济性；大规模管理导致的管理人员和技术人员专业化和分工带来的规模经济性。总的来说，在规模经济的成因中，既有生产技术方面的因素，也有交易方面的因素③。

但是，任何企业都有其合理的边界。因此，不会出现企业规模越大效率越高的现象。一旦超过适度的规模，企业的效率反而会降低。"规模收益会由于大企业管理困难而出现减少。企业越大，为了给中央决策提

---

① 中国汽车工业协会信息工作委员会：《汽车》，机械工业出版社 2002 年版，第 121 页。
② 夏大慰、史东辉：《产业政策论》，复旦大学出版社 1995 年版，第 55 页。
③ 王俊豪等：《现代产业组织理论与政策》，中国经济出版社 2000 年版，第 20—22 页。

供必要的信息和执行这些决策所必需的批准手续，它的行政机构就必定越大越正规。庞大的机构必定较不灵活——政策不能经常变化，还要细心地加以控制。"① 因此，任何企业都不能通过无限度扩大规模而获得效率的提高，也不能无限度采用水平一体化或者垂直一体化战略来获得规模经济效应。由此可见，规模经济仅在一定范围内存在。

（二）汽车工业规模经济及其边界

汽车工业是一个规模经济性非常显著的产业。"尤其是在汽车生产线中，以使用大型设备、模具为特征的冲压生产线，和以集中进行自动加工的专用设备为特征的发动机加工生产线的规模经济性最为显著。这些需要大量投资的设备投入，只有在大量生产条件下才是经济合理的。"② 汽车工业存在显著规模经济的一个重要原因是，最小有效规模决定了建立现代汽车生产企业需要巨大的固定成本。固定成本越大，产量增加越能在更大的程度上摊薄固定成本，从而使规模经济越发显著。根据 Maxcy 和 Silberston 的研究，在产量达到 40 万辆之前，由于固定成本的分摊效应，汽车工厂单位成本的下降幅度非常明显③。

国外众多学者对各个国家不同时期的汽车工业的规模经济进行了估计（见表 2-4），尽管估计的结果具有一定的差异性，但学者们一致认为，汽车工业的规模经济效应极其显著。在所有的学者当中，Jurgensen 和 Berg 估计的规模经济产量最低：就总装厂而言，他们认为当产量达到 2.5 万辆以上就能进入低成本生产区间，当产量达到 5 万辆就已经充分利用规模经济；就全能厂而言，他们认为当产量达到 20 万辆以上就能享受低成本生产的好处，当产量达到 50 万辆就已经充分利用规模经济。但最具代表性的学者当属 Maxcy 和 Silberston，他们的研究已经被奉为这方面的经典。一个有趣的现象是，对组装厂最优规模的估计，20 世纪 70 年代以来的研究明显高于 20 世纪 50 年代的研究。但对全能厂的估计，这种趋

---

① ［美］乔治·斯蒂格勒：《价格理论》，李青原等译，商务印书馆 1992 年版，第 153—154 页。

② 夏大慰、史东辉、张磊：《汽车工业：技术进步与产业组织》，上海财经大学出版社 2002 年版，第 190 页。

③ 转引自夏大慰、史东辉、张磊《汽车工业：技术进步与产业组织》，上海财经大学出版社 2002 年版，第 23 页。

势表现得不是特别明显。

现有的研究还表明，在汽车工业生产的不同环节，规模经济效应明显不同。一般认为，锻造的最小有效规模相对较低，Maxcy 和 Silberston 认为是年产 10 万辆，但后来的研究表明，自从 20 世纪 50 年代中期以后，锻造的最小有效规模翻了 1 番。组装业的最小有效规模也较低，Maxcy 和 Silberston 在英国以及 Maxcy 在澳大利亚的研究均认为，组装的最小有效规模为 10 万辆，而 White 和 Rhys 的估计都为 20 万辆。随着自动化程度更高的工具的引入和电子智能控制的增多，组装的最小有效规模还会继续上升。所有研究者都承认，规模经济特性最显著的过程是冲压，Rhys 认为最优产量是 200 万，White 则估计为 250 万[1]。1960 年，日本丰田公司进行的一项研究也表明，冲压的规模经济最为显著[2]。进入 21 世纪，随着研发投入的加大和更加先进设备的广泛运用，汽车的规模经济特性将会越来越明显。

表 2 - 4　　　　　　　　汽车工业规模经济的估计（万辆）

作者	年份（年）	国别	低平均成本区间开始时		规模经济充分利用时	
			总装厂	全能厂	总装厂	全能厂
Bain	1954	美国	6	30	18	60
Maxcy 和 Silberston	1954	英国	6	40	10	100
Kaiser	1955	美国	—	30	6.2	—
Romney	1958	美国	—	18 - 22	—	36 - 44
White	1967	美国	10	20	20	40
Jurgensen 和 Berg	1967	欧共体	2.5	20	5	50
Rhys	1971	英国		20	20	200
Sicard	1970	UDC	5		20	
Pratten	1971	英国	22	25	30	100

资料来源：根据 Jenkins, R. *Dependent Industrialization in Latin American: The Automotive Industry in Argentina, Chile, and Mexico*, New York: Preger Publishers, Inc., 1977, p. 268 整理而来。

---

① Jenkins, R. *Dependent Industrialization in Latin American: The Automotive Industry in Argentina, Chile, and Mexico*, New York: Preger Publishers, Inc., 1977, p. 269.

② 李洪：《中国汽车工业经济分析》，中国人民大学出版社 1993 年版，第 134 页。

三 产业关联度高

(一) 产业关联的基本理论

产业关联是指产业间以各种投入品和产出品为连接纽带的技术经济关系[①]，它包括各个产业之间广泛存在的复杂的、密切的技术经济联系和专业协作关系。产业关联是由著名经济学家里昂惕夫（Wassily W. Leontief）提出并发展起来的，20 世纪四五十年代罗斯托（Walt W. Rostow）和赫希曼（Albert O. Hirschman）将产业关联的概念引入发展经济学，并进一步发展了该概念。在《经济发展战略》一书中，赫希曼首次提出了前向联系和后向联系的概念。后向联系效应是指"每一非初级经济活动将导致通过国内生产，提供其所需投入的意图"；前向联系效应是指"任何在性质上并非唯一满足最终需求的活动，将导致利用其产品作为某种新生产活动投入的意图"。前者是一种投入供应或衍生需求关系，后者是一种产品利用关系[②]。

(二) 汽车工业的关联产业

汽车工业是公认的综合性强、关联度高的产业，它的附加值高、产业链长，既能够带动相关产业的发展，又离不开相关产业的支撑。汽车工业的后向联系效应能够带动钢铁、有色金属、塑料、玻璃、机械制造、电子等相关产业的发展，其前向联系效应促进了交通运输、汽车租赁、汽车销售和维修等相关服务业的发展（见图 2-1）。反过来，零部件工业等相关产业的发展水平和供应能力也从一定程度上影响着汽车工业的发展。实际上，正如世界汽车行业的权威人士玛丽安·凯勤所指出的那样："就全球企业的规模而言，汽车业是一个需要有自己的基础结构的巨型产业，包括能源、技术、电子、电脑程序工程和各种科学，以及许多不同的系统与材料——塑料、橡胶、石化材料、机床、金属压铸、输送设备和油漆装潢系统。为了制造汽车，必须聚集各种资源及人才，构成一国

---

① 臧旭恒、徐向艺、杨蕙馨：《产业经济学》，经济科学出版社 2005 年版，第 350 页。
② ［美］艾伯特·赫希曼：《经济发展战略》，潘照东、曹征海译，经济科学出版社 1991 年版，第 90 页。

经济的重大部分。没有汽车，许多工业无法生存。"①

　　发达国家的经历也充分表明，汽车工业是一个关联度极高的产业。根据日本总务厅的资料，1990 年日本以汽车业为主要构成的运输机械制造业的影响力系数高达 1.44，在日本的 15 个制造业部门中位列第一；而在美国，汽车工业消费了美国 25% 的钢材、50% 的钢铁、60% 的橡胶、33% 的锌、17% 的铝和 40% 的石油。汽车工业如此高的产业关联度，意味着它对国民经济具有巨大的拉动作用②。在发达国家，汽车工业每增值 1 元，会给上游产业带来 0.65 元的增值，给下游产业带来 2.63 元的增值③。从宏观层面来看，在日本，1955—1970 年国民经济增长 6 倍，汽车工业产值则增长 57 倍；在美国，1981—1997 年汽车工业增加值年均增长速度为 4.3%，比国内生产总值的年均增长速度高 1.8 个百分点④。

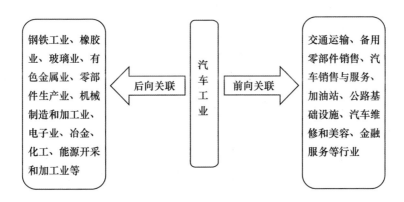

图 2-1　汽车工业的关联效应

　　① 李连友、韩冰：《关于用汽车消费带动我国经济增长的几点思考》，《中央财经大学学报》2003 年第 8 期，第 69—73 页。
　　② 夏大慰、史东辉、张磊：《汽车工业：技术进步与产业组织》，上海财经大学出版社 2002 年版，第 22—23 页。
　　③ 李连友、韩冰：《关于用汽车消费带动我国经济增长的几点思考》，《中央财经大学学报》2003 年第 8 期，第 69—73 页。
　　④ 乔梁：《WTO 与中国汽车产业》，红旗出版社 2002 年版，第 120 页。

第四节　世界汽车工业的发展趋势

在世界汽车工业的发展历程中，每一次重大的技术创新或组织管理变革都引起了汽车工业发展的新动向。这种发展变化既是汽车工业对全球经济形势重大变化的反应，又是汽车工业以自身的发展规律引导和促进全球经济发展的表现。自 20 世纪 80 年代以来，伴随着经济全球化浪潮的高涨和知识经济的兴起，世界汽车工业的发展日益呈现出生产经营全球化、技术运用高新化、生产方式精益化、汽车市场多极化等新的发展趋势。

一　生产经营全球化

（一）生产经营全球化的表现

对于世界汽车工业来说，全球化和国际化绝对算不上是时髦的词语，因为汽车工业几乎在其诞生之初就具备国际化的动力，并一直是推动全球化发展的重要力量。从某种意义上来说，国际扩张是世界汽车工业发展的本质要求。规模经济特征要求汽车生产商在扩大国内市场基础上开拓海外市场，运输成本和随着贸易量扩大而出现的贸易壁垒促使汽车厂商进行海外直接投资，广泛的专业协作和产业关联要求汽车厂商实行跨部门和跨国合作。尤其是 20 世纪八九十年代以来，跨国汽车公司以前所未有的力度推进全球战略的进程，导致汽车工业兼并、重组浪潮迭起，使全球化成为世界汽车工业最令人瞩目的特征①。汽车工业的全球化形式丰富，内容广泛，表现多样。总的来说，汽车工业的全球化"集中体现在两个显著而又相互关联的特征上，一是汽车产业链，包括投资、生产、采购、销售及售后服务、研发等主要环节的日益全球化；二是巨型汽车企业之间的大规模重组。"② 这两个特征涵盖了汽车工业产前、产中、产

---

① 武康平、费淳璐：《WTO 框架下中国汽车经济的增长极》，经济科学出版社 2002 年版，第 6 页。

② 刘世锦、冯飞：《汽车产业全球化趋势及其对中国汽车产业发展的影响》，《中国工业经济》2002 年第 6 期，第 5—12 页。

后的各个方面，包含了汽车工业全球化的主要内容。

（二）产业链全球化

产业链全球化主要指跨国汽车公司根据世界各地生产条件和市场环境的特点，实现投资、开发、生产和采购的优化配置，从而充分利用全球资源，提高自身竞争能力。具体来说，产业链全球化主要表现为生产布局全球化和零部件采购全球化，前者是跨国公司争夺全球市场、应对全球竞争的必要手段，后者是节约成本、集中资源培养核心竞争优势的重要途径。生产布局全球化对于跨国汽车公司来说，已经是轻车熟路了。早在20世纪20年代，福特汽车公司为了节约运输费用，已经开始在全球多个国家开展组装活动。但是，对跨国公司来说，国外生产从来没有哪个时代能像当今这么重要。福特的国外资产已占其总资产的31%以上，大众公司的国外产量占其总产量的比重由1981年的37%上升到1999年的61%[①]。

产业链全球化的另一个重要趋势是零部件采购全球化。汽车工业产业链条长、生产环节多，任何一个现代汽车企业都难以有效地做到自产所需的全部零部件。"汽车工业终究要靠专业化协作，一个工厂不可能制造100%的零件，所以后来的汽车厂基本只有四大工艺（冲、焊、涂、装），大部分零部件由协作厂供应。"[②] 为了降低成本，将新产品开发费用和风险部分地转嫁给零部件供应商，跨国汽车公司正在越来越广泛地采用平台战略、全球采购、业务外包和模块化供货方式。零部件全球采购使得跨国公司仅需掌握几种关键性零部件的生产，而将标准化的一般性零部件进行外包，从而降低了跨国公司的自制率。正如罗伯特·赖克在《国家任务》一书中的描述那样，"当一个美国人用1万美元买下通用汽车公司的庞蒂克牌汽车时，3000美元是给韩国装配工人的，1750美元付给日本制造先进零件的厂商，700美元付给德国设计师，400美元用来购买中国台湾和新加坡的各式零件，250美元付给美国的广告与经销服务，

余下的近 4000 美元才是给底特律与纽约的银行家、保险公司的……这代表了当今全球产业的复杂关系。"①

（三）经营管理联合化

20 世纪 90 年代以来，伴随着生产全球化的发展，全球汽车企业之间为了实现优势互补，广泛地进行联合兼并和战略联盟。实际上，早在 20 世纪 80 年代就曾发生过法国的雷诺公司并购美国汽车公司、德国宝马公司并购英国罗孚公司、美国福特公司购买英国美洲虎公司等重要案例，其他许多大型汽车公司之间也广泛地存在相互持股或者技术合作联系。1998 年，戴姆勒—奔驰与克莱斯勒两大巨头合并，涉及金额为 495 亿美元，成为迄今为止世界汽车工业史上最大的并购案例。随着雷诺和日产联手，福特收购沃尔沃轿车，通用控股日本五十铃、铃木和富士重工等，世界汽车工业一度形成人们津津乐道的"6+3"格局。尽管"6+3"格局已经趋于瓦解，世界汽车企业之间的联合、兼并趋势仍在继续。在全球汽车生产能力过剩的背景下，安全、排放、节能法规的日趋严格和产品开发、销售成本的大幅度提高，必将促使全球汽车市场结构的进一步重组，跨国汽车公司之间的重组、兼并、联盟战略将会继续盛行。

二 技术运用高新化

汽车是技术进步的产物，是在技术进步的推动下不断发展的。随着消费者对汽车性能和功能要求的提高，以及各国对汽车排放控制的日趋严格，汽车工业正在越来越多地采取高新技术来满足这些要求。在此背景下，无论是各国政府还是跨国汽车巨头，都将高新技术的开发和运用看成是培养和维持核心竞争力的重要手段。例如，美国政府发起的促使企业采用高新技术提升汽车工业的"新一代汽车伙伴计划"（PNGV）已经全面展开，并取得了重大突破。从全球范围来看，在生产领域，电子信息控制技术和自动化生产系统正在逐步替代传统的机械技术；在产品制造方面，新材料、新能源等高新技术正在广泛运用，不断推动汽车产

---

① 参见武康平、费淳璐《WTO 框架下中国汽车经济的增长极》，经济科学出版社 2002 年版，第 8—9 页。

品朝轻便化、安全化、环保化、舒适化和智能化方向发展。

（一）材料技术不断提高

汽车生产正不断地增加使用新材料，以满足轻便化、节能化、环保化的要求。材料是汽车质量、性能、使用成本的决定性因素之一，新材料的使用能够减轻汽车重量，在一定程度上实现节能减排目的。进入21世纪以来，在确保安全性的前提下，使用新材料降低车身重量已经成为各大汽车企业设计产品的重要特征之一。在新能源技术成熟之前，降低汽车自身重量是一种有效的节能减排方式。据研究，当一辆汽车每减少10%的重量，可相对减少6%—8%的燃料消费，燃油效率可以提高5.5%。若一辆汽车的重量减少700磅，则在使用年限内至少能减少大约10500磅废气的排放①。为了降低车身重量，各国汽车企业纷纷启动了研究开发新的替代材料的计划，并增加使用轻合金、有色金属、高能树脂、特种钢、橡胶衍生物等新材料代替传统的黑色金属。

（二）燃油技术更加环保

利用高新技术改善发动机和开发绿色能源，减少污染排放。一方面，汽车企业通过改善发动机性能、提高压缩比、改进排气系统、改善尾气后处理技术和采用先进的燃油供给技术来提高燃油的使用效率，减少污染物的排放；另一方面，各大汽车企业积极开发和完善清洁能源技术，力图减少对石化工业的依赖，从而降低污染物的排放。近年来，电动汽车、混合动力汽车、酒精发动机汽车等方面的技术不断取得突破性进展，实用性越来越强。例如，宝马集团开发的BMW745h车型以液氢为燃料，实现了二氧化碳零排放。而在巴西，酒精发动机汽车和双燃料汽车已经成为汽车工业的主流发展方向，并引起了美国和一些欧洲国家的关注，有望在全球进一步推广。

（三）运营管理技术改善

在产品的生产设计和企业的经营管理等方面，广泛运用微电子技术和信息技术，不断提高企业经营管理效率。自20世纪80年代开始，电子信息技术在汽车经营管理运用方面越来越广泛。在企业的经营管理方面，跨国

---

① 胡树华、汪秀婷、侯仁勇：《国家汽车创新工程研究》，科学出版社2007年版，第30页。

汽车集团正在广泛地运用信息技术进行内部管理，并通过互联网与客户、经销商、供应商等建立一种新的业务模式，真正实现全球采购和全球销售战略，全面降低采购成本和整车销售成本。在营销模式和客户管理方面，随着信息管理技术的应用，汽车工业的技术含量也不断地提高。

（四）生产技术高新化

高新技术在汽车工业中的应用，不仅表现为汽车产品本身的进步，还体现在汽车设计、试验、采购、制造、销售、客户服务的全部过程中。"汽车设计已从过去的经验设计→以科学实验和技术分析为基础的工程设计→计算机辅助设计（CAD）发展到以数字化建模仿真、优化为特点的现代化设计。"[1] 跨国企业集团正在广泛采用平台开发战略、全球同步开发以及计算机模拟技术缩短产品开发、试验周期，降低产品开发成本，提高产品质量。在制造过程中，汽车企业通过计算机辅助制造（CAM）深化专业化分工，实现"柔性生产"、"精益生产"、"捷敏生产"等生产方式，从而提高效率和降低成本。随着计算机技术的发展和运用，汽车的智能化程度不断提高。自控空调、电控座椅、自动车窗、车内变光灯、电子门锁、车载信息网络服务等方面的技术进步带来了更大的舒适和方便，并增加了汽车的娱乐功能；车速自动控制系统、变速电子控制装置、自动导向仪、卫星定位与导航、语音电子导航系统等辅助驾驶系统增加了驾驶的安全性和便捷性，而且正在朝自动驾驶的方向发展。

总之，汽车工业的技术含量和汽车产品的高新技术集成度正在日益提高。在汽车工业与相关产业的互相促进下，越来越多的高新技术将会被汽车工业所采用。可以预见的是，在未来的发展过程中，车用材料技术、汽车安全技术、动力系统技术和排放技术、新能源和节能技术、车载信息网络技术、汽车生产技术和汽车企业管理技术等各个方面将会不断地取得重大突破，并持续向高新化方向发展，从而导致汽车工业的技术含量增大。

三　生产方式精益化

（一）精益生产方式的兴起

精益生产方式（Lean Production）是一种高效率的生产组织方式，起

---

[1]　钱振为：《21 世纪中国汽车产业》，北京理工大学出版社 2004 年版，第 217 页。

源于第二次世界大战之后日本丰田汽车公司创立的全新生产管理模式，因此也经常被称为丰田生产方式（Toyota Production System，TPS）。"在60年代初期，丰田汽车公司已经全面地制定出精益生产方式的原则。"① 尽管精益生产方式发源于日本，但为这种生产方式冠名的是美国的研究者。20世纪60年代，美国人对日本生产的小型汽车尚大为不屑。但20年之后，日本汽车企业对美国市场份额的蚕食鲸吞引起了美国人的恐慌。正是在此背景下，美国麻省理工学院的技术、政策和产业发展中心（CTPID）于1985年组织专家进行立项，并于1986—1990年实施了"国际汽车计划"（IMVP）这一重要课题，力图找到一种最优的生产管理方式。通过对当时效率最高的日本汽车企业的生产管理方式进行调查研究之后，研究小组正式将之冠名为"精益生产方式"。

（二）精益生产方式的特点

精益生产方式（或者称为丰田生产方式）是一种不做无用功的精干型生产系统，其基本思想是"彻底杜绝浪费"，而贯穿其中的两大支柱则是准时化和自动化。"所谓'准时化'，就是在通过流水作业装配一辆汽车的过程中，所需要的零部件在所需要的时刻，以需要的数量，不多不少地送到生产线旁边。"② 准时化可以降低库存、节约成本，是精益生产方式的核心支柱。为了确保准时化原则得以实现，丰田公司打破了"前一道工序向后一道工序供应工件"的常规操作流程，通过"看板"的方式，由后一道工序在需要的时候向前一道工序领取所需数量的零部件。自动化不是单纯的机械自动化，而是让工人照看"带有自动停止装置的机器"，一旦出现质量问题，立即停机彻查问题的根源，从而确保产品质量和杜绝浪费。精益生产方式可以贯穿于企业采购、设计、生产、营销和售后等各个环节。在采购方面，企业通过与供应商建立良好的合作关系而确保最小库存；在开发设计环节，通过"主查制"提高开发的效率和成功率；在生产过程中，重视团队合作和全面质量管理，保证产品质

---

① ［美］詹姆斯·P.沃麦克、［英］丹尼尔·T.琼斯、［美］丹尼尔·鲁斯等：《改变世界的机器》，沈希瑾等译，商务印书馆1999年版，第80页。

② ［日］大野耐一：《丰田生产方式》，谢克俭、李颖秋译，中国铁道出版社2006年版，第6页。

量达到零缺陷；在营销和服务方面，精益生产方式必须在特定时间内以特定的价格提供能够满足用户需求的特定产品和服务。精益生产方式也可以被大多数产业中的企业采用，并表现出不同的特征。

（三）精益方式的普遍推广

精益生产方式确立之后，迅速在日本汽车企业中普及，成为日本汽车工业独有的生产方式，并引起了其他行业的效仿。20 世纪 80 年代，精益生产方式开始受到欧美企业的高度关注和广泛效仿。"80 年代期间，精益生产方式向外扩散，就像 20 年代大量生产方式向外扩散一样。"到了 20 世纪 90 年代，精益生产方式的扩散甚至成为世界经济面临的最重要的问题之一①。而且，汽车工业之外的其他一些行业也在不断地学习和普及精益生产方式。时至今日，精益生产方式的基本思想已经在 100% 的世界 500 强制造型企业、50% 的世界 500 强服务型企业中广泛运用②。从现实情况来看，精益生产方式仍然是目前最优的汽车工业生产管理方式，向精益生产方式转变也几乎成了全球所有汽车企业的理性选择。由此可见，至少在新的高效生产方式出现之前，精益生产方式将继续主导世界汽车工业的发展潮流。

四 汽车市场多极化

20 世纪 80 年代以来，世界汽车工业的全球化和多极化特征日益明显。随着跨国公司全球生产布局的调整和发展中国家的顺势而为，一些新兴汽车市场的国际地位逐渐提高，国际汽车市场的多极化趋势将不可避免。具体来说，世界汽车工业的多极化主要表现在两个方面：第一，世界汽车消费市场多极化以及由此导致了国际竞争格局的多极化。新兴汽车市场的需求潜力巨大，已经成为跨国汽车巨头的必争之地。第二，世界汽车生产格局多极化以及由此引起了参与市场竞争的主体的多极化。随着发展中国家汽车生产能力的提高，一些新兴汽车国家和新崛起的汽

① ［美］詹姆斯·P. 沃麦克、［英］丹尼尔·T. 琼斯、［美］丹尼尔·鲁斯等：《改变世界的机器》，沈希瑾等译，商务印书馆 1999 年版，第 81—82 页。

② 胡树华、汪秀婷、侯仁勇：《国家汽车创新工程研究》，科学出版社 2007 年版，第 33—34 页。

车企业的地位变得举足轻重，未来的竞争将会更加激烈。

（一）汽车消费市场多极化

就世界消费市场而言，在北美、西欧、日本三大传统市场占主导地位的情况下，以中国和印度为中心的亚太地区、以巴西和阿根廷为中心的南美地区，以及以波兰、捷克和斯洛伐克为中心的中东欧地区等新兴市场的需求急剧增加。西欧、美国、日本是全球公认的三大成熟汽车市场，也是迄今为止全球汽车产销量和保有量最大的三个地区。尽管这三大市场的汽车普及率已经很高，市场容量趋于饱和，但汽车升级换代带来的巨大需求仍然不容忽视。而且，智能化、清洁化、节能化等新型汽车的出现可能引发全新概念汽车的普及，从而创造新的市场需求。传统的三大市场发育比较成熟、市场机制更加完善，消费者的要求也更高，从而导致竞争更加激烈。

在新兴汽车市场上，汽车的普及水平相比稍低，但随着这些地区经济发展速度的加快，消费者购买能力的提高引起了需求激增。从发展前景来看，新兴市场需求增长的潜力更大，增长的速度也会更快，汽车消费市场的多极化趋势不可逆转。20 世纪 90 年代的大部分时间内，新兴市场的汽车生产和销售迅速增长，而"大三角"却陷入了停滞。1990—1997 年，主要新兴市场的汽车销售增加了 92%，生产增加了99%。同一时期，"大三角"的销售和生产分别只提高了 1% 和 4%。在这个时期，"大三角"的汽车销售只增加了 23 万辆，而主要新兴市场的销量却增加了 390 万辆[①]。"在新兴汽车市场上，产品构成逐渐从商用车特别是中型商用车为主转变到以商用车和经济型轿车（中低级轿车和微型车）并重的阶段，商用车中的轻型和重型商用车更是发展的重点。"[②] 因此，世界各大汽车生产厂商纷纷抢滩新兴市场，争夺市场份额。

根据世界汽车工业协会（OICA）发布的数据，近年来巴西国内新车

---

① Humphrey, John, and Antje Oeter, "Motor Industry Policies in Emerging Markets: Globalisation and the Promotion of Domestic Industry", in Humphrey J., Lecler Y., Salernom. S. eds. *Global Strategies and Local Realities*, London: Palgrave Macmillan, 2000, pp. 42 - 71.

② 中国汽车工业协会信息工作委员会：《汽车》，机械工业出版社 2002 年版，第 49 页。

销售维持在 200 万辆以上，墨西哥新车销量大约为 150 万辆，秘鲁和智利等国家的新车销售处于温和增长的态势，遭受经济困难的阿根廷的新车销售正在回暖。但是，由于政局不稳和经济严重衰退，委内瑞拉的新车销售持续下跌，短期内难以恢复。

表 2-5　　　**2011—2018 年拉美部分国家新车销量（单位：辆）**

年份（年）国家	2011	2012	2013	2014	2015	2016	2017	2018
阿根廷	883350	830058	963917	613848	644021	709482	862332	773641
墨西哥	936780	1024574	1100542	1176305	1389474	1647723	1530498	1421458
巴西	3633248	3802071	3767370	3498012	2568976	2050321	2172738	2468434
哥伦比亚	295000	285000	286800	314100	272400	246，500	227662	245622
智利	356183	362331	397643	353525	297785	319606	369029	417495
委内瑞拉	120689	130553	98878	23707	14700	2500	5000	2078

注：包括商用车和乘用车。

数据来源：根据世界汽车工业协会（OICA）数据整理。

（二）汽车生产格局多极化

就全球生产格局而言，美国、日本和西欧的支配地位在当前还很难动摇，它们是世界汽车产业发展的遥控中心，全球鼎鼎大名的跨国汽车公司都发源于这些区域。但是，从发展速度和潜力来看，新兴汽车市场占明显优势。近年来，美国、日本和西欧三大传统市场汽车产量的年均增长速度显著低于新兴市场。而且，几乎所有发达国家的年均增长速度均低于全球平均水平，而绝大多数新兴市场的年均增长速度则远高于全球水平。可以说，全球汽车销量回暖离不开西欧、巴西、俄罗斯等新兴市场的反弹和复苏。

根据国际汽车工业协会（OICA）的统计，2011—2017 年，全球汽车产量同比分别增长 2.96%、5.45%、3.65%、2.82%、1.12% 及 4.63%、1.92%，增速回稳。2017 年，中国和印度的产出增长率分别为 3.2% 和 5.8%，阿根廷、墨西哥和巴西分别为 -0.13%、13% 和 25.2%，俄罗斯、斯洛文尼亚、乌兹别克斯坦达到了 19.0%、42% 和 59.1% 的同比增长率。而发达国家中除了日本（5.3%）和法国（6.5%）之外，美国（-8.10%）、德国（-1.8%）、英国（-3.7%）的增长率均低于全球平均水平。另外荷兰（75%）和葡萄牙（22.70%）等国汽车产量也实现了正增长。由此可见，发展中国家已经成为全球汽车生产的重要动力。

（三）汽车生产企业多极化

从微观上来说，汽车生产也出现了多极化的苗头。由英国品牌评估机构 Brand Finance 发布的"2019 全球最有价值的 100 个汽车品牌"排行榜显示，尽管梅赛德斯-奔驰、丰田和大众等发达国家汽车企业仍然高居榜单前列，但新兴经济体入榜的企业不断增多，中国共有 22 个中国汽车品牌进入百强榜，排名最高的吉利在第 19 位。尽管在资产规模、技术能力、销售水平等方面，新兴市场汽车企业难以望全球顶尖汽车生产商的项背，但绝对不能忽视新兴市场企业的竞争能力的快速提升，更不能否认世界汽车工业的多极化发展趋势。总之，"以北美、西欧和日本为代表的传统汽车市场，无论从生产还是销售量方面来看，都是支撑全球汽车工业发展的基础，但就其发展潜力来说，未来的增长都不会很大。而真正可能影响 21 世纪全球汽车工业发展速度的市场是以东欧、亚洲和南美为代表的新兴汽车市场，这已是世界汽车工业关注的焦点。"①

---

① 中国汽车工业协会信息工作委员会：《汽车》，机械工业出版社 2002 年版，第 49 页。

第三章

拉美汽车工业发展的历史演变

自 20 世纪初期跨国公司在拉美设立汽车组装厂迄今，拉美的汽车工业已经走过了近 100 年的历程。对于墨西哥、巴西和阿根廷等拉美大国来说，汽车工业是国民经济的重要支柱产业，通过政府的强力支持和借助跨国公司的力量获得了迅速发展。但拉美汽车工业也面临市场规模较小、技术创新瓶颈等诸多制约，必须设法克服这些困难才能获得进一步发展。

第一节　拉美汽车工业的发展历程

拉美国家汽车工业的发展是汽车工业后发国家所走的典型道路，即从最初的 CKD 组装发展到零部件国产化，最后向出口导向过渡。因此，许多学者据此将拉美汽车工业的发展分为三个阶段，即简单装配阶段、进口替代阶段和出口导向阶段[①]。这种划分方法深刻地揭示了拉美汽车工业发展模式的特征以及变化，本章将在这个基础上对拉美汽车工业的发展阶段进一步细化。

一　拉美汽车工业的萌芽（1916 年至 20 世纪 50 年代中期）

世界汽车工业发展的大转移表明，汽车工业天生就是一个世界性产业。正因为这种世界性，汽车工业在欧洲刚刚萌芽，就开始向全球传播。

---

① 江时学：《拉丁美洲汽车工业的发展》，《拉丁美洲研究》1989 年第 5 期，第 22—28 页；郑保国：《阿巴墨三国汽车工业发展剖析》，硕士学位论文，中国社会科学院研究生院，1990 年。

20 世纪初，美国汽车生产达到了一定的规模之后，也开始走上了全球扩张的道路。第一个追求全球制造战略的美国汽车公司是福特公司，早在 1905 年，福特公司的产量还不到 1000 辆的时候，亨利·福特就在加拿大建立了制造厂。1911 年，福特又在英国的曼彻斯特开设了总装厂。到 1926 年，福特已经在 19 个国家设立了总装厂①。20 世纪 20 年代前后，随着"美国后院"拉美市场的重要性的上升，美国汽车公司加快了进入拉美地区的步伐。最早付诸实际行动的仍然是福特公司，1916 年，福特汽车公司在阿根廷建立了第一家汽车装配厂，标志着拉美汽车工业的诞生②。

1919 年和 1924 年，福特公司又分别在巴西和智利建立了汽车组装厂。随后，通用等汽车公司也相继跟进，1925 年通用汽车在阿根廷开设了一家汽车装配厂。相比之下，墨西哥的汽车工业起步稍稍晚于其他拉美国家。1925 年，福特公司在墨西哥建立汽车组装厂，1935 年和 1939 年，通用汽车和克莱斯勒也分别在墨西哥建立组装厂。两次世界大战期间，美国三大汽车巨头福特公司、通用汽车和克莱斯勒全面垄断了拉美的汽车工业。它们在拉美建立组装厂的初衷是节约运输成本和克服运输障碍。在当时的条件下，运输条件十分糟糕，运输成本也很高，而通过 CKD 和 SKD 方式进入拉美市场要比向拉美出口整车更加节约成本。到了 20 世纪 30 年代初，拉美国家通过关税保护来支持国内的进口替代工业化战略，汽车整车进口的关税大幅度提高，而 CKD 和 SKD 能够帮助跨国公司绕过拉美国家设置的关税壁垒。资料显示，墨西哥当时的零部件进口关税要比整车进口关税低 50%。在阿根廷，通过 CKD 和 SKD 进口零部件组装汽车比整车进口的关税分别优惠 30% 和 15%。

在各种利益的激励下，各国的汽车公司加大了对拉美市场的争斗，客观上促进了拉美汽车工业的发展。1923 年，福特公司在阿根廷首都布宜诺斯艾利斯的工厂的资产值达到了 880 万美元，成为福特公司在北美市

---

① ［美］詹姆斯·P. 沃麦克、［英］丹尼尔·T. 琼斯、［美］丹尼尔·鲁斯等：《改变世界的机器》，沈希瑾等译，商务印书馆 1999 年版，第 243—244 页。

② 江时学：《拉丁美洲汽车工业的发展》，《拉丁美洲研究》1989 年第 5 期，第 22—28 页。

场之外的第二大工厂①。经过 30 多年的发展，拉美的汽车工业实现了一定程度的扩张。到 20 世纪 50 年代中期，拉美汽车工业已经小有规模，远远领先于其他发展中国家。1956 年，巴西零部件厂商达到了 520 家，组装厂为 8 家，远超 1941 年的 5 家零部件厂和 3 家组装厂②。但是，这个时期的拉美各国尚处于进口替代工业化的第一阶段，机械工业和零部件工业的滞后发展严重限制了汽车工业的进一步扩张。外国资本主导的拉美汽车工业实质上仅仅是汽车装配工业，其基本特征是生产规模小、生产方式落后，没有建立系统的汽车工业生产体系。正因为如此，拉美汽车工业的萌芽发展常常被人们称为简单的进口装配阶段。在国外，许多学者称之为"前工业化阶段"③。尽管如此，拉美国家仍然是发展中国家汽车工业发展的先驱，汽车工业的初步发展进一步推动了拉美的工业化进程，并引起了生产方式和消费方式的深刻变化。

二 拉美汽车工业体系的建立（20 世纪 50 年代后期—70 年代初）

第二次世界大战结束之后，发展中国家的经济发展逐渐被提到国际议程上。在国际组织和发展经济学家们的努力下，各种发展理论层出不穷。作为发展中国家工业化排头兵的拉美国家，在这个阶段开始建立完整的汽车工业生产体系，其汽车工业迈进国产化（或进口替代）发展阶段。第二次世界大战之后，拉美国家的汽车需求急增，引起了汽车进口的迅速增加。1947 年，阿根廷的汽车进口量达到了创纪录的 8 万辆；1951 年，巴西的汽车进口达到了 11 万辆的峰值④。随着拉美汽车市场的扩大，跨国公司逐渐改变了拉美汽车市场过于狭小而不适宜在当地发展汽车制造业的看法。而且，欧洲汽车的重新崛起加剧了国际汽车市场上的竞争，欧美厂商在国内市场增长乏力的情况下，都把眼光瞄准了拉美

---

① Maxcy, G. *The Multinational Motor Industry*, London: Croom Helm, 1981, p. 71.

② Mericle, Kenneth S, "The Political Economy of the Brazilian Motor Vehicle Industry", in Kronish, Rich and Mericle, Kenneth S. eds. *The Political Economy of the Latin American Motor Vehicle Industry*, Cambridge: The MIT Press, 1984, pp. 4 – 5.

③ 江时学：《拉丁美洲汽车工业的发展》，《拉丁美洲研究》1989 年第 5 期，第 22—28 页。

④ Jenkins, R., *Transnational Corporations and the Latin American Automobile Indusrty*, London: The Macmillan Press, 1987, p. 21.

市场。但是，随着进口的快速增加，拉美国家在第二次世界大战期间积累起来的外汇储备大量外流，国际收支状况日益恶化，本来就因为长期实行进口替代战略而缺乏外汇和资金的拉美各国政府被迫对汽车及汽车零部件进口实行限制。为了绕开贸易壁垒，跨国公司不得不认真考虑在拉美本土制造汽车。

另外，从20世纪30年代实施进口替代工业战略以来，拉美国家已经具备了一定的工业基础和制造能力，汽车工业因此能够成为推动工业化进程的现实选择。到20世纪50年代末，一些拉美大国基本上完成了非耐用消费品的进口替代，工业化战略继续往纵深方面发展，耐用工业品的生产逐渐被提到日程上来。"为了增加资本积累的活力和推动工业化进程向纵深发展，'进口替代'必然要逐步深入和扩大到耐用消费品生产部门。而在耐用消费品中，汽车是较为合适的，因为它具有造价昂贵、技术要求高和前向及后向联系广泛等特征。"① 因此，对于拉美国家来说，尽管当时的国民经济发展水平并没有达到普及汽车消费的程度，但发展汽车工业已经成为深化进口替代工业化战略的合理选择之一。于是，在20世纪50年代末和60年代初，拉美各国政府纷纷出台了各种汽车工业法令、法规，引导跨国汽车公司实行国产化战略。总之，跨国公司创造的良好外部条件和拉美国家经济发展的内在要求相结合，赋予了拉美汽车工业更加重要的历史使命，也将拉美汽车工业推到了一个新的发展阶段。

第一个实施汽车工业发展计划的拉美国家是巴西。1956—1960年库比契克总统执政期间，政府把发展汽车工业放在重要的战略地位。通用、大众、福特、菲亚特等外国汽车公司先后在巴西设厂，巴西汽车工业在此期间得到迅速发展。1956年6月，巴西成立了汽车工业执行委员会（Automobile Industry Executive Group，简称为GEIA），专门负责监督和协调国内的汽车工业生产。GEIA于1956年宣布禁止所有的汽车整车进口，并通过一系列行政指令确定了汽车工业国产化的指导方针。具体规定为，跨国公司要么放弃有利可图的巴西汽车市场，要么在巴西投资于汽车制造业，并在3年半的时间内达到90%—

---

① 江时学：《拉丁美洲汽车工业的发展》，《拉丁美洲研究》1989年第5期，第22—28页。

95%的国产化水平①。同时 GEIA 提供了严格保护国内市场和一定的财政激励等优惠条件,并在用汇方面给予方便,以吸引跨国公司投资生产。财政激励包括全免进口设备的关税,免除巴西国内不能生产的零部件的进口关税,提供短期和长期的优惠贷款等。尽管巴西政府的国产化要求近于苛刻,但仍然有 11 家跨国公司开始在巴西投资设厂,巴西逐渐成为真正意义上的汽车生产国。

阿根廷紧随巴西之后实行了国产化计划,但情况有所不同。尽管 20 世纪 50 年代初期庇隆政府就试图发展国内汽车制造业,但很长时期内阿根廷都未能成功地转向当地制造。1951 年,庇隆政府发布法令,对于在阿根廷国内从事汽车制造的企业在用汇和进口方面给予为期 5 年的特权。1953 年,政府又明确表示欢迎跨国公司在阿根廷国内投资汽车制造业。但在 1959 年之前,阿根廷政府都未能吸引任何跨国公司在国内投资于汽车整车制造业。无论是福特、通用还是克莱斯勒,当时都不愿意在阿根廷进行汽车整车生产,而近乎偏执地坚持在阿根廷进行汽车组装,这主要是因为阿根廷国内市场过于狭小和跨国公司对庇隆左翼政府的疑虑难消。

1958 年,庇隆政府下台之后,外国资本开始大规模流向阿根廷。1959 年,政府通过 3693 号法令促进汽车工业的发展,为在阿根廷从事汽车整车制造的跨国公司厂商提供了大量的优惠条件,包括免除机器设备的进口关税和减免部分零部件的进口关税。阿根廷政府的巨大让步立即换取了与跨国公司签订的 23 份汽车生产协议。1959—1962 年,汽车工业吸引了 1 亿美元左右的投资②。通过政府的各种努力,跨国公司终于开始在阿根廷制造汽车,而不仅仅是组装汽车,从而使阿根廷成为继巴西之后第二个真正从事汽车整车制造的拉美国家。

拉美的另外一个大国——墨西哥的国产化计划相对较晚才开始实施。

---

① Mericle, Kenneth S. "The Political Economy of the Brazilian Motor Vehicle Industry", in Kronish, Rich and Mericle, Kenneth S. eds. *The Political Economy of the Latin American Motor Vehicle Industry*, Cambridge: The MIT Press, 1984, p. 5.

② Jenkins, R., "The Rise and Fall of the Argentine Motor Vehicle Industry", in Kronish, Rich, and Kenneth S. Mericle, eds., *The Political Economy of the Latin American Motor Vehicle Industry*, Cambridge: The MIT Press, 1984, pp. 45 – 46.

尽管巴西和阿根廷政府较早地通过各种干预手段来促进国内生产，但墨西哥汽车工业迅速迎头赶上，建立了比较先进的组装线。1961 年，墨西哥政府开始禁止轿车进口，并发布了"墨西哥汽车制造发展政策的基本方针"，规定重组墨西哥汽车工业，并确定了重点发展小型经济型轿车和支持民族资本发展零部件工业的政策。由于跨国公司的强烈反对，该方针没能如期实施。经过讨价还价，墨西哥政府于 1962 年颁布了"关于从 1964 年 9 月 1 日起禁止汽车用发动机和机械零部件完成品进口的政令"，以 60% 这一较低的国产化水平吸引跨国公司在墨西哥制造汽车，并以墨西哥资本在新建的零部件企业中必须占比 60% 以上的规定来促进当地零部件工业的发展。在政府政策的引导和跨国公司的积极参与之下，20 世纪 60 年代初墨西哥汽车工业体系逐渐形成和发展。

其他拉美国家发展汽车工业的起步更晚。委内瑞拉于 1948 年开始组装汽车，1950 年当地一家企业获得了组装克莱斯勒汽车的许可证（1955 年克莱斯勒接管了该企业）。但在 1960 年之前，委内瑞拉仍然主要依靠进口，国内组装汽车仅占其汽车消费很小的比例。1962 年，委内瑞拉严格限制整车进口，并实施了国产化计划（国产化要求按照重量计算），从 1963 年的 15% 提高到 1970 年的 40%。20 世纪 50 年代末 60 年代初，智利在北部港口新建了一批组装厂。1962 年，智利政府设立了一个专门委员会负责汽车工业的发展，提出了较低的国产化要求。1963 年，秘鲁通过高关税保护和财政优惠大力发展国内组装，并设立了较低的国产化要求。此外，哥伦比亚和乌拉圭也在 20 世纪 60 年代初开始发展国内组装业①。

巴西、阿根廷和墨西哥三国先后成功地从简单装配转向国内制造之后，三国的汽车工业都经历了并不是一帆风顺的快速发展。这个阶段，拉美汽车工业的发展速度较快，1955 年到 1973 年，拉美轿车和卡车的总产量从 60912 辆增加到 1478150 辆，不到 20 年的时间内增长了 24 倍。与此同时，拉美汽车的保有量也迅速增加，从 1955 年的 2727542 辆提高到 1972 年的 12453934 辆。20 世纪 50 年代后期之前，拉美汽车存量年均增

---

① Jenkins, R., *Transnational Corporations and the Latin American Automobile Indusrty*, London: The Macmillan Press, 1987, p. 56.

长率仅为7%，但之后的年均增长率高达10%①。

20世纪60年代中期，拉美汽车工业发展速度放缓。因为在拉美各国汽车工业体系初步建立的时期，都出现了有效需求不足、生产过度分散化和国内汽车零部件效率低下导致汽车生产成本过高等结构性问题。巴西的第一次汽车工业增长高峰出现在1968—1974年的"巴西经济奇迹"时期，在此期间，巴西汽车产量以年均22.0%的速度增长。但在1974—1980年，巴西汽车产量年均增长率又下跌为4.3%②。阿根廷汽车工业的发展也经历了产出的反复波动。阿根廷汽车产量从1959年的32952辆飙升至1960年89348辆，1961年达到了13.6万辆，但随后连续两年出现产量下跌。1973年，阿根廷汽车生产达到29.4万辆的峰值，此后基本上陷入了停滞和倒退的旋涡之中③。

总之，20世纪60年代初，构成拉美汽车工业主体的巴西、阿根廷、墨西哥汽车工业都成功地转向了当地生产，拉美各国逐渐建立了完整的汽车工业体系。需要指出的，尽管拉美汽车工业体系的建立迅速增加了汽车产出，但市场狭小、生产分散化、技能水平落后、国际竞争力低下等主客观条件对拉美汽车工业发展的制约作用从一开始就有所显现。随着汽车工业的进一步发展，这些因素的瓶颈作用越发明显。拉美国家的政府和在当地开展汽车生产的跨国公司逐渐认识到，汽车工业的进一步发展必须以加强与国际市场的联系为动力，于是拉开了拉美汽车工业向出口导向的转变。

三 出口导向发展阶段（20世纪70年代初—90年代初）

20世纪70年代初，拉美的汽车工业进入一个缓慢的发展时期，具体表现为增长速度放慢和产量出现大幅度波动，这种状况一直延续到20世

---

① Jenkins, R. *Dependent Industrialization in Latin American*: *The Automotive Industry in Argentina, Chile, and Mexico*, New York: Preger Publishers, Inc., 1977, p. 59.

② Mericle, Kenneth S., "The Political Economy of the Brazilian Motor Vehicle Industry", in Kronish, Rich and Mericle, Kenneth S. eds. *The Political Economy of the Latin American Motor Vehicle Industry*, Cambridge: The MIT Press, 1984, p. 22.

③ Jenkins, R., "The Rise and Fall of the Argentine Motor Vehicle Industry", in Kronish, Rich, and Kenneth S. Mericle, eds., *The Political Economy of the Latin American Motor Vehicle Industry*, Cambridge: The MIT Press, 1984, p. 43.

纪 90 年代初。当拉美的汽车工业正在延续强劲增长势头的时候，1973 年突然而来的第一次世界石油危机严重阻碍了拉美汽车工业的发展。随后，20 世纪 70 年代末的第二次世界石油危机和 80 年代初的拉美债务危机又相继延缓了拉美汽车工业的发展进程。接二连三的干扰事件使得拉美汽车产量出现了大幅度的波动。例如，巴西和墨西哥的汽车产量分别从 1970 年的 416089 辆和 189986 辆上升到 1975 年的 930235 辆和 356624 辆，但随后的增长速度十分缓慢，1980 年两国的汽车产量才分别上升到 1165174 辆和 490006 辆，并且在之后的 5 年中陷入了产量倒退的境地①。

当然，1980 年巴西汽车产量突破 100 万辆并名列世界第八大汽车生产国，1985 年之后墨西哥汽车产量迅速增长并于 1994 年成功突破 100 万辆大关，阿根廷、委内瑞拉、秘鲁、智利、哥伦比亚、乌拉圭等国的汽车工业在此期间也获得了重要进展，这些成就都是不容忽视的。而且，通用、福特、克莱斯勒、大众、菲亚特等国际知名汽车公司在拉美市场上的产出水平都基本上达到了最低有效规模，具备了一定的利用规模经济效应的能力。在巴西尤其如此，社会各界对产量和出口能力都保持乐观的看法，甚至把巴西视为第三世界国家通过实施进口替代工业化战略来发展汽车工业最为成功的典范。

然而，与汽车工业异军突起的东亚国家相比，或者与拉美国家曾经高达 20% 多的年均增长速度相比，拉美汽车工业在这个阶段的发展速度显得相当慢。而且，以跨国公司为主导力量和以国内市场为目标的内向型进口替代汽车工业发展战略，在快速增长之后很快就遇到了各种问题。拉美汽车工业发展的不稳定性是脆弱的国内宏观经济的缩影，是拉美国家经济体系抵御外在风险能力较弱的反映，也是负债发展和进口替代工业化战略难以为继的表现，更是全面依附外国跨国公司的结果。

这个阶段，拉美汽车工业的发展模式出现了一个十分显著的变化，即从"进口替代"向"出口导向"转变②。出现这种变化的原因是多方

---

① 夏大慰、史东辉、张磊：《汽车工业：技术进步与产业组织》，上海财经大学出版社 2002 年版，第 387—388 页。

② Jenkins（1984）认为，拉美汽车工业的外向型转变发生在 20 世纪 80 年代初。Jenkins, R. ed., *Transnational Corporations and Industrial Transformation in Latin America*, London: Palgrave Macmillan, 1984.

面的，首要的，也是最重要的原因是，来自国际收支方面的压力迫使拉美政府寻求解决之道。拉美汽车工业转向当地生产之后，由于零部件等中间产品和机器设备等资本品的大量进口，国际收支的压力不减反增。据统计，20世纪60年代末和70年代初，墨西哥每生产一辆汽车平均需要1000多美元的进口投入。在巴西，1973年汽车工业所使用的机器设备进口额占全国工业部门使用的机器设备进口额的29%，为了生产汽车所进口的钢材约占钢材进口总额的25%[1]。而且，汽车工业中的专利费用支付和利润汇出等形式的资本外流也给国际收支增加了负担。例如，1965—1970年，阿根廷汽车工业吸收的外国直接投资约为7250万美元，而利润、红利、专利费用和技术咨询费等开支高达2.56亿美元，逆差1.83亿美元[2]。同期巴西汽车工业中的资本流入和资本外流分别为5940万美元和1.51亿美元，逆差9170万美元[3]。对于拉美各国政府来说，这样的国际收支状况完全违背了政府的初衷。为了改变这种不利局面，拉美各国政府采取了各种激励措施和强制手段，促使跨国公司加大了出口力度。

拉美汽车工业向"出口导向"转变的另一个十分重要的原因是，增加出口是跨国公司进行全球竞争的需要。在这个时期，汽车工业的国际化特征逐渐加强，全球范围内的商品流动、资本流动和技术交流加强了世界各国汽车工业的联系，汽车的设计、生产和销售都超越了区域市场的界限。在这种情况下，拉美国家的优惠投资条件和廉价的劳动力，对从事国际化经营的跨国公司的吸引力越来越大，跨国公司以拉美为生产基地而以国际市场为目标的动力也越来越大。而且，跨国公司在拉美从事的以当地市场为目标的生产经营模式所获得的绩效越来越不理想，促使它们将目光投向国际市场。

总的来说，跨国公司从事汽车出口，既是与政府讨价还价的有力筹码，又是对来自政府持续不断的压力妥协的结果。通过扩大出口创造外

① 江时学：《拉丁美洲汽车工业的发展》，《拉丁美洲研究》1989年第5期，第22—28页。

② J. 苏鲁里：《阿根廷汽车生产综合体》，墨西哥新形象出版社1980年版，表31，转引自江时学《拉丁美洲汽车工业的发展》，《拉丁美洲研究》1989年第5期，第22—28页。

③ F. 德奥利维拉：《巴西的汽车生产综合体》，墨西哥新形象出版社1980年版，表46，转引自江时学《拉丁美洲汽车工业的发展》，《拉丁美洲研究》1989年第5期，第22—28页。

汇收入，跨国公司能够获得关税减免、税收优惠、降低国产化要求和直接出口补贴等利益。由此可见，拉美汽车产业转向出口，是拉美政府和跨国公司的共同利益之所在。于是，在拉美政府的利益诱导和强制要求之下，在拉美从事汽车工业的跨国公司开始积极地参加国际市场的争夺。

实际上，早在1969年墨西哥政府就率先对汽车工业提出了出口要求。1972年，墨西哥颁布了新的汽车法令，继续强调扩大汽车产品的出口。20世纪70年代中后期，墨西哥政府不惜通过降低早先十分强硬的国产化要求来换取出口的增长。"1977年，政府又重新确定零部件国产化比例的计算方法和使用外汇的规定。根据该法令规定，汽车制造商有权在扩大出口或提高国产化比例之间作出选择。"[①]

在巴西，由于国内市场需求停滞不前，企业的利润空间日益缩小，以及来自政府持续不断的压力，跨国公司出口的动力越来越明显。更为重要的是，参与出口计划能够获得诱人的金融支持和竞争优势。1976年，在压力和激励的双重刺激下，大多数跨国公司终于与政府签订出口协议，参与"用于出口的特别财政优惠"（Special Fiscal Benefits for Exports，简称为BEFIEX）。自此之后，巴西的汽车出口量获得了较快的增长。1973年，巴西的汽车出口金额仅仅为7620万美元，1980年飙升至15.123亿美元[②]。但是，由于国产化要求过高、进口受到限制、对国际市场需求变化反应过慢等因素导致拉美汽车在国际市场上缺乏竞争力，巴西和墨西哥的汽车出口增长都没有达到政府的预期目标。

1976年之前，阿根廷也采取了许多类似的促进汽车出口的政策。1976年军事政变之后，阿根廷紧跟智利向贸易自由化方向转变，汽车进口禁令被废除，国产化要求也被降低。但是，不论是智利的激进化自由化改革，还是阿根廷的温和式自由化改革，都没有使两国的汽车工业发展实现预定的目标，阿根廷更是从拉美首屈一指的汽车生产大国慢慢地被边缘化，到20世纪80年代末退出了拉美汽车生产第一集团，远远落后

① 江时学：《拉丁美洲汽车工业的发展》，《拉丁美洲研究》1989年第5期，第22—28页。

② Mericle, Kenneth S., "The Political Economy of the Brazilian Motor Vehicle Industry", in Kronish, Rich and Mericle, Kenneth S. eds. *The Political Economy of the Latin American Motor Vehicle Industry*, Cambridge：The MIT Press，1984，p. 29.

于巴西和墨西哥两国。

四 快速扩张阶段（20世纪90年代—21世纪初）

20世纪90年代以来，作为全球重要新兴汽车市场之一的拉美国家，其汽车工业在全球化浪潮中步入了快速发展的轨道。20世纪90年代初，拉美汽车工业仍然受到"失去的十年"的影响，汽车生产处于缓慢恢复之中。但从1994年开始，拉美汽车工业发展速度得到了提升。墨西哥于1994年加入NAFTA之后，产量迅速突破100万辆，虽然1995年跌破100万辆，但是1996年之后产量一直在100万辆以上的基础上持续增长（见表3-1）。

表3-1 1994—1999年拉美汽车产量（单位：辆）

国家 年份 （年）	巴西	墨西哥	阿根廷	委内瑞拉	秘鲁	智利	哥伦比亚
1994	1581389	1122110	408777	71924	2100	19647	80969
1995	1629008	935017	285272	96403	1181	21574	79832
1996	1804328	1222817	313152	71700	1181	21781	79662
1997	2069703	1354614	446045	156780	n. a.	26379	80588
1998	1573129	1457153	458219	154443	645	23518	84703
1999	1343633	1537525	292488	51683	629	23874	50767

数据来源：根据世界汽车工业协会网站（OICA）资料整理，http：//www.oica.net/。

1993年，巴西的汽车生产才开始复苏，并回升到世界第10位。尽管巴西汽车的年产量保持在100万辆以上，但产品质量和品种已不能满足市场的需求。1995年之后，巴西的汽车生产才出现快速增长的态势。1997年，巴西汽车产量创历史纪录地突破200万辆。但受1997年东南亚金融危机的影响，1998年巴西也发生了金融动荡，致使宏观经济受到了较大的影响，汽车生产因此受到较大的冲击而连续两年出现大幅度下跌。此后，巴西汽车产量较长时期在低位徘徊，经过2000年和2004年两次跳跃式增长之后，才于 2004 年再次回升至 200 百万辆以上①。

　　总的来说，墨西哥和巴西仍然是拉美最重要的汽车生产大国，其汽车工业保持了相对稳定的发展。阿根廷虽然已经从拉美汽车生产的第一集团中退出，但其产量仍然远远领先于墨西哥、巴西之外的其他拉美国家。从产量增长速度来看，拉美的年均增长率远高于美国、日本、西欧和世界的平均水平（墨西哥除外），进入了快速扩张时期。而且，国际汽车制造商都一致看好拉美汽车工业在 21 世纪的增长潜力。可以预见的是，在未来一段时期内，拉美汽车工业将会继续维持稳定的增长态势。但是，表 3 - 1 显示，巴西和墨西哥之外的其他拉美国家，包括阿根廷，汽车产出仍然极不稳定。由于这些国家汽车产量的基数非常小，产出的大幅度增长和大幅度下跌经常出现，常常是在高速增长之后立刻又急剧回落。秘鲁、智利和哥伦比亚等国的汽车产量从未达到过 10 万辆，委内瑞拉的汽车产量虽然曾经突破 15 万辆，但 1999 年又回落至 5 万多辆的谷底。

　　在这个阶段，拉美汽车工业的显著特征是更加深入地参加全球分工体系。经历了 20 世纪 80 年代债务危机的冲击之后，拉美国家普遍推行了新自由主义改革，经济开放程度越来越高②，拉美的汽车工业也进一步融入全球产业体系之中，巴西、墨西哥和阿根廷等国基本上实现了出口导向的转变。这种转变的实现，既是跨国公司推行全球战略的结果，也与拉美政府采取的各种鼓励措施相关。平台战略、全球采购、模块化供货方式的大趋势引导跨国公司在全球布局生产基地，而三大成熟汽车市场增长乏力和激烈的国际竞争促使跨国公司将投资地点瞄准潜力巨大的拉美市场。在投资拉美的跨国汽车巨头中，日本和西欧厂商的市场绩效令人注目。与美国汽车巨头的连年亏损相比，以丰田为首的日本汽车公司和以大众为代表的欧洲汽车厂商在拉美一路高歌猛进，甚至在美国市场上也不断地攻城略地。

　　就汽车工业来说，拉美国家存在两种截然不同的区域一体化发展模

---

　　①　根据 OICA 的数据，2000 年和 2004 年巴西汽车产出的增长速度分别为 22% 和 21%。

　　②　智利的新自由主义改革是最早的，早在 20 世纪 70 年代初军事政变之后就全面推行。但大多数拉美国家的新自由主义改革是在 20 世纪 80 年代中后期和 90 年代初开始的。

式——以墨西哥为代表的一体化外围市场（Integrated Peripheral Markets,
IPMs）和以巴西、阿根廷为代表的新兴区域市场（Emerging Regional Mar-
kets, ERMs）。IPMs 是指新兴汽车市场根据自身的比较优势加入发达国家
主导的区域市场，从事汽车工业链条上的专业化分工，墨西哥加入 NAF-
TA 是典型的代表。ERMs 是新兴市场联合起来组成区域自由贸易市场，
以巴西和阿根廷为主导的南方共同市场（Mercosur）是典型的代表。无论
是在一体化市场的广度还是深度上，Mercosur 都远远比不上 NAFTA，后
者已经成为真正意义上的一体化市场，墨西哥汽车工业完全融入其中。
在 Mercosur 中，巴西和阿根廷还有很多问题没有达成一致，汽车自由贸
易正在积极的谈判之中。但总的来说，这两种方式的一体化都加强了拉
美各国汽车工业与国际市场的联系，促进了汽车贸易的发展，提高了各
国汽车工业在国际生产体系中的地位。此外，拉美国家还通过与其他国
家缔结贸易协议来推动汽车出口。例如，巴西与墨西哥 2002 年签署了汽
车贸易协议之后，巴西得以进入北美市场。而且，巴西还在积极地巩固
和发展与南方共同市场其他成员国，以及与欧盟等之间的汽车贸易关系，
并加大了对中国、印度和南非等国的市场开拓力度。

在跨国公司和拉美政府的共同努力之下，拉美汽车产品的出口成效显
著。墨西哥的出口增长尤其惊人，1995 年墨西哥出口汽车 562051 辆，出口
比率（出口占总产量的比重）为 83.5%。当然，这种出口绩效主要得益于
墨西哥能够自由进入美国和加拿大市场，其他国家和地区是很难仿效的。
但值得注意的是，1993 年墨西哥加入 NAFTA 前一年的出口比率就达到了
45.7%。同一时期，巴西的汽车出口也获得了长足的发展。1993—1999 年，
巴西年均出口汽车 33.4 万辆，年均出口比率为 20.66%[①]。在阿根廷，汽
车出口量的变化类似汽车产量的变化，波动幅度非常大。

这个阶段拉美汽车工业仍然面临诸多的挑战。首先，拉美汽车工业
需要直面世界汽车工业格局变化的挑战。新兴经济体汽车工业的崛起和
传统汽车工业强国相对衰落已经是个不争的事实，拉美国家的汽车企业
大多是来自美国的跨国公司，必须做好接受美国汽车公司重组的准备。

---

① 夏大慰、史东辉、张磊：《汽车工业：技术进步与产业组织》，上海财经大学出版社
2002 年版，第 393 页。

例如，福特公司和通用汽车公司在拉美关闭和改组了一些经营绩效较差的工厂，这些调整必然给拉美的就业和生产带来一定的负面影响。同时，拉美国家也可以利用这个机会淘汰一些亏损的汽车工厂，提高汽车工业的生产效率。总之，美国汽车公司的战略调整将会同时带来负面影响和正面影响，最终的影响取决于拉美国家的调整能力和适应速度。

其次，拉美汽车工业将要面临生产组织方式变革的挑战。在拉美国家，美国公司的衰退和日本公司的扩张几乎是同时发生的。但是，无论是在生产过程还是在组织管理方面，日本公司倡导的柔性生产方式和精益思想与美国公司奉行的大量生产方式都是迥然不同的。这就意味着，拉美的汽车产业工人、与日本汽车公司进行业务往来的企业都必须进行调整，以适应优势越来越明显的日本式生产方式和管理方式。

最后，拉美汽车工业必将面临其他新兴汽车市场的激烈竞争。1985—1990 年，拉美的汽车产量占全球的比重一直保持在 4% 的水平。1991—1994 年，这一比重虽然有所增加，但仍然在 6% 左右徘徊，而且此后一直维持在 6%—7%[①]。2005 年，拉美汽车产量在全球产出中所占的比重仅为 7%。这些统计数据意味着，尽管拉美汽车产出的绝对数量不断增大，但相对于其他新兴市场来说，拉美汽车工业在发展速度上未见优势。在欧洲，欧盟东扩之后，原来的一些中东欧汽车市场已经被纳入欧盟统一大市场内。由于自由贸易和地理上临近等优势，这些欧盟新成员更方便进入欧盟大市场，拉美汽车在欧洲市场上遇到的压力必定会有所增大。在亚洲，中国和印度的汽车工业正以前所未有的速度增长，随着这些国家汽车工业出口的增加，国际市场上的争夺会越来越激烈。而且，其他新兴汽车市场的兴起，也将不可避免地加剧汽车工业后起国家在吸引外国直接投资方面的竞争。

五　调整发展阶段（21 世纪以来）

随着日本汽车公司的强劲发展和美国汽车公司的重组，21 世纪的世

---

① Tuman, John P. and Morris, John T. , "The Transformation of the Latin American Automobile Industry", in Tuman, John P. and Morris, John T. eds. *Transforming the Latin American Automobile Industry: Unions, Workers, and the Politics of Restructuring*, New York: M. E. Sharpe, Inc. , 1998, p. 11.

界汽车工业格局正在转变之中，跨国公司在拉美投资的格局也将会发生微妙的变化。近年世界总的经济环境不景气，也影响了拉美地区汽车行业的发展，拉美地区汽车总销量呈现波动起伏的趋势。2005 年以来，拉美地区主要国家总体上保持经济复苏趋势，而在巴西、墨西哥等主要经济体的带领下，拉美地区经济前景可期，拉美汽车生产和销售总量在总体上呈现平稳上升的趋势。2014 年墨西哥的汽车产量首次突破 300 万辆，此后一直保持比较稳定的增长态势，但阿根廷和巴西的汽车产量都出现了较为明显的衰退。自 2014 年开始，由于受到拉美地区经济发展缓慢的影响，各国汽车销量整体上呈现缓慢增长或停滞退步的局面，巴西和墨西哥国内汽车需求难以短期提振。而阿根廷受到严重负面影响导致汽车产销量连年下降，而且 2015—2018 年阿根廷的汽车销量大于汽车产量，依赖进口满足国内需求。

表 3－2　　2014—2018 年墨西哥、阿根廷和巴西的汽车产销量（单位：辆）

国家 年份（年）	墨西哥		阿根廷		巴西	
	产量	销量	产量	销量	产量	销量
2014	3368010	1176305	617329	613848	3146386	3498012
2015	3565469	1389474	533683	644021	2429463	2568976
2016	3597462	1647723	472776	709482	2156356	2050321
2017	4068415	1530498	472158	862332	2699672	2172738
2018	4100525	1421458	466649	773641	2879809	2468434

说明：此处数据指汽车总量，包括乘用车和商用车。

数据来源：根据世界汽车工业协会（OICA）网站数据整理，http://www.oica.net/。

总的来说，拉美汽车工业既要受到全球汽车工业发展速度放缓和新兴经济体崛起的市场竞争挑战，又要直面汽车工业技术革新不断加速的产业发展规律的挑战，未来的发展前景具有很多不确定性。拉美各国政府也在采取各种政策促进汽车产业工业融入全球汽车生产体系，墨西哥、巴西和阿根廷都大大放松了对跨国公司的限制，具体措施包括放松外资流动（包括利润汇出）的限制、废除进口禁令、降低国产化要求，等等。而且，政府还通过采取加入区域市场一体化和加强对外经贸联系等方式，促进汽车贸易的发展。然而，对于整个拉美地区来说，还缺少统一协调的贸易规则，没有一个明确的法律框架，而且即使签订了协议也具有较大的不确定性，拉美地区在向全球汽车市场开放和竞争中将承担较大的风险。

换言之，由于受到外围经济和内部政治局势变化影响，拉美汽车工业前景很不乐观。例如，新版《美墨加三国协议》（简称 USMCA）已经取代原来的《北美自由贸易区协议》（NAFTA），对美国和墨西哥汽车贸易条款进行了较大的变动，墨西哥出口优惠将受到影响，可谓利弊参半，这也为墨西哥汽车行业发展前景带来不确定性，具体影响将取决于政府和企业的调整能力。巴西的汽车工业也面临一定的调整，进入巴西市场较早的老牌企业大众公司发展有心无力，新进入者如本田、现代、丰田等公司正在建立现代化程度更高的组装工作，发展势头良好。另外，菲亚特克莱斯勒汽车公司也在巴西新建工厂扩大产能。

第二节　拉美汽车工业的发展模式

任何一个国家的汽车工业都具有与众不同的特点，作为发展中国家发展汽车工业的先驱，拉美国家的汽车工业取得了令人瞩目的成绩，并走出了一条颇具特色的道路。虽然拉美各国的汽车工业具有许多不同的特征（阿根廷、巴西、墨西哥等国的汽车工业与仍然处于 CKD 组装阶段的中美洲国家的汽车工业之间的差别尤其明显），但拉美各国汽车工业发展的主要动力均来自外国的跨国公司。从汽车的设计、生产到营销等各个环节，拉美国家都高度依赖跨国公司的技术、资本和营销渠道。拉美国家选择依附型发展模式，是由特定历史时期下的客观条件和现实需要共同决定的。这种发展模式虽然在短期内满足了经济发展战略的要求，但在长期中也带来了很多问题。

一　拉美汽车工业发展模式的界定

判断一个国家（地区）的汽车工业发展模式时必须非常谨慎，因为任何一种汽车工业发展模式都是对一个国家在特定时期内汽车工业根本特征的总结，一些非根本性的特征和次要因素常常会干扰研究者的视线。

而且，由于发展模式的分类标准不统一，也使有些国家的汽车工业常常被归类为不同的发展模式。此外，研究对象的范围和参照物不一样，对各国汽车工业发展模式的分类也会不同。例如，当仅仅研究发达国家的汽车工业发展模式时，与美国、日本、德国相比，其他发达国家的自主独立性可能表现得不够明显；但如果将这些发达国家与发展中国家进行比较研究，它们无疑应该属于自主型发展模式。

国内学者在对拉美汽车工业发展模式进行研究时，经常出现分类标准不一的问题。表2-3中显示，现有的研究从多个不同的角度对巴西和墨西哥的汽车工业发展模式进行分类，有的研究对象仅仅限定为汽车工业后发国家，有些研究对象则着眼于全球范围。根据这些研究，巴西和墨西哥的汽车工业可以被称作依附型产业发展模式，或者发展中汽车工业，或者外资主导型产业发展模式，或者完全开放型发展模式。这些分类都从一定的角度反映了巴西和墨西哥汽车工业在特定时期的发展特征，但是很多研究要么仅仅着眼于拉美汽车工业的表象和外部因素，要么过于抽象和笼统。

从产业演化的角度来看，汽车工业发展的基本动力最能反映其本质特征。由于汽车工业是一个规模经济显著和技术含量高的产业，汽车工业发展的基本动力来自具有技术创新能力并能充分利用规模经济效应的大型企业集团。正因为如此，发达国家的汽车工业体系初步建立之后就迅速走向集中，从而形成大型企业集团主导的寡头垄断市场结构。对于拉美国家来说，在国内缺乏技术创新能力和资金来源、国际上寡头垄断结构业已形成的条件下，借助和依附跨国公司的力量能够迅速建立国内汽车工业生产体系。遗憾的是，由于发展战略的不当，拉美汽车工业陷入了全面依附跨国公司的旋涡，外国跨国公司成为拉美汽车工业发展的根本动力，而拉美民族汽车企业则被剥夺了培养和发展自生能力的机会。纵观拉美汽车工业的发展历程，贯穿于整个过程的本质特征是对跨国公司的依附特性。因此，根据由微观主体和技术创新能力构成的汽车工业发展基本动力这一标准，将拉美汽车工业定性为依附型发展模式是恰当的。实际上，将拉美汽车工业归纳为依附型发展模式不仅是许多国内学者的共识（见表2-3），著名的拉美问题研究专家Jenkins也多次论述，拉美的汽车工业属于依附型发展模式①。

将拉美汽车工业归纳为依附型发展模式，除了上述的一般性含义之外，也与拉美的工业化发展战略相符合。20世纪60年代初期，拉美大陆出现的依附论深刻地揭示了拉美各国经济对国际经济的依附程度。何谓依附，"依附是这样一种状况，即一些国家的经济受制于它所依附的另一国经济的发展和扩张。两个或更多国家的经济之间以及这些国家的经济与世界贸易之间存在着相互依赖的关系，但是结果某些国家（统治国）能够扩展和加强自己，而另外一些国家（依附国）的扩展和自身的加强则仅是前者扩展——对后者的近期发展可以产生积极的或消极的影响——的反映，这种相互依赖的关系就呈现依附的形式。不管怎样，依附状态是导致依附国处于落后和受统治国剥削这样一种局面。"②多斯桑托斯进一步指出，"依附的基础是国际分工，这种国际分工使某些国家的工业获得发展，同时限制了另一些国家的工业发展，使后者受到由世界统治中心控制的增长条件的制约。"③

在历史上，拉美经历了三种依附形态，分别是"殖民地商业—出口依附"、"金融—工业依附"，以及"技术—工业依附"，在不同的依附形态下，依附的表现方式有所差别。在第一种依附形态中，商业资本和金融资本与殖民主义国家结构结盟，通过贸易垄断建立殖民地与欧洲大陆的经济关系。第二种依附形态是第一种的变型和延续，由于19世纪末之后拉美国家先后取得独立，"中心国家"的大资本只有通过向原料和农产品部门进行投资来满足各统治中心的需要。第三种形态是战后形成的新型依附关系，其基本特征是跨国公司的"技术—工业"统治④。

依附论的上述论断非常符合拉美汽车工业发展的实践。随着拉美的经济发展战略从初级产品出口模式转变为进口替代工业化模式，再过渡

---

① Jenkins, R., *Transnational Corporations and the Latin American Automobile Indusrty*, London: The Macmillan Press, 1987.

② ［巴西］特奥托尼奥·多斯桑托斯：《帝国主义与依附》，毛金里等译，社会科学文献出版社1999年版，第302页。

③ ［巴西］特奥托尼奥·多斯桑托斯：《帝国主义与依附》，毛金里等译，社会科学文献出版社1999年版，第303页。

④ ［巴西］特奥托尼奥·多斯桑托斯：《帝国主义与依附》，毛金里等译，社会科学文献出版社1999年版，第309—310页。

到"后进口替代发展模式",拉美汽车工业依次走过了"进口—CKD—国产化—出口"的发展历程,对跨国公司的依附程度也越来越深①。拉美汽车工业的发展历程表明,不但拉美汽车工业的萌芽是"中心国家"汽车工业扩张的反映,而且拉美汽车工业体系的建立和发展几乎是完全依赖外国的跨国公司来完成的。从依附的形式来看,拉美汽车工业的依附属于对跨国公司的"技术—工业依附"。实际上,早在拉美汽车工业发展的萌芽时期,跨国公司就凭借着相对先进的技术水平和强大的技术研发能力控制着拉美的汽车工业。20世纪60年代和70年代以后,随着国产化政策的实施和出口要求的提高,拉美的民族汽车企业逐渐被迫从总装行业彻底退出,转向专门从事汽车零部件的生产。与此形成鲜明对比的是,跨国公司不但全面支配和统治拉美的汽车总装业,而且控制着关键零部件(如发动机、车身等)的生产。这种国际分工方式加深了拉美汽车工业对跨国公司的依附,损害了政府政策的自主性。随着拉美汽车工业的发展,依附型发展模式的局限性日益凸现。

Bennett和Sharpe曾经对20世纪60年代初墨西哥的汽车工业进行过深入的考察,他们认为,墨西哥汽车工业在当时的依附主要表现在三个方面②。第一,在汽车产品的设计、生产技术和主要零部件的供应等方面,完全依赖发达国家。所有的汽车都是根据发达国家的经济条件和地理环境设计的,设计过程也发生在发达国家。汽车产品的设计在很大程度上受到广告的影响,十分重视产品差异化。但在发展中国家,市场规模小和资源稀缺的现实情况决定了,高程度的产品差异化和车型的频繁变化没有意义。第二,有限的工业化。墨西哥一半左右的汽车来自墨西哥人所有的企业,但是没有任何一辆汽车称得上是在墨西哥制造的。在当时的条件下,外国公司(通用和福特)不愿意从零部件组装转向当地制造,而国内厂商没有能力发展当地制造。第三,大多数人口被排除在汽车消费之外。当时的墨西哥,汽车是奢侈品,只有最富有的人才

---

① 关于拉美发展模式演变的详细研究参见江时学《拉美发展模式研究》,经济管理出版社1996年版。

② Bennett, Douglas, and Kenneth Sharpe, *Transnational Corporations Versus the State: the Political Economy of the Mexican Auto Industry*, Princeton: Princeton University Press, 1985, pp. 54 - 55.

能消费得起。实际上，Bennett 和 Sharpe 的这个结论基本上也适合当时的巴西和阿根廷。而对于更小的拉美国家来说，汽车主要依赖进口，就连国内的组装活动都很少，因此对外国的依赖也更深。

尽管巴西、阿根廷和墨西哥先后通过国产化计划建立了完整的汽车工业体系，巴西和墨西哥现今更是成为世界重要的汽车生产大国，但拉美国家汽车工业对跨国公司的依附程度并没有减轻。纵观三个主要拉美国家的汽车工业，总装业完全控制在外国跨国公司手中，民族资本被一扫而光、零部件工业中的外资渗透和控制也在不断加强。更为重要的是，没有任何一个拉美国家掌握了完整的汽车制造技术和具备自主技术创新能力，也没有任何一个拉美国家的民族资本能够独立承担发展本国汽车工业的重任。虽然拉美国家汽车产量屡攀新高、拉美汽车出口不断刷新纪录，但这些成绩主要是由在拉美各国投资的跨国汽车公司取得的。因此，拉美汽车工业的本质特征表明，它属于依附型发展模式的范畴，而且未来也很难脱离这种模式。拉美各国政府的初始选择决定了拉美汽车工业注定继续依附下去，除非拉美各国的政治经济体制出现颠覆性的变化，因为路径依赖和"锁定"效应限制了拉美汽车工业向自主型模式转变的可能性。

二　拉美汽车工业发展模式的特征

（一）对外依附跨国公司

拉美的汽车工业既具有依附型发展模式的共性，又表现出一定的差异性。顾名思义，依附型发展模式最主要的特征是依附——整个汽车工业对外国跨国公司的依附。拉美汽车工业对跨国公司的依附之深，在全球范围内都很罕见，这种依附表现为在技术、资金、生产和营销等诸方面的依附。这种依附带来的后果是，使拉美汽车工业的发展受制于跨国公司的全球经营活动，成为国际汽车工业发展的附庸。在拉美国家的依附型汽车工业中，跨国公司最重要的优势表现在技术和资本两个方面。一般来说，拉美汽车工业中只有跨国公司从事大规模的技术研究。尽管引进技术的成本比在国内开发技术的成本更大，但拉美的民族企业主要依靠许可证获得技术①。对于技术转让者来说，技术转让的边际成本为零，或者接近于零，因为他们已经拥有可以在其他市场上应用的新技术才会转让现有技术。但对于接受者来说，技术转让的边际成本相当大，甚至无限大②。在资金来源方面，跨国公司依靠实力雄厚的母公司作为后盾，能够以更低的成本和更便捷的方式获取经营所需要的资本。

（二）对内依附政府支持

在拉美的依附型汽车工业发展模式中，政府的干预思路和政策变化也具有十分明显的拉美特色，即政策变化出现"钟摆现象"，常常打断汽车工业发展的连贯性③。拉美汽车工业的萌芽阶段，政府没有出台系统的干预政策，仅仅根据现实的需要进行自发调整。20世纪50年代末和60年代初之后，拉美政府的干预政策开始系统化，行政手段、法律手段和经济手段并举。国产化要求是这个阶段最重要的干预政策，巴西等国的国产化要求曾一度高达99%以上。此外，经过了最初对外资进入的宽松待遇之后（墨西哥一开始就对外资进入有所限制），拉美各国对外国资本的进入和经营都进行了一定的限制。20世纪70年代以后，为了促进出口，拉美各国政府大幅度降低或取消国产化要求，并提供各种出口优惠。而且，以巴西和墨西哥为主的拉美汽车生产大国随后更是对外资全面开放，在限制外资控股权和保护民族企业等方面几乎取消了全部限制。这种"断裂式"的政策演变常常削弱甚至完全抵消了前一阶段的政策努力，使拉美汽车工业发展出现停滞甚至倒退。

---

① 对于拉美汽车工业来说，技术引进的成本表现在昂贵的直接成本和间接成本两个方面。技术引进的直接成本包括向跨国公司支付的巨额技术转让费，以及对引进技术进行消化、吸收所支出的费用。跨国公司一般不会转让核心技术和先进的技术，引进的技术与国情不相适合带来的损失以及技术的无形损耗给拉美造成了巨大的间接成本。而且，在采取许可证方式引进技术的时候，所签订的合同常常还有很多的附加条件，如不能向特定的市场出口产品等，从而限制了拉美汽车工业的发展。

② Jenkins, R. *Dependent Industrialization in Latin American: The Automotive Industry in Argentina, Chile, and Mexico*, New York: Preger Publishers, Inc. , 1977, pp. 75 – 77.

③ "钟摆现象"是苏振兴（2006）在研究拉美现代化进程时提出的，这一术语主要用于描述拉美在选择发展模式时的"断裂式"转换，这种模式转化每一次都带来了后一种模式对前一种模式的否定和政策大转向，造成了发展过程中的某种脱节和生产力的破坏。此处借用这一术语，旨在形容拉美汽车工业政策频繁的剧烈变动带来了重大的负面影响。

（三）拉美汽车工业的双重依附特征

在拉美的依附型汽车工业发展模式中，跨国公司主导和政府干预是一个硬币的两面。作为独立的决策实体，拉美政府和跨国公司既有共同的利益与目标，又有不同的利益诉求。正因为如此，政府必须采取各种手段引导和干预跨国公司的经营，使之服从整体经济发展战略的需要，而跨国公司则必然凭借其强大的经济实力和政治影响（直接游说东道国政府或者通过母国施加影响）捍卫自身利益。在共同利益面前，双方都会做出一些妥协和让步，从而使拉美汽车工业具有与众不同的特点。例如，拉美国家民族资本专注于发展汽车零部件工业，而整车制造行业却拱手让给外国资本；拉美的干预政策经常摇摆反复和执行不彻底，扶持民族汽车企业发展的政策从未能够贯彻到底。

由此可见，拉美汽车工业的依附式发展是政府干预和跨国公司扩张共同作用的结果，这种发展模式决定了拉美汽车工业的基本特征。不论是进口替代也好，出口导向也罢，都是拉美政府和跨国公司实现共同利益的需要，是双方讨价还价、相互妥协的结果，是世界汽车工业体系扩张和转变的反映。总之，拉美汽车工业发展模式最根本的特征就是依附，对内依附于政府的政策支持，对外依附于跨国公司的资金和技术。离开了这两种可以依附的力量，拉美汽车工业自身不具备在全球竞争中立足的自生能力。因此，探讨拉美政府政策及其效果和跨国公司的行为及其影响，是研究拉美依附型汽车工业发展模式的核心任务，也是本书的重要内容。

三　拉美汽车工业发展模式选择的主要决定因素

发展汽车工业的能力和条件，是任何一个国家在选择汽车工业发展模式时不可忽视的现实因素。尽管拉美各国在汽车工业发展之初都不具备自主发展的能力和条件，但各国的差异还是比较大。阿根廷、巴西和墨西哥等拉美大国在20世纪50年代末已经具备一定的重工业基础、技术开发能力以及巨大的市场潜力，这些国家实际上有可能像后来的韩国一样成功突破技术落后、资金短缺的瓶颈，走上自主发展的道路。对于中美洲和安第斯一些较小的国家来说，在工业基础、技术水平和市场潜力等方面都没有达到全面建立汽车工业生产体系的要求，这些国家采取依附型发展模式或者仅仅从事汽车产业链中的某些环节是比较理性的选择。

比较拉美国家与韩国发展汽车工业的实践就不难发现，虽然发展能力和条件在某种程度上对汽车工业发展模式的选择具有决定性的影响，但绝不是唯一的决定因素，因为拉美的大国有可能摆脱发展条件和能力的局限。对于将汽车工业定位为本国支柱产业的拉美大国来说，也有这个必要。

经济发展战略和政府政策也是拉美选择汽车工业发展模式的重要影响因素，二者相互影响、互相制约，经济发展战略是由各国政府制定和实施的，它反过来又会影响政策的选择范围和可能性。在后发国家汽车工业的发展初期，所有国家的政府都进行过强有力的干预。对于任何一个希望将汽车工业发展成为支柱产业的发展中国家来说，都必须通过政府动员大量的经济资源进行建设，拉美国家也不例外。但仔细分析拉美各国的干预政策，不难发现，没有任何一个拉美国家对民族汽车企业提供了足够程度的合理保护。在民族汽车企业相对劣势的情况下，政府的支持力度不够，或者初期的支持政策在后来反而蜕变成对民族企业的约束，从而使跨国公司逐渐控制拉美的汽车工业。例如，国产化要求、出口绩效要求和贸易平衡要求，都对拉美各国民族汽车企业的发展产生了不利影响。究其原因，主要是因为拉美各国发展汽车工业政策的目标出现了某些偏差。为了尽快实现国际收支平衡、就业增长等宏观经济目标，政府在发展汽车工业的时候显得急功近利，舍弃了自主发展的长远目标，转向依赖跨国公司。其结果是，国内汽车工业生产体系尽管较快地建立起来了，但大多数拉美国家非但在很长一段时期内没有实现预定的宏观经济目标，反而在长期内失去了汽车工业发展的自主权。

从经济发展战略的角度来看，我们同样能够发现拉美国家选择依附型发展模式的原因。在历史上，拉美各国长期受到西方资本主义国家的殖民统治，形成了结构单一的殖民地经济体系。独立之后的相当长时期内，拉美国家的经济仍然依附原先的宗主国和美国，导致初级产品出口发展战略曾经风靡一时。尽管 20 世纪 30 年代之后的进口替代工业化发展战略取得了不小的成就，但对外依附仍然相当严重。由此可见，发达国家控制拉美各国经济的影响从未消失，甚至在特定时期出现强弱之间的反复，即使在第二次世界大战之后也是如此。20 世纪 50 年代末 60 年代初，当进口替代工业化战略继续向纵深方向发展时，资金和外汇"双缺口"瓶颈更加严重。虽然汽车工业成为推动工业化发展的合理选择，但进口替代战略的内在弊端限制了政策的选择范围，因为严重的国际收支失衡已经影响到工业化进程，政府不能视而不见。在这种情况下，平衡国际收支成为制定汽车工业发展战略时的首要考虑，从而促使政府积极吸引跨国公司投资汽车工业。这就意味着，拉美国家在进口替代战略下发展汽车工业，不得不借助跨国公司的力量，让渡部分自主决策权。然而，跨国公司投资非但没有在短期内改善国际收支，反而加深了拉美国家对外部的依附。

从外部因素来看，20 世纪 50 年代末 60 年代初，当部分拉美国家正在致力于建立国内汽车工业生产体系的时候，世界汽车工业已经进入扩张期，国际汽车巨头能够为拉美提供发展汽车工业所需的足够的资金和技术，并通过投资控制拉美的汽车工业。欧洲的复兴和日本的崛起加剧了国际市场上的竞争，充分竞争之后，规模经济效应导致世界汽车工业走向集中，并逐渐形成了寡头垄断市场结构。当国际贸易不能完全满足竞争需要的时候，跨国公司加强了在拉美的投资争夺，并将世界汽车市场上的寡头垄断市场格局复制到拉美各国。但是，拉美汽车工业的寡头市场结构不是在充分竞争的基础上形成的，因此国内没有发展壮大的民族汽车企业，而是由跨国公司扮演主要角色。凭借着强大的母公司的支持，拉美汽车市场上的跨国公司能够在汽车工业不景气时期持续亏本经营，并能在无法利用规模经济效应的条件下维持寡头垄断市场结构。相反，拉美弱小的民族企业却经受不起这样的考验和冲击，更无法适应寡头垄断市场结构中的竞争方式，从而逐渐被边缘化。

总之，作为汽车工业的后发国家，拉美各国在选择汽车工业发展模式时，既受到许多一般性因素的影响，又受到一些本地区特有因素的影响。拉美各国不约而同地选择依附型发展模式，是汽车工业发展能力和条件、经济发展战略和政府决策能力以及外部条件共同作用的结果，是历史因素和现实条件下的无奈之举。在进口替代工业化战略下发展汽车工业，引进和利用外资能够减轻外汇短缺和技术落后的压力，但跨国公司的过度进入打乱了拉美汽车工业的正常发展进程，扼杀了民族汽车工业的发展机会，严重损害了汽车工业的自主发展能力，最终使拉美汽车工业进入全面依附的发展轨道。

第三节　拉美汽车工业在国民经济中的地位

彼得·德鲁克 1946 年在《公司的概念》（*The Concept of the Corporation*）一书中把汽车工业称为"工业中的工业"。时至今日，汽车工业仍然是世界上最大的制造业。根据 OICA 的统计，2005 年全球汽车工业的总产量为 6600 万辆，产出价值在 2 万亿美元以上。如果把全球汽车制造业看成一个独立的经济王国，它将是全球第 6 大经济体①。2018 年全球汽车总产量高达 9563 万辆，比 2005 年增长 45%。由此可见，汽车工业是全球经济体系中不可或缺的重要部门。随着世界各国汽车工业的发展壮大，汽车工业在国民经济中的地位也越来越突出，汽车工业是经济发展的重要引擎，是外汇收入的主要来源，还能提供大量的就业岗位。在拉美各国，汽车工业发挥的作用有所不同，巴西、墨西哥等汽车生产大国的汽车工业已经成长为国家的支柱产业或者主导产业，但一些小国的汽车工业尚处于起步阶段。

一　拉美汽车工业与经济增长

历史经验表明，工业化是一个国家走向繁荣富强的必由之路。"对于发展中国家来说，工业化已经成为赶上工业化国家的高生活水平和政治地位的关键。"② 第二次世界大战之后，拉美国家继续推动进口替代工业化的发展。在从非耐用消费品进口替代向耐用消费品进口替代的转变过程中，拉美国家需要找到一个新的主导产业，以带动经济的腾飞。经过比较和选择，20 世纪 50 年代中期，巴西政府把汽车工业作为具有推动力的主导产业加以重点发展。在库比契克政府时期，政府实行"增长点"产业政策，旨在集中力量优先发展对整个国民经济具有刺激和带动作用

---

① 数据来源于 OICA 官网："If auto manufacturing were a country, it would be the sixth largest economy"，http://oica.net/category/economic-contributions/，2007 年 10 月 18 日。

② ［美］约翰·科迪、［美］海伦·休斯、［美］戴维·沃尔：《发展中国家的工业发展政策》，张虹等译，经济科学出版社 1990 年版，第 9 页。

的主导产业[①]。

20世纪60年代初，墨西哥也把汽车工业确定为国民经济发展的主导产业。经过10年左右的发展，汽车工业在巴西和墨西哥经济发展中的主导产业的地位正式确立，汽车工业对经济发展的重要性日益显现。对于阿根廷来说，汽车工业在国民经济中的地位也举足轻重。1951年，汽车工业产值占阿根廷国民生产总值（GNP）的2.5%，1965年上升到10.3%。1958—1965年，汽车工业的年均增长率为24%，被称为阿根廷"经济增长的发动机"[②]。

汽车工业对于拉美各国经济非常重要，它被认为是阿根廷、巴西和墨西哥"发展战略中的主导部门"[③]。作为主导产业，汽车工业是拉美经济增长的重要引擎。在20世纪70年代期间，汽车工业对国民经济的重要性就开始显现了。这个时期，"汽车工业在巴西制造业增加值中的比重达12%，在阿根廷占8%，在墨西哥和委内瑞拉均占6%，在其他一些国家占5%"[④]。在1968—1974年的"巴西经济奇迹"中，汽车工业作为主导部门发挥了重要的作用。在此期间，巴西汽车工业产出的年均增长为22.2%，是11.1%的年均国内生产总值（GDP）增长率的2倍[⑤]。在墨西哥，1961—1973年，轿车产出的增长速度长期高于GDP的增长速度。1961年，墨西哥汽车产出增长率是GDP增长速度的5.5倍，汽车工业的

①　来有为：《对巴西汽车工业发展中政府作用的研究》，《拉丁美洲研究》2001年第6期，第22—25页。

②　Catalano, Ana María, and Novick, Marta S., "The Argentine Automotive Industry: Redefining Production Strategies, Markets, and Labor Relations", in Tuman, John P., and Morris, John T. eds. *Transforming the Latin American Automobile Industry: Unions, Workers, and the Politics of Restructuring*, New York: M. E. Sharpe, Inc., 1998, p. 31.

③　Kronish, Rich; and Mericle, Kenneth S., "The Development of the Latin American Motor Vehicle Industry, 1900 – 1980: A Class Analysis", in Kronish, Rich and Mericle, Kenneth S. eds. *The Political Economy of the Latin American Motor Vehicle Industry*, Cambridge: The MIT Press, 1984, pp. 261 – 306.

④　江时学：《拉丁美洲汽车工业的发展》，《拉丁美洲研究》1989年第5期，第22—28页。

⑤　Mericle, Kenneth S., "The Political Economy of the Brazilian Motor Vehicle Industry", In Kronish, Rich and Mericle, Kenneth S. edS. *The Political Economy of the Latin American Motor Vehicle Industry*, Cambridge: The MIT Press, 1984, pp. 1 – 40.

发展明显快于 GDP 的增长①。20 世纪 70 年代中期，汽车工业在拉美国家经济发展中继续扮演重要角色：巴西汽车工业总产值占 GDP 的 5.5%，占工业生产的 12% 以上；尽管经历了 5 年的下降和停滞不前，1977 年阿根廷汽车工业仍然占 GDP 的 4% 左右，占工业总产出的 10%；在墨西哥，1974 年汽车工业增加值占制造业增加值的 6.8%。

产业增长率并不能全面反映汽车工业的相对贡献，因为这不能体现它对其他部门和整个经济发展的影响。汽车工业对拉美各国经济发展的主导作用还体现在，通过关联效应带动了相关产业发展，并促进了拉美各国工业体系与国外的联系。根据巴西 1970 年的投入产出表，汽车工业比其他部门具有相对高的联系效应。在 87 个部门中，卡车的整体联系效应排名第 6、轿车排名第 17②。汽车工业既带动了零部件和原材料部门（尤其是钢铁、橡胶、塑料和其他金属制品）的发展，又能激起下游的汽车修理和基础设施等部门的发展。而且，"众所周知，汽车工业是在钢铁工业和公路系统已具有一定规模的基础上产生的，而汽车工业的发展又大大推动了钢铁工业和公路建设的发展。"③此外，汽车工业的发展带来了拉美各国生产方式和生活方式的剧烈变换，创新了劳动组织过程，革新了日常生活方式，并引起了新的消费模式和城市化。

进入 21 世纪以来，拉美汽车工业的快速发展对于维持强劲的经济增长势头功不可灭。在阿根廷，2005 年汽车生产同比量增长 23%，在年产超 10 万辆的国家中，增幅仅次于少数东欧国家。根据国际汽车产业组织公布的数据，阿根廷在国际汽车生产排行榜上的排名也从 2004 年的第 28 位上升至第 27 位。目前，阿根廷汽车生产占整个工业生产的 57%④。汽车工业的这种快速增长势头，充分表明了它在阿根廷国内经济发展中的火车头作用。2014 年，墨西哥超过巴西，成为拉美第一、世界第七大汽

---

① Jenkins, R., *Dependent Industrialization in Latin American: The Automotive Industry in Argentina, Chile, and Mexico*, New York: Preger Publishers, Inc., 1977, p. 141.

② Shapiro, Helen, *Engines of Growth: The State and Transnational Auto Companies in Brazil*, Cambridge: Cambridge University Press, 1994, pp. 186 – 187.

③ 中国汽车工业协会信息工作委员会：《汽车》，机械工业出版社 2002 年版，第 66 页。

④ 中国机电出口指南网：《墨西哥、阿根廷、巴西汽车市场简况》，http://www.china-latin.com/servlet/Report? Node = 24043，2007 年 4 月 14 日。

车生产国和世界第四大汽车出口国，汽车工业产值占墨西哥国内生产总值的 4.5%，占制造业生产总值的 20%[①]。2016 年，墨西哥汽车工业出口占制造业出口的 25%，汽车工业产值占 GDP 的比重超过了 3%[②]。据巴西汽车工业协会初步估计，2017 年巴西汽车工业产值占工业产值的 20% 左右，占 GDP 的 3.5% 左右[③]。

二　拉美汽车工业与就业机会

配第—克拉克规律显示，随着人均国民收入水平的提高，劳动力首先从第一产业向第二产业转移，当人均国民收入水平进一步提高时，劳动力便向第三产业转移。因此，任何一个工业化初期的国家，都会面临着如何安排劳动力就业的问题。作为二元经济结构特征明显的发展中国家，农村剩余劳动力的转移是工业化过程中无法避免的趋势。第二次世界大战之后，拉美国家的进口替代工业化进程继续向前推动，大量边际劳动生产率较低（甚至为零）的农村人口转移到城市，形成了较大的就业压力。发达国家的经验使拉美各国认识到，汽车工业的发展能够创造大量的就业岗位，缓解日益严峻的就业压力。当巴西、阿根廷和墨西哥努力建立国内汽车工业体系之后，汽车工业在各国创造了更多的就业机会。

20 世纪 60 年代以前，拉美的汽车工业实际上主要指汽车组装工业，其带来的就业效应有限。即便如此，汽车工业仍然提供了大量的高收入就业机会。1956 年，阿根廷汽车装配部门雇用了 4449 名工人。墨西哥汽车工业 1949 年雇用了 4000 人，1960 年增加到 7000 人[④]。当巴西、阿根廷和墨西哥先后转向当地制造汽车之后，汽车工业的就业效应变得更加

---

①　新华网：《墨西哥蝉联拉美汽车生产第一大国》，http：//www. xinhuanet. com/world/2016 - 01/12/c_1117748848. htm，2017 年 2 月 1 日。

②　Klier, Thomas H. , and James Rubenstein, "Mexico's Growing Role in the Auto Industry Under NAFTA：Who Makes What and What Goes Where", Federal Reserve Bank of Chicago Economic Perspectives, 2017, 41 (6), 2017 (6)：1 - 29.

③　百度百科：《巴西汽车工业》，https：//baike. baidu. com/item/% E5% B7% B4% E8% A5% BF% E6% B1% BD% E8% BD% A6% E5% B7% A5% E4% B8% 9A/17018247? fr = aladdin，2019 年 12 月 10 日。

④　Jenkins, R. , *Dependent Industrialization in Latin American：The Automotive Industry in Argentina, Chile, and Mexico*, New York：Preger Publishers, Inc. , 1977, p. 52.

明显。1960 年，阿根廷政府批准了 21 家总装厂进行汽车生产，汽车工业的就业从 1959 年的 9700 人，上升到 1960 年的 17500 人，几乎增长了 100%。1974 年，阿根廷汽车部门的就业达到了前所未有的峰值，一共雇用了 57400 名工人，但 1983 年又下降到 23260 人[①]。在墨西哥，产业和商业部的调查数据显示，1965 年汽车组装部门就业为 13838 人，墨西哥汽车行业协会（AMIA）估计的相应数据更高，达到了 19308 人。1960—1966 年，墨西哥汽车零部件工业和装配业的就业总数增加了 4 倍以上。尽管 1966—1970 年创造的就业机会增长较慢，但仍然达到了 16%[②]。

汽车工业不但本身能够提供大量的就业岗位，而且能够通过带动钢铁、冶金、橡胶、塑料、零部件、石油、化工等诸多部门的发展，从而创造出更多的就业机会。20 世纪 70 年代，在已经建立了汽车工业体系的拉美国家，汽车工业（包括零部件）部门的就业十分重要。例如，巴西汽车工业（包括零部件工业）的直接就业达到 30 万人以上。如果将与汽车工业相关的间接就业也包括进来，就业人数将会在 60 万人以上。阿根廷的直接就业超过 10 万人，与汽车工业相关的总就业在 40 万人以上。墨西哥直接就业远远超过 10 万人。即使在汽车工业重要性更低的委内瑞拉，也有将近 3 万人的直接就业[③]。进入 20 世纪 90 年代，巴西汽车工业的就业效应更加明显。据估计，汽车工业每增加一个工作岗位，可以引起其他相关产业增加 29 个就业岗位。根据巴西汽车生产商协会（ANFA-VEA）的计算，1993 年汽车部门的总就业量为 120635 人，并连带创造了520 万个就业岗位[④]。

---

① Catalano, Ana María, and Marta S. Novick, "The Argentine Automotive Industry: Redefining Production Strategies, Markets, and Labor Relations", in Tuman, John P., and John T. Morris, eds., *Transforming the Latin American Automobile Industry: Unions, Workers, and the Politics of Restructuring*, New York: M. E. Sharpe, 1998, p. 31.

② Jenkins, R., *Dependent Industrialization in Latin American: The Automotive Industry in Argentina, Chile, and Mexico*, New York: Preger Publishers, Inc., 1977, p. 219.

③ Jenkins, R., *Transnational Corporations and the Latin American Automobile Indusrty*, London: The Macmillan Press, 1987, pp. 3 – 4.

④ Arbix, Glauco, and Iram Jácome Rodrigues, "The Transformation of Industrial Relations in the Brazilian Automotive Industry", in Tuman, John P., and John T. Morris, eds, *Transforming the Latin American Automobile Industry: Unions, Workers, and the Politics of Restructuring*, New York: M. E. Sharpe, 1998, p. 80.

在一些较小的拉美国家，汽车工业也创造了不少就业机会。1968 年，智利汽车组装业的工人估计为 3952 人，1973 年上升到 4550 人①。安第斯国家曾经制定过雄心勃勃的计划，力争到 1980 年将该地区汽车工业雇佣的劳动力扩展到超过 9.4 万人，其中 7.3 万人在总装厂就业。虽然该期望最终没有实现，但自 20 世纪 70 年代初以来，安第斯国家汽车工业部门的就业还是出现了较大的增长②。在安第斯国家内，委内瑞拉的汽车工业最先进、现代化程度最高，其汽车工业的就业对总体就业形势的影响非常大。1988 年委内瑞拉汽车工业（包括零部件工业）的总就业为 22041 人，但 1992 年下降到 19098 人，下降幅度高达 13%③。总的来说，在这些较小的拉美国家，由于国内汽车工业体系不健全，零部件主要依靠进口，汽车工业的就业效应要小得多。

拉美汽车工业部门的就业并不是始终保持上升的趋势，尤其是在各国汽车工业的调整时期，汽车工业部门的就业经常出现较大的波动。巴西经济重组时期的失业问题非常严重，从 1987 年到 1993 年，工业部门雇佣人数从 612 万人下降到 481 万人，7 年之中 130 多万人失去了工作。在此期间，巴西汽车工业并没有为缓解工业部门的失业问题做出贡献。实际上，20 世纪 80 年代初至 90 年代初，巴西汽车工业部门的就业人数也在逐步减少。1980 年，巴西汽车工业部门的就业为 133700 人，1985 年下降到 122200 人，1992 年初再次下降到 109300 人④。在智利和阿根廷，20 世纪 70 年代的自由化改革引起了汽车工业部门就业的急剧减少，国产化要求的降低和进口的增加导致了国外劳动对国内劳动的替代。智利汽车

---

① Jenkins, R., *Transnational Corporations and the Latin American Automobile Indusrty*, London: The Macmillan Press, 1987, p. 218.

② Jenkins, R., *Transnational Corporations and the Latin American Automobile Indusrty*, London: The Macmillan Press, 1987, p. 235.

③ Lucena, Héctor, "Recent Development in the Venezuelan Automotive Industry: Implications for Labor Relations", Tuman, John P., and John T. Morris eds., *Transforming the Latin American Automobile Industry: Unions, Workers, and the Politics of Restructuring*, New York: M. E. Sharpe, Inc., 1998, p. 182.

④ Arbix, Glauco, and Iram Jácome Rodrigues, "The Transformation of Industrial Relations in the Brazilian Automotive Industry", in Tuman, John P., and John T. Morris, eds, *Transforming the Latin American Automobile Industry: Unions, Workers, and the Politics of Restructuring*, New York: M. E. Sharpe, 1998, p. 77.

工业部门的就业从 20 世纪 70 年代初的 6000 人以上降低到 1977 年的 2000 人以下。阿根廷总装部门在 1977—1983 年就业量减少了 2.5 万人，零部件部门在 1977—1981 年就业量减少了 8 万人①。

进入 21 世纪以来，拉美汽车工业仍然提供了大量的工作岗位，但就业岗位增长缓慢，而且时有起伏。据统计，2007 年墨西哥汽车行业就业人数 49.7 万人，2009 年因经济危机下滑至 36.9 万人，但 2009—2015 年汽车行业就业人数持续稳定上升，年均增长就业岗位在 6 万—7 万人②。2016 年，墨西哥汽车组装厂雇用了 6 万多名工人，零部件厂雇用了 67 万多名工人③。近年来中国汽车公司进军墨西哥也新增了不少工作岗位，中国江淮汽车携手墨西哥拉丁美洲巨人汽车公司（GML），将江淮汽车推向墨西哥市场。GML 首席执行官埃利亚斯·马斯理非常乐观地判断，"除了目前我们提供的有竞争力的产品外，江淮汽车还对我们国家的经济产生了积极的影响，创造了超过 1000 个直接就业岗位，超过 5000 个间接就业岗位。此外，我们的经销商还在全国范围内进行投资。"④

其他拉美国家近年来的汽车工业发展不够景气，情况远逊墨西哥。巴西近年来的汽车工业发展波动较大，根据巴西汽车工业协会（ANFA-VEA）的统计，2013 年汽车工业从业人数达到 15.7 万人；2014 年巴西由于汽车销售不景气，导致各大厂商提供的工作岗位下降到 14.45 万人；2015 年汽车工业就业人数进一步减少，只有 12.97 万人。不过 2017 年以来由于汽车生产景气提升，就业人数有所增长。阿根廷由于难以吸引外国投资，汽车工业萎缩，汽车工业就业数量难以得到较大改善。

总的来说，汽车工业在拉美各国创造了大量的就业岗位，但各国汽车工业发展阶段和发展程度的差异导致其就业效应存在很大的不同。当

---

① Jenkins, R., *Transnational Corporations and the Latin American Automobile Industry*, London: The Macmillan Press, 1987, p. 217.

② 环球网：《墨西哥汽车产业创造就业岗位超过 70 万》，https://china.huanqiu.com/article/9CaKrnJMAuM，2016 年 3 月 12 日。

③ Klier, Thomas H., and James Rubenstein, "Mexico's Growing Role in the Auto Industry Under NAFTA: Who Makes What and What Goes Where", Federal Reserve Bank of Chicago Economic Perspectives, 2017, 41 (6): 1-29.

④ 参考消息网：《外媒：中国汽车走向墨西哥市场 为当地创造上千就业岗位》，http://www.cankaoxiaoxi.com/china/20190718/2385687.shtml，2017 年 2 月 1 日。

处于简单组装阶段的时候，汽车工业的就业作用相对有限；当转向当地
制造之后，汽车工业带来的就业机会迅速增加。当汽车工业快速发展的
时候，带来的就业机会增多；当汽车工业进行调整的时候，就业机会增
长放慢，甚至出现就业人数绝对减少。特别需要注意的是，汽车工业的
发展是否带来了更多的就业机会有时并不好估计，因为相关产业的就业
增加不能全部归功于汽车工业的发展，有些就业人员是从其他相关产业
转移过来的。例如，从事汽车融资的人员，有可能最开始就是金融业的
从业人员，仅仅是业务的重点方向发生了一些小的变化而已。而且，拉
美各国集中了大量的资源发展汽车工业，牺牲了其他产业的发展机会，
放弃了发展其他产业可能带来的新增就业。

三 拉美汽车工业与国际收支

20 世纪 50 年代，国际收支不断恶化是诱使拉美国家重点发展汽车制
造业的重要原因之一。第二次世界大战结束初期，拉美国家汽车进口激
增，国际收支状况迅速恶化。巴西、阿根廷和墨西哥先后颁布了汽车工
业法令致力于建立完整的汽车工业体系，试图通过进口替代减少汽车及
汽车零部件的进口，以节约外汇、改善国际收支状况。但是，在 20 世纪
70 年代之前，大多数拉美国家的这一目标非但没有实现，反而因为大力
发展汽车工业而加剧了拉美的贸易赤字。在以进口替代为目标的工业化
进程中，出现这种局面并不令人感到奇怪，因为在拉美汽车工业发展的
初期，资本品的大量进口、技术转让费用和专利费用的支出常常抵消了
进口替代带来的国际收支改善效应。因此，在 20 世纪 70 年代初，拉美国
家开始大力促进汽车产品的出口，通过出口创汇来改善国际收支。拉美
政府思路的变化导致各国汽车工业向外向型发展，拉美汽车工业以世界
汽车市场为重要目标之后，在创汇方面发挥越来越重要的作用。表 3 - 3
中显示了 1972—1982 年，阿根廷、巴西和墨西哥汽车产品的出口变化状
况。直到 20 世纪 80 年代的债务危机之前，三个国家汽车产品的出口总量
一直保持上升的趋势。但不容忽视的是，三个国家的汽车产品出口构成
存在较大的差异。在阿根廷和巴西，汽车工业出口产品以整车为主，以
零部件为辅；而墨西哥则是以零部件出口为主。20 世纪 80 年代之后，墨
西哥利用毗邻美国的优势大力促进出口，汽车工业出口创汇的作用越来

越显著。1980—1984 年，墨西哥汽车工业出口价值增长了 3 倍。1983 年，墨西哥汽车产品的出口金额达到 7.17 亿美元，其中发动机出口为 3.95 美元，乘用车出口为 1.19 美元。1984 年，墨西哥汽车产品出口进一步飙升至 14.46 亿。按照名义美元计算，1988 年的出口值比 1980 年高 8 倍，比 1982 年高 6.5 倍[①]。

表 3 - 3　　　1972—1982 年阿根廷、巴西、墨西哥的汽车出口状况

（单位：百万美元）

国家 类别 年份 （年）	阿根廷			巴西			墨西哥		
	汽车	零部件	总计	汽车	零部件	总计	汽车	零部件	总计
1972	22.4	12.1	34.5	37.4	22.0	59.4	5.7	46.8	52.5
1973	73.8	23.8	97.6	41.0	29.3	70.3	40.4	80.2	120.6
1974	107.9	28.5	136.4	119.4	75.6	194.9	44.7	104.2	148.9
1975	99.2	22.1	121.3	227.5	156.6	384.1	8.7	113.3	122.0
1976	114.3	22.3	136.6	244.0	163.4	407.4	18.4	173.9	192.3
1977	118.3	37.0	155.3	275.1	302.7	577.8	30.0	223.5	253.5
1978	95.6	71.0	166.6	421.3	405.0	826.3	67.9	266.0	333.9
1979	68.4	83.8	152.2	527.3	466.2	993.5	116.8	260.0	376.8
1980	74.3	77.3	151.6	819.8	615.7	1435.5	128.6	275.8	404.4
1981	21.7	49.6	70.7	1227.0	706.7	1933.7	107.3	263.0	370.3
1982	54.4	39.5	93.9	886.9	615.3	1502.2	81.2	449.8	531.0
1972 - 1982	838.3	475.3	1317.2	4826.7	3558.4	8385.1	649.7	2256.5	2906.2
占比	63.6	36.4	100.0	57.6	42.4	100.0	22.4	77.6	100.0

数据来源：Jenkins, R., *Dependent Industrialization in Latin American：The Automotive Industry in Argentina, Chile, and Mexico*, New York：Preger Publishers, Inc., 1977, p.210, Table 11.2。

---

① Morris, John T., "Economic Integration and the Transformation of Labor Relations in the Mexican Automotive Industry", in Tuman, John P., and Morris, John T. eds. *Transforming the Latin American Automobile Industry：Unions, Workers, and the Politics of Restructuring*, New York：M. E. Sharpe, Inc., 1998, pp. 128 - 129.

尽管拉美各国的出口政策取得了明显的成效，但是由于零部件、原材料和机械设备进口的激增，大多数拉美国家汽车贸易长期保持赤字。据估计，1972 年，哥伦比亚、墨西哥和委内瑞拉汽车产品的进口占进口总额的 10% 以上，只有巴西的这一数据降到了比较低的水平（2.4%）。表 3-4 描述了阿根廷、巴西和墨西哥在 1972—1982 年汽车工业贸易差额的变化趋势。在 20 世纪 70 年代的大部分年份，墨西哥和阿根廷都存在较大的汽车贸易赤字。只有巴西自 1975 年之后维持了汽车贸易顺差，汽车贸易带来了较多的净外汇流入。

表 3-4   1972—1982 年阿根廷、巴西和墨西哥汽车工业的贸易差额

（单位：百万美元）

年份（年）	阿根廷	巴西	墨西哥
1972	-50.7	-58.0	-225.7
1973	6.9	-61.1	-231.3
1974	23.2	-45.8	-356.1
1975	11.9	111.5	-628.3
1976	23.1	90.1	-526.4
1977	-16.9	287.4	-385.4
1978	0.2	538.4	-559.1
1979	-187.8	693.9	-1049.5[a]
1980	-678.1	1064.6	-1498.8
1981	-708.6	1521.3	-2148.3
1982	-160.1	1169.9	-816.9

注：a 原文为 1049.5，应该为负，故更正。

数据来源：根据 Jenkins, R., *Transnational Corporations and the Latin American Automobile Indusrty*, London: The Macmillan Press, 1987, p. 227 整理而来。

相比之下，墨西哥和阿根廷的汽车贸易逆差问题比较突出。在墨西哥，1980—1982 年汽车工业的贸易逆差年均达到 15 亿美元。自 1983 年之后的 7 年中，由于国内经济衰退和货币贬值，墨西哥汽车进口降低和出口增加导致其连续获得了贸易顺差。并且，墨西哥汽车贸易顺差在 1986 年和 1987 年连续创造新高，分别为 13 亿美元和 18 亿美元。但 20 世纪 90 年代初的大多数年份，墨西哥的汽车贸易都是逆差。直到 1995 年的金融危机导致比索相对于美元贬值 60% 以上，墨西哥汽车贸易才重新获得贸易顺差[1]。进入 21 世纪，墨西哥汽车出口迅速增加，汽车工业成为真正的创汇部门。在阿根廷，20 世纪 70 年代的自由化改革带来了严重的国际收支问题，因为放松管制导致汽车进口迅速增加，而出口却因为不具有国际竞争力而增长缓慢，不可避免地导致汽车贸易出现赤字。20 世纪 80 年代初，阿根廷的汽车进口占进口总量的 8%，汽车贸易赤字在 7 亿美元左右[2]。

在一些相对较小的拉美国家，汽车工业的国产化要求较低，大部分零部件和原材料仍然依靠进口，而跨国公司也仅仅将这些国家当成组装地点。这些国家的汽车工业进口强劲和出口乏力，汽车贸易赤字问题更加严重。从表 3-5 中可以看出，安第斯国家的政策没有成功地改善该地区汽车工业的国际收支状况。从 20 世纪 70 年代初到 80 年代初，哥伦比亚、秘鲁和委内瑞拉的贸易赤字都大幅度上升。1972—1982 年，哥伦比亚的汽车工业的贸易赤字增长了接近 6 倍，秘鲁增长了 7 倍左右，委内瑞拉大约增长 5 倍[3]。在智利，1980 年汽车整车进口占进口总量的 10%，汽车工业贸易赤字超过 5 亿美元[4]。

① Morris, John T., "Economic Integration and the Transformation of Labor Relations in the Mexican Automotive Industry", in Tuman, John P., and Morris, John T. eds. *Transforming the Latin American Automobile Industry: Unions, Workers, and the Politics of Restructuring*, New York: M. E. Sharpe, Inc., 1998, pp. 132 – 133.

② Jenkins, R., *Transnational Corporations and the Latin American Automobile Indusrty*, London: The Macmillan Press, 1987, p. 227.

③ Jenkins, R., *Transnational Corporations and the Latin American Automobile Indusrty*, London: The Macmillan Press, 1987, p. 230.

④ Jenkins, R., *Transnational Corporations and the Latin American Automobile Indusrty*, London: The Macmillan Press, 1987, p. 227.

表 3 - 5　　　　　**哥伦比亚、秘鲁和委内瑞拉的汽车贸易状况**　（单位：百万美元）

国家 贸易 状况 年份（年）	哥伦比亚			秘鲁			委内瑞拉		
	进口	出口	赤字	进口	出口	赤字	进口	出口	赤字
1972	108.7	1.2	-107.5	59.4	n. a.	-59.4	289.1	1.8	-287.3
1976	252.3	7.1	-245.2	149.4	0.7	-148.7	953.3	n. a.	-950.0[b]
1980	545.7	21.2	-524.5	239.0	5.1	-233.9	1165.0	22.1	-1142.9
1982	714.1	16.8	-697.3	412.5	n. a.	-412.5	1518.0	55.0[a]	-1463[b]

注：a 为 1981 年的数据；b 为估计值。

数据来源：根据 Jenkins, R., *Transnational Corporations and the Latin American Automobile Indusrty*, London：The Macmillan Press, 1987, p. 231 整理而来。

考察拉美汽车工业对国际收支的影响，不能仅仅关注各国的汽车贸易，还需深入了解各国发展汽车工业引起的资本账户的变动。在各国汽车工业发展初期，通过大量引进外资带来了资本流入，在一定程度上改善了资本账户。然而，随着跨国公司投资生产之后，利润汇回和专利费用的支出导致拉美国家出现大量的资本外流。从 20 世纪 60 年代中期开始，在阿根廷和巴西投资的跨国公司的利润汇回远远超过新增的投资（见表 3 - 6）。在阿根廷，20 世纪 60 年代汽车工业固定资产的投资不到产出总价值的 10%，说明存在大量的外汇流出。1965—1970 年，进入阿根廷汽车工业的外国新投资仅仅为 1550 万美元，但 1968—1970 年，跨国公司每年的利润汇回达到 1500 万美元以上。而且，阿根廷汽车企业还需要支付高昂的专利费用和技术咨询费，据估计，1968—1971 年共支付了 4000 万美元，1971—1972 年共支付了 1300 万美元[①]。

墨西哥的情况也相差无几，在汽车工业发展初期，墨西哥存在净资本流入，但随后投资下降，利润和其他形式的资本流出增加，引起了资本账户赤字。Sepulveda 和 Chumacero 发现，1967 年墨西哥汽车工业新增

---

① Jenkins, R., "The Rise and Fall of the Argentine Motor Vehicle Industry", in Kronish, Rich, and Kenneth S. Mericle, eds., *The Political Economy of the Latin American Motor Vehicle Industry*, Cambridge：The MIT Press, 1984, p. 55.

投资总量为 2500 万美元，资本外流为 825 万美元，净流入 1666 万美元。然而，1970 年的情况发生了巨大的逆转，新增投资为 428.2 万美元，利润汇出达到了 2088.8 万美元，净外流 1660 万美元[①]。

表 3 - 6　　　　　　　阿根廷和巴西汽车工业资本流入和流出　（单位：百万美元）

国家 资本状况 年份（年）	阿根廷			巴西		
	流入 （FDI）	流出[a]	差额	流入 （FDI）	流出[a]	差额
1959 - 1964	106.0	131.5	- 25.5	n. a.	n. a.	n. a.
1965 - 1970	72.5	255.5	- 183.0	59.4	151.1	- 91.7
1971 - 1975[b]	25.4	56.0	- 30.6	151.3	172.0	- 20.7

注：a 指包括利润、红利、专利费和技术转让费；b 为巴西 1971—1974 年的数据。

资料来源：根据 Jenkins, R., *Transnational Corporations and the Latin American Automobile Industry*, London：The Macmillan Press, 1987, p. 154 整理而来。

近年来，汽车工业在国际收支方面对拉美国家影响的分歧明显。在吸引 FDI 投资汽车工业方面，墨西哥和巴西因为市场前景被看好而备受跨国公司青睐，而其他拉美国家很少能吸引跨国公司投资流入。墨西哥得益于毗邻美国，并且积极开拓欧洲市场和维护拉美市场，2011—2015 年墨西哥汽车出口占产量的比例维持在 80% 以上，墨西哥已经成为名副其实的世界汽车出口大国。墨西哥汽车工业协会（AMIA）的数据显示，2018—2019 墨西哥连续两年汽车出口保持 10% 的增速，汽车贸易外汇收支得到了较大的改善，但墨西哥汽车出口高度依赖美国市场是其他拉美国家无法复制的，对墨西哥自身来说也存在很大的不确定性。实际上，即使像巴西这样的拉美汽车生产大国，由于严重依赖零部件进口，在汽车贸易方面都存在贸易赤字。巴西经济部外贸电子杂志（COMEX）显示，2018 年巴西汽车出口总额 106 亿美元，但同年的汽车进口总额达到

---

① Jenkins, R., *Dependent Industrialization in Latin American：The Automotive Industry in Argentina, Chile, and Mexico*, New York：Preger Publishers, Inc., 1977, p. 181.

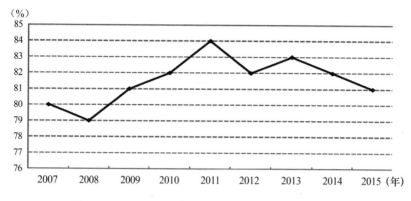

图 3 - 1　2007—2015 年墨西哥汽车出口占产量的比重

数据来源：墨西哥汽车工业协会（AMIA）。

135.7 亿美元，仍然存在一定程度的逆差①。其他主要依赖汽车进口的拉美国家，如智利、秘鲁等国家就更不用说了。

第四节　拉美汽车工业发展的若干制约因素

　　产业生命周期理论显示，任何一个产业的发展一般都要经历形成期、成长期、成熟期和衰退期的发展过程。在产业生命周期的各个不同阶段中，一系列内外部因素将持续影响产业的发展绩效以及产业在各个阶段之间转化的速度。就产量增长率、利润率、技术水平、市场结构和在国际市场份额而言，拉美的汽车工业正处于成长期。而且，拉美被视为全球新兴的三大汽车市场之一，具有巨大的发展潜力。但是，从形成到成长，拉美汽车工业都受到过和正在受到众多因素的影响，本节将着重探讨市场规模和技术创新能力等若干重要因素对拉美汽车工业扩张的影响。

一　拉美的国内市场潜力

　　任何一个产业部门的长期发展，都离不开强劲需求的支撑。汽车工业的长足发展，当然也离不开一个潜力巨大且持续增长的需求市场。而

---

　　①　中华人民共和国商务部网站：《巴西汽车市场简况》，http：//www. mofcom. gov. cn/article/i/dxfw/nbgz/201910/20191002907020. shtml，2018 年 8 月 10 日。

且，汽车工业具有显著的规模经济特性，一旦投产，生产厂商便会想方设法地扩大生产规模，以获取单位成本递减的收益，直到生产规模达到一定的临界点为止。如果没有市场需求的相应增长，这种行为将会导致生产能力过剩和产品积压，从而出现亏损。因此，汽车生产商不但需要提高生产效率和改善供给面，而且需要研究市场需求，诱导和培养市场需求。只有这样，汽车生产厂商才能在激烈的竞争中立于不败之地，汽车工业才能获得长足的发展。

（一）影响消费能力的因素

消费理论表明，市场需求取决于消费者的购买能力和购买愿望，只有这两个条件都具备，才能形成有效需求。影响购买能力的因素非常多：一国的经济发展水平、金融市场的发达程度、利率水平、通货膨胀、个人收入、产品价格、产品使用过程中的各种支出等。总之，消费者的可支配收入越多、贷款成本越低，购买能力就越强。汽车产品属于耐用消费品，其他一些因素对需求的影响也不可忽视，如产品性能、故障率、残值和服务等。例如，故障率不但直接影响到消费者的维修费用和维修时的时间成本，而且关乎消费者是否会因车辆故障而引发经济损失；汽车残值的大小影响更新换代的成本。消费者的购买愿望则取决于消费者的偏好、消费模式、社会文化等。在拉美国家的汽车市场上，超前消费和炫耀性消费特征明显，这种特定的消费文化决定了消费者的购买意愿比较强烈。

（二）拉美的汽车消费能力

拉美的汽车消费需求主要取决于消费者的购买能力。国际上一般认为，人均 GDP 突破 1000 美元之后，汽车的消费需求将会迅速增加，达到 3000 美元之后，汽车将成为非常普及的商品。按照这个标准，拉美国家应该是汽车普及大国了。表 3－7 中表明，1995—2005 年，拉美国家的人均 GDP 一直保持上升趋势。2005 年，拉美大陆（不包括加勒比）的人均 GDP 为 4044.1 美元，其中阿根廷的人均 GDP 高达 8130.8 美元，智利和墨西哥也都接近 6000 美元，巴西为 3573.7 美元。上述数据表明，拉美的人均 GDP 已经达到了中等收入国家水平，汽车消费的潜力十分可观。

表 3 - 7　　1995—2005 年拉美国家的人均 GDP（以 2000 年美元不变价格计算）

人均 GDP 国家 ＼ 年份（年）	1995	2000	2002	2003	2004	2005
阿根廷	7199.3	7730.2	6455.8	6960.6	7518.5	8130.8
玻利维亚	947.7	996.4	991.8	998.2	1014.7	1033.4
巴西	3327.1	3444.0	3454.4	3423.8	3541.5	3573.7
智利	4261.7	4883.6	5041.2	5182.1	5443.7	5729.2
哥伦比亚	2076.4	1979.3	1977.4	2019.3	2083.0	2156.9
墨西哥	4886.0	5873.6	5744.7	5742.6	5899.7	5993.2
秘鲁	1978.9	2056.2	2101.2	2151.1	2230.6	2340.4
委内瑞拉	5199.6	4818.7	4377.7	3968.5	4595.9	4939.2
拉美平均[a]	3602.2	3886.0	3745.9	3760.5	3926.3	4044.1

注：a 指不包括加勒比国家。

数据来源：ECLAC, Statistical Yearbook For Latin American and the Caribbean 2006, Santiago, Chile, 2007, p.88。

2010 年以来，拉美国家人均 GDP 继续保持稳定上升的趋势。2011—2018 年拉美人均 GDP 在 9000 美元上下波动，按照人均 GDP 来衡量很多拉美国家已经步入中等收入行列。尤其是 2017—2018 年阿根廷、巴西、智利和墨西哥的人均 GDP 均超过了 1 万美元。

表 3 - 8　2011—2018 年拉美国家的人均 GDP（以 2000 年美元不变价格计算）

人均 GDP 国家 ＼ 年份（年）	2011	2012	2013	2014	2015	2016	2017	2018
阿根廷	10877.3	10653.5	10796.9	10418.9	10598.6	10279.8	10456.5	10105.1
玻利维亚	2052.2	2122.5	2230.5	2315.3	2390.2	2454.0	2518.5	2586.3
巴西	11468.7	11575.7	11812.4	11765.6	11250.6	10791.9	10847.2	10905.4
智利	13416.7	13996.6	14429.9	14555.9	14765.4	14889.5	14960.6	15443.2
哥伦比亚	6619.1	6807.7	7049.1	7313.0	7461.2	7550.9	7589.2	7722.0

续表

年份（年） 人均GDP 国家	2011	2012	2013	2014	2015	2016	2017	2018
墨西哥	9290.4	9494.7	9492.7	9629.2	9815.4	9970.2	10051.6	10137.8
秘鲁	5269.9	5519.0	5764.0	5823.6	5936.4	6094.8	6172.4	6341.5
委内瑞拉	8616.3	8976.2	8975.1	8513.2	7882.2	6458.3	5380.8	4274.6
拉美平均	8861.3	9001.6	9155.9	9162.8	9046.7	8860.1	8878.8	8882.7

数据来源：联合国拉美经委会（Economic Comision for Latin American and the Caribbean）网站数据整理，https：//estadisticas. cepal. org/cepalstat/portada. html? idioma = english，2019 年 12 月 31 日。

需要注意的是，国内市场规模过小是制约拉美汽车工业快速发展的普遍障碍。这就说明，人均 GDP 指标并不能十分确切地反映拉美普通民众的购买力。之所以会这样，一个十分重要的原因是，拉美国家的收入分配严重不均，普通居民并没有同等地享受到经济发展的成果。拉美是世界上收入分配最不公平的地区之一，根据世界银行的统计，在拉美大多数国家，占总人口 10% 的富人获得的收入占国民总收入的 40%—47%，而占总人口 20% 的穷人的收入所占的比重仅为 2%— 4%①。而且，自 1970 年以来的 30 多年间，拉美社会的贫困现象总的趋势上逐渐加剧，2003 年，拉美贫困人口总数达到 2.266 亿，占总人口的 44.4%②。很显然，这些贫困人口是不具有汽车购买能力的。

由此可见，拉美汽车工业发展初期通过收入集中来培养市场购买力的做法反而把相当一部分人口排除出了汽车购买者之列。表 3-9 反映了部分拉美国家普通工人阶层实际收入的变化趋势，证实了拉美各国工人阶层的购买能力有限。从 1996 年到 2004 年之间，只有墨西哥、智利、哥

① 江时学：《拉美国家的收入分配为什么如此不公》，《拉丁美洲研究》2005 年第 5 期，第 3—11 页。

② 苏振兴：《增长、分配与社会分化——对拉丁美洲国家社会贫富分化问题的考察》，《拉丁美洲研究》2005 年第 1 期，第 1—11 页。

伦比亚、秘鲁等国的实际工资呈现上升的趋势，巴西、阿根廷、委内瑞拉等国的实际工资反而下降了。委内瑞拉2004年的实际工资水平仅相当于2000年的73.7%，巴西、阿根廷该项指标的数值分别为85.5%和92.2%。这些数据表明，拉美普通工人阶级的购买力没有得到明显的提高。但不可忽视的是，在许多拉美国家，普通工人阶级购买汽车的愿望和需要都是比较强的，他们构成了二手汽车市场上的主要需求方，从而为富人更换新车提供了便利。

表 3 - 9　　　　1990—2004 年拉美国家实际工资指数（2000 = 100）

年份（年） 工资指数 国家	1990	1996	1997	1998	1999	2000	2001	2002	2003	2004
阿根廷[a]	93.3	94.7	95.0	95.0	97.8	100	99.2	85.4	83.8	92.2
巴西[b]	99.7	103.0	105.7	105.8	101.1	100	95.1	93.1	84.9	85.5
墨西哥[a]	88.9	90.9	90.4	92.9	94.3	100	106.7	108.7	110.1	110.2
智利	69.3	91.6	93.8	96.3	98.6	100	101.7	103.7	104.6	106.5
委内瑞拉[c]	140.5	78.0	98.0	103.3	98.5	100	102.4	92.1	76.7	73.7
哥伦比亚[a]	76.3	88.4	92.1	92.2	96.3	100	99.7	102.5	102.4	103.4
秘鲁[d]	93.7	104.2	103.5	101.4	99.3	100	99.1	103.7	105.3	106.6

注：a 制造业部门；b 社会劳动立法覆盖的工人；c 私人部门；d 大都市的私人部门。

数据来源，ECLAC, Economic Survey of Latin America and Caribbean 2004 - 2005, p. 357。

最近几年，拉美国家实际工资状况有了较大的改善。联合国拉美经委会（ECLAC）公布的数据显示，以2010年为基数，大多数国家的工资水平得到了一定的提升，工薪阶层的汽车购买能力和消费能力有所增加。阿根廷和委内瑞拉最近几年的数据都没有正式公布，但由于他们遭遇了比较严重的经济困难，工资水平出现了一定的下降，工薪阶层的消费能力受到削弱。

表 3 - 10   2010—2018 年拉美国家实际工资指数（2010 = 100）

年份（年） 工资指数 国家	2010	2011	2012	2013	2014	2015	2016	2017	2018
玻利维亚	100.0	98.2	99.3	100.3	101.8	107.7	109.5	111.3	114.8
巴西	100.0	101.4	104.9	107.4	108.4	108.9	107.6	110.2	110.0
智利	100.0	102.5	105.8	109.9	111.9	113.9	115.4	118.2	120.5
哥伦比亚	100.0	100.3	101.3	104.0	104.5	105.7	104.6	107.0	108.2
墨西哥	100.0	101.1	101.2	101.3	101.7	103.2	104.1	102.9	103.7
秘鲁	100.0	108.4	111.0	114.7	117.9	117.5	122.2	121.8	125.8
乌拉圭	100.0	104.0	108.4	111.7	115.4	117.3	119.1	122.6	122.8
委内瑞拉	100.0	103.0	109.1	104.3	-	-	-	-	-

数据来源：联合国拉美经委会（Economic Comision for Latin American and the Caribbean）网站数据整理，https：//estadisticas. cepal. org/cepalstat/portada. html？idioma = english，2019 年 12 月 31 日。

（三）拉美汽车消费市场的趋势

尽管受到了众多因素的制约，而且市场需求的增长速度不能令人十分满意，但国际上对拉美汽车市场的增长潜力还是相当看好。近年来，随着拉美经济的持续增长，跨国公司对拉美各国汽车市场的表现更是充满期待。2004 年，得益于巴西国内经济的复苏，巴西国内销售量达 158 万辆，较 2003 年增长 10.5%[1]。2005 年，巴西国内汽车销量达到 1714644 辆（包括国产汽车和进口汽车），比 2004 年的销量（1578775 辆）增加 8.6%，但仍不及 1997 年的销售纪录（1943458 辆）[2]。据巴西汽车制造商协会统计，2006 年巴西汽车销量达 192.8 万辆，比 2005 年增长 12.4%[3]。但若以销售额来计算，2006 年巴西国内汽车销售额为 19.28 亿美元，非常接近 1997 年 19.30 亿美元的历史最好水平。根据全国汽车

---

[1] 中国机电出口指南网：《巴西汽车市场简况》，http：//mep128. mofcom. gov. cn/mep/yjfx/117122. asp，2007 年 6 月 4 日。

[2] 中国机电出口指南网：《巴西的汽车市场与政策环境》，http：//mep128. mofcom. gov. cn/mep/yjfx/124530. asp，2007 年 1 月 2 日。

[3] 中国机电出口网：《2006 年巴西汽车销量达 192.8 万辆》，http：//mep128. mofcom. gov. cn/mep/xwzx/cyzx/155484. asp，2007 年 6 月 4 日。

生产者协会的预计，2007 年巴西的国内汽车销售额将会增长 7.7%，从而创下历史新高①。巴西人口众多，培养了不同层次的消费水平和消费习惯，拉动了巴西国内的汽车需求。巴西的汽车消费者一般都喜欢经济型和紧凑型车型，或者多种燃料（汽油和甘蔗乙醇）型汽车。2004 年，双燃料汽车在巴西国内市场上的份额仅占 22%，2005 年上升到 52%②。此外，巴西国内汽车需求的增大还得益于汽车消费信贷的扩大，2006 年巴西汽车销售的 65% 是按分期付款方式进行的，其中 42% 的分期付款期限超过 36 个月③。

在墨西哥和阿根廷，国内汽车销量也大幅度增长。墨西哥是拉美重要的汽车消费市场，其潜力不容低估。21 世纪初，墨西哥经济的持续增长带动了国内汽车销售量的不断攀升。墨西哥统计局数据显示，自 1990 年以来，墨西哥年均汽车销售量翻了两番。2006 年，墨西哥国内汽车销量更是突破了 100 万辆。在阿根廷，2004 年国内汽车销售数量约 31 万余辆，比 2003 年的销量增长了一倍。2004 年阿根廷国产汽车仅占总销量的 35%，达到 10 万余辆，但与 2003 年相比增加了 67.4%，其他的汽车消费主要自邻国巴西进口④。

拉美主要车市升温，与良好的宏观经济运行态势密切相关。宏观经济稳定和银行利率下降带来了收入增加和消费者信心上升。根据联合国拉美经委会的统计，2006 年拉美和加勒比经济增长为 5.3%。这意味着拉美经济获得了连续 4 年的增长，并且连续 3 年保持了 4% 以上的增长率，成为 25 年拉美经济表现最好的年份⑤。但是，即使宏观经济形势继续好转，也不意味着国内市场狭小对拉美各国汽车工业发展的瓶颈作用就能得

---

① 中国机电出口指南网：《2006 年巴西汽车出口收入 121 亿美元 增长 8.4%》，http：//mep128. mofcom. gov. cn/mep/xwzx/jmxx/157304. asp，2007 年 3 月 4 日。

② 中国机电出口指南网：《巴西汽车生产和贸易情况概述》，http：//mep128. mofcom. gov. cn/mep/yjfx/165736. asp，2007 年 6 月 4 日。

③ 中国机电出口指南网：《2006 年巴西汽车销量达 192.8 万辆》，http：//mep128. mofcom. gov. cn/mep/xwzx/cyzx/155484. asp，2007 年 6 月 4 日。

④ 中国机电出口指南网：《阿根廷汽车市场简况》，http：//mep128. mofcom. gov. cn/mep/yjfx/117724. asp，2007 年 6 月 4 日。

⑤ ECLAC，*The Preliminary Overview of the Economies of Latin America and the Caribbean* 2006，p. 8.

到完全消除。一个不可忽视的事实是，拉美国家的人口数量有限。2006 年，拉美只有巴西和墨西哥两国的人口数量超过 1 亿，分别为 1.901 亿和 1.075 亿。而且，在大多数拉美国家，15—64 岁之间的人口只占总人口的 65% 左右，这部分人口才有可能成为真正的汽车消费群体①。这种人口规模和人口结构状况组成的潜在消费市场，相对于墨西哥和巴西等汽车生产大国来说是远远不够的。因此，如果不能在国际市场上争得相应的市场份额，国内市场潜力过小在未来将继续制约拉美汽车工业的扩张。

近几年以来，拉美国家汽车销量经历了低谷之后正在回暖。根据世界汽车工业协会（OICA）的资料，2014 年巴西汽车销量达到 349.8 万辆的高峰，随后连年下降，2018 年才回升至 246.8 万辆；墨西哥的汽车销量保持比较稳定的增长趋势，2016 年达到 164.8 万辆，最近两年有所下降，2018 年销售了 142.1 万辆；最近 5 年阿根廷汽车销量比较稳定，2018 年为 77 万辆。实际上，国内市场规模不大一直是拉美汽车工业的重要制约，影响着汽车工业规模经济效应的发挥。

表 3 - 11　　　　　2011—2017 年拉美主要国家的汽车销量　　　（单位：辆）

国家 \ 年份 销量	2011	2012	2013	2014	2015	2016	2017
阿根廷	883350	830058	963917	613848	644021	709482	900402.577
秘鲁	150037	190761	201326	187081	173388	169718	180019.738
哥伦比亚	295000	285000	286800	314100	272400	246500	233959.6
厄瓜多尔	139893	121446	113812	120060	81309	63555	118281.494
乌拉圭	54969	56459	61054	56548	51318	47114	61483.872
委内瑞拉	120689	130553	98878	23707	14700	5200	14083.6
墨西哥	936780	1024574	1100542	1176305	1389474	1647723	1570764.12
巴西	3633248	3802071	3767370	3498012	2568976	2050321	2238914.744
智利	356183	362331	397643	353525	297785	319606	376681.595
全球	78157371	82116462	85594307	88325620	89707322	93905633.89	96804389.9

数据来源：根据世界汽车工业协会（OICA）网站资料整理，http://www.oica.net/。

---

① ECLAC, Statistical Yearbook For Latin American and the Caribbean 2006, Printed in Santiago, Chile, March 2007, pp. 23 - 26.

二 拉美汽车工业的国际地位

一个国家某个产业在国际市场上的地位一般可以用生产和销售两个方面的相关指标来界定。在生产方面我们将采用拉美汽车产量占全球总产量的比重和拉美汽车工业在国际汽车工业产业链中的地位来论述拉美汽车工业在国际市场上的地位。在销售方面，可以采用拉美的汽车出口量及其在国际市场中所占的份额来进行说明。

（一）拉美汽车产量的国际地位

汽车工业是一个国际性的产业，一国的汽车工业产量占全球总产量的比重能够在一定程度上显示该国汽车工业的国际地位。表3－12显示了1985—1994年世界各个地区汽车总产量在全球产量中所占的比重。从1985年到1994年，尽管期间出现过上下波动，但世界汽车工业的全球生产格局基本保持不变。美国、日本、德国等传统汽车生产大国主导的三大区域市场仍然是全球主要的汽车生产基地。相比之下，拉美的汽车产量占全球产量的比重有了明显的提高（从1985年的4%上升到1994年的7%），而东欧的比重出现下降。2005年，世界汽车生产格局发生了显著的变化，日本和亚太地区的其他国家总计占全球产量的39%，美国和加拿大所占的比重下降到22%，但拉美的比重仍然是7%，说明这10年之中拉美汽车工业在国际生产体系中的地位没有得到明显提高①。

表3－12　　　1985—1994年世界各个地区汽车产量所占比重（%）

国家　　比重　　年份	1985	1986	1987	1988	1989	1990	1991	1992	1993	1994
美加	0.31	0.30	0.28	0.28	0.27	0.25	0.23	0.23	0.28	0.30
西欧	0.28	0.29	0.31	0.31	0.32	0.32	0.31	0.31	0.26	0.28
东欧	0.06	0.06	0.06	0.06	0.06	0.06	0.06	0.05	0.05	0.03
亚洲	0.30	0.30	0.30	0.30	0.31	0.33	0.35	0.34	0.33	0.31

---

① 数据来源：世界汽车工业协会（OICA）网站，http：//www.oica.net/。

续表

国家＼年份＼比重	1985	1986	1987	1988	1989	1990	1991	1992	1993	1994
大洋洲	0.01	0.01	0.01	0.01	0.01	0.01	0.01	0.01	0.01	0.01
拉美	0.04	0.04	0.04	0.04	0.04	0.04	0.05	0.05	0.06	0.07
总计	1.00	1.00	1.00	1.00	1.00	1.00	1.00	1.00	1.00	1.00

注：美加指美国和加拿大，西欧包括：奥地利、法国、德国、意大利、荷兰、西班牙、瑞典、英国；东欧包括：捷克共和国、波兰、俄罗斯、南斯拉夫；亚洲包括：中国、印度、印度尼西亚、日本、韩国、马来西亚；大洋洲包括澳大利亚。由于四舍五入，个别年份的总计数量可能不是 1.00。

数据来源：根据 Tuman, John P. and John T. Morris, "The Transformation of the Latin American Automobile Industry", in Tuman, John P. and John T. Morris, eds., *Transforming the Latin American Automobile Industry: Unions, Workers, and the Politics of Restructuring*, New York: M. E. Sharpe, 1998 的研究整理而来。

根据世界汽车工业协会（OICA）的统计，2014—2015 年，阿根廷、巴西和墨西哥的汽车产量之和占世界汽车总产量的比重始终低于 8%，最低的 2016 年只有 6.56%。而且，最近几年拉美国家的汽车生产出现比较大的波动，容易受到外部环境的影响，说明拉美汽车生产比较脆弱。2014—2018 年，阿根廷汽车产量的增长率分别为 -22.4%、-13.5%、-10.2%、-0.13%、-1.4%，一直没有摆脱负增长；巴西的汽车产量增长率分别为 -15.2%、-22.8%、-11.2%、25.2%、5.2%，虽然扭转了负增长的趋势，但也不够稳定；只有墨西哥始终保持汽车产量正增长，增长率分别为 10.3%、5.9%、0.9%、13%、0.1%，不过也出现增长乏力的迹象。随着《美墨加三国协议》（USMCA）的实施，墨西哥汽车工业即将迎来更大的挑战。

表 3 - 13　　2014—2018 年拉美主要国家的汽车产量及占世界产量的比重

年份 产量及比重	2014	2015	2016	2017	2018
产量（辆）	7131725	6528615	6226594	7240245	7519783
占世界总产量比重（%）	7.94	7.19	6.56	7.44	7.79

注：拉美国家汽车产量是指阿根廷、巴西和墨西哥三国的汽车产量之和。

数据来源：根据世界汽车工业协会（OICA）统计数据整理。

（二）拉美汽车的全球价值链地位

在全球化背景下，汽车工业已经成为一个世界性生产体系。跨国公司控制的汽车设计、生产、销售和消费服务都超过了国家的界限，形成了超越国界和区域范围的国际生产链。在全球化生产体系中，产业链的国际分工如下：新技术开发—产品设计—最重要的主机生产—零部件生产和加工—最终装配—品牌策划和市场销售—售后服务。各个环节按照附加值高低分布，形成了一条"U"字型的微笑曲线。上游的技术开发、产品设计、主机生产和下游的品牌策划、市场销售、售后服务的附加值较高，分列曲线左右两端的高点；中游的零部件生产和加工装配附加值最小，处于曲线的底端[①]。随着跨国公司将生产和销售转移到海外并建立了完善的全球供应网络，发展中国家的装配和零部件工厂获得了越来越多的进入国际供应网络的机会，汽车工业的价值链已经将发达国家的市场和整个发展中国家的市场都连接在一起。尽管拉美的汽车工业起步较早，并取得了巨大的成效，但拉美汽车工业一直处于国际汽车工业"U"字价值链曲线的底端——主要从事零部件加工生产和最终装配两个环节。自 20 世纪 90 年代以来，越来越多的跨国汽车公司将战略重心由生产制造转移到了研发、品牌、市场营销、服务等高附加值环节，而零部件生产和组装等低附加值环节转移到劳动力成本低廉的拉美国家。

从产业生命周期理论的视角来看，当前国际汽车产业已经进入成熟时期，其标志是产业技术相对稳定、产品价格下降、零部件标准化程度提高、产业竞争加剧、利润降低、产业增长速度放慢并趋于稳定化。但

---

①　芮明杰：《产业经济学》，上海财经大学出版社 2005 年版，第 129 页。

在拉美国家，汽车工业正处于成长期。这就意味着，拉美汽车工业的生命周期落后于国际汽车工业的生命周期，跨国公司正是利用这个周期差将汽车产业链中的部分环节转移到拉美国家。在跨国公司对外投资区位选择的考虑中，拉美最大的优势在于其廉价的劳动力。拉美国家也充分发挥了这一比较优势，十分执着地"扩大"和"巩固"其在国际汽车工业价值链底端的"优势地位"。这样的产业分工模式决定了拉美汽车工业在国际汽车工业体系中处于依附地位，它仅仅是跨国公司全球生产链的一个组成部分而已。一旦跨国公司出于战略考虑而在全球重新布局生产体系，资本逆流将会对拉美汽车工业产生严重的不利影响。

（三）拉美汽车出口的国际地位

拉美汽车工业在国际市场上的销售绩效也能反映其国际地位。从 20世纪 70 年代拉美汽车工业向出口导向转变以来，拉美汽车产品的出口获得了长足的发展，国际市场份额也得到了相应的提高。2004 年，巴西的出口量为 64.23 万辆，较 2003 年增长 20.12%。以出口金额来衡量，2004年巴西汽车出口金额为 83 亿美元，较 2003 年的 55 亿美元增长 51.8%[1]。2005 年，巴西汽车出口总值为 111.87 亿美元，同比增长 33.5%[2]。2006年巴西的汽车出口收入达到 121 亿美元，比 2005 年增长 8.4%。在全部的汽车出口收入中，82.6% 来自轻型汽车、卡车和公交客车的出口，17.4% 来自农用车辆。但是，巴西 2006 年的汽车出口量却同比下降了5.8%，从 2005 年的 89.71 万辆减少到 84.47 万辆[3]。

在拉美国家中，墨西哥汽车工业的出口绩效最好。1989 年颁布了旨在鼓励出口的新"汽车工业法令"和 1994 年加入 NAFTA，大大促进了墨西哥汽车产品的出口。尤其是 NAFTA 生效之后，墨西哥、美国、加拿大之间实现了汽车自由贸易，墨西哥因此能够方便地进入当时全球最大、最成熟的汽车市场，汽车出口迅速扩大。自 1990 年之后，墨西哥汽车整

---

① 中国机电出口指南网：《巴西汽车市场简况》，http://mep128.mofcom.gov.cn/mep/yjfx/117122.asp，2007 年 6 月 4 日。

② 中国机电出口指南网：《巴西的汽车市场与政策环境》，http://mep128.mofcom.gov.cn/mep/yjfx/124530.asp，2007 年 1 月 2 日。

③ 中国机电出口指南网：《2006 年巴西汽车出口收入 121 亿美元 增长 8.4%》，http://mep128.mofcom.gov.cn/mep/xwzx/jmxx/157304.asp，2007 年 3 月 4 日。

车出口量和出口比重都大大超过巴西（见表 3 – 14）。1999 年，墨西哥汽车出口超过了 100 万辆，一跃成为真正的汽车出口大国。

表 3 – 14　　　　　　墨西哥、巴西的汽车出口量及出口比率

国家 项目 年份	墨西哥		巴西	
	出口量（辆）	出口比率（%）	出口量（辆）	出口比率（%）
1980	18245	3.7	157085	13.5
1985	58423	12.7	207640	21.5
1990	276859	33.7	187314	20.5
1995	562051	83.5	377627	16.1
1999	1075422	69.9	268158	20.0

数据来源：夏大慰、史东辉、张磊：《汽车工业：技术进步与产业组织》，上海财经大学出版社 2002 年版，第 393 页。

此外，其他拉美国家的汽车产业在国际市场上的影响也有所增大。例如，2004 年，阿根廷汽车出口共达 14.6236 万辆，占总生产量的 57.4%，比 2003 年增长 35.3%，主要出口厂商包括福特（占 31.8%）、通用汽车（25.15%）及标致（11.9%）等。尽管如此，但与阿根廷 1998 年经济全盛时期比较，2004 年的出口值仅及其 61.5%，总产量也仅相当于 1998 年的 56.8%[①]。总之，对于拉美汽车工业来说，如何增强国际竞争力、提高在国际市场上的地位，仍然是一项任重而道远的任务。

尽管拉美汽车生产大国都在积极开拓国际市场，但销售规模并不能真实反映拉美汽车工业的国际地位。实际上，除了墨西哥和巴西能够出口整车，大部分拉美国家都是整车净进口国。墨西哥的汽车主要出口到美国，美国市场占墨西哥出口的 70% 以上。根据墨西哥汽车工业协会的数据，2015 年墨西哥对美国出口 199 万辆汽车，占总出口量的 72.2%；向加拿大出口 29 万辆，占出口总量的 10.5%。此外，墨西哥还向德国、

---

① 中国机电出口指南网：《阿根廷汽车市场简况》，http://mep128.mofcom.gov.cn/mep/yjfx/117724.asp，2007 年 6 月 4 日。

巴西、智利、秘鲁和中国出口一定数量的汽车。墨西哥出口的汽车几乎
都是欧美跨国汽车巨头完成的，消费者是冲着跨国公司品牌和低廉的价
格而去。而且，墨西哥充分发挥毗邻美国和劳动力成本低廉的优势，吸
引跨国公司投资建厂，然后出口到美国和加拿大，这种出口模式高度依
赖美国市场，是其他拉美国家无法复制的。巴西是拉美另一个汽车出口
大国，巴西的汽车主要出口到阿根廷、秘鲁和智利等拉美国家。巴西全
国汽车生产商协会（Anfavea）网站数据显示，2017 年巴西汽车出口额创
158.6 亿美元的历史最高，但 2018 年又下降了 8.6%。

表 3-15　　　　　　　巴西和阿根廷汽车出口额　　　　　（单位：亿美元）

年份 国家	2000	2005	2010	2015	2016
墨西哥	310	350	560	970	960
巴西	50	120	130	100	110

数据来源：ECLAC, Foreign Direct Investment in Latin America and the Caribbean 2017, p. 149。

三　拉美汽车工业的技术瓶颈

汽车工业是一个技术和资本密集型产业，从世界汽车工业的发展历
程来看，技术进步是汽车工业发展的根本动力。从汽车的诞生到少量生
产，从福特的流水线批量生产方式到欧洲的产品差异化战略，再到日本
的精益生产方式，汽车工业产品更新、生产方式和组织方式的变革都是
在技术创新的基础上获得的。从微观上来讲，技术的进步程度及其水平
是企业生存和成长的关键因素，也是企业保持竞争力的根本。因此，无
论是发达国家还是发达国家的巨型跨国汽车公司，都非常重视汽车工业
技术创新。

汽车工业的技术创新可以通过自主创新和模仿创新两种方式来实现。
所谓自主创新是指企业或个人依靠自身力量通过独立的研究开发活动而
获得的技术突破。模仿创新通常指企业通过引进购买或破译率先创新者
的核心技术和技术秘密，并在此基础上改进完善，进一步开发，生产出
在性能、质量、价格方面富有竞争力的产品，以此获取经济利益的一种

行为①。对于后发国家来说，由于本国技术基础差，积极引进外国技术并进行模仿创新是一种非常普遍的做法。实际上，就连日本汽车工业的自主创新能力也是在引进、消化、吸收、模仿的基础上发展起来的。日本和韩国汽车工业发展的经验已经表明，汽车工业可以在引进技术的基础上逐渐走上自主创新的道路。在全球化背景和技术日新月异的背景下，没有哪个国家可以完全依赖自己的力量开发出汽车工业所需要的全部技术。因此，将引进技术、借鉴技术和技术创新结合起来，才能真正发展一国的汽车工业技术。

长期以来，拉美汽车工业一直受到技术因素的制约。拉美国家的汽车工业是通过引进国外资金和技术发展起来的，大多数拉美国家都把本国汽车工业的快速发展寄托在外国的跨国公司身上。实际上，拉美国家在决定发展汽车制造业的时候，各国的技术基础落后、资金缺乏，如果没有跨国公司的基金和技术支持，各国在当时的条件下发展汽车工业几乎是不可能的。因此，引进外国技术成为迅速建立完整汽车工业的捷径。通过引进跨国公司发展汽车工业，拉美国家的确在短期内建立了汽车工业体系，并在一定程度上促进了本国汽车工业技术的发展。具体表现如下：第一，跨国公司带来了汽车工业生产的成套技术；第二，跨国公司的技术外溢和竞争效应促进了当地民族工业进行模仿和学习，引起了当地生产方式和管理制度的变革；第三，跨国汽车巨头的进入提高了工人的生产技能，为拉美国家培养了一批熟练的汽车产业工人。

20世纪90年代以来，跨国汽车公司除了继续在拉美兴建、改建和扩建生产基地之外，还将研发、设计、营销等技术含量高的环节向拉美转移，跨国汽车公司的这种战略变化加速了向拉美的技术转移与扩散，进一步提高了拉美汽车工业的技术水平。大众等汽车公司都在巴西设了研发中心，一些跨国公司逐渐将最新的车型放在巴西的研发中心进行设计，在拉美推出的车型也不断增多。当然，巴西最为重大的技术进步还是体现在先进的乙醇生产技术和双燃料混合动力车方面，这些领域的先进技术已经成为巴西在国际技术合作中的重要筹码，这也是巴西、甚至整个

---

① 邹广德、庄继德、张开旺、程诚：《汽车工业系统优化与技术创新》，机械工业出版社2004年版，第154—155页。

拉美在汽车工业技术方面少有的值得骄傲之处。如果节能、环保等问题越来越受到重视以及油价趋高，巴西的生物燃料汽车将会大有市场。在墨西哥，自 1994 年以来，部分跨国公司设立的汽车工厂已经开始向中高端车型转变，凯迪拉克、林肯和宝来等高端车型都已经实现墨西哥造。而且，墨西哥政府正在计划将墨西哥打造成全球中高端汽车生产基地之一。

然而，尽管巴西、墨西哥和阿根廷的汽车工业生产已经达到较大的生产规模，但它们的汽车工业不是自主发展起来的，而是依附外国公司来发展。上述技术进步主要都是在跨国公司的主导下取得的，而仅存的民族汽车企业几乎全都抛弃了自主开发技术的计划。由于其产品开发能力依赖外国公司，拉美国家生产的大部分车型都是国外汽车公司开发的，仅仅为了适应拉美市场做出了一些小改动而已，一些外国公司甚至将早已被发达市场淘汰的车型稍加改动，就拿到拉美国家来生产和销售。例如，2005 年巴西销售最好的紧凑型汽车是大众高尔，该车型在巴西已经销售 20 多年，但在欧洲市场已经被淘汰多年。

现今仍然存在很多因素制约拉美汽车工业的技术进步，技术瓶颈也依然会是拉美汽车工业发展的重要障碍之一。第一，拉美汽车工业技术进步的主动权掌握在跨国公司手中，而跨国公司只会优先根据全球战略的需要而不是拉美国家的现实情况来决定是否加大在拉美当地的研发力度。跨国公司是拉美汽车工业的微观基础，是汽车工业技术进步的主要推动力，其全球战略的变化将会影响到它们在拉美的技术研发决策，从而给拉美汽车工业技术发展带来诸多的不确定性。

第二，拉美各国政府技术开发政策的选择不利于拉美汽车工业技术的提高。迄今为止，很多拉美国家还未拥有汽车生产的整套技术，也没有创立支持汽车工业技术进步的国家创新体系，它们关注的重点仍然是就业、出口创汇等短期目标。而且，政府政策有时会与跨国公司的技术创新策略相冲突。例如，在汽车工业发展初期，为了获得规模经济效应，政府强制规定汽车公司只能生产少数几种车型，甚至生产单一车型。但政府却很少意识到，车型多样化既能满足消费者的多样化需求，又是技术进步的体现。此外，政府的保护政策和生产补贴也在客观上使汽车公司长期疏于提高技术和效率。

　　第三，拉美的技术基础比较落后，相关产业的技术水平无法给汽车工业提供必要的支持。21世纪的汽车生产，已经开始广泛地运用电子技术、人工智能技术、信息技术和卫星导航技术，而拉美国家在这些相关技术方面都远远落后，只能从国外引进。

　　第四，拉美国家的劳工关系也会在特定的情况下影响到生产效率的提高和技术进步。资本增加和技术进步在一定范围内可以替代劳动，从而减少劳动力的使用，影响劳动力就业。对于能够大幅度替代劳动的技术进步，工人阶级一般都有抵制情绪，严重的时候甚至举行罢工抗议。在阿根廷等拉美国家，这一点表现得非常明显。

　　世界汽车工业的发展历程表明，技术创新不但事关企业的命运，而且事关一个国家汽车工业在国际生产体系中的地位和竞争力。一国必须具备技术开发的能力和积极性，才能保证汽车工业的长期快速发展。对于后发国家来说，引进技术必须与消化、吸收技术结合起来，不能陷入"落后—引进—再落后—再引进"的恶性循环。遗憾的是，拉美国家的汽车工业缺少技术引进和模仿的微观基础，也没有建立国家主导的技术创新体系，技术落后今后将会继续成为制约拉美汽车工业发展的重要因素之一。

第四章

拉美国家的汽车工业政策

第二次世界大战之后，许多发展中国家将建立汽车工业体系作为推动本国工业化进程的战略重点。从汽车工业后发国家的发展历程来看，政府扶持是汽车工业建立和发展必不可少的条件。在拉美汽车工业发展的各个阶段，政府政策的作用十分明显。拉美汽车工业从简单组装转向当地制造、再到出口导向，是各国政府广泛采取行政、法律、经济等各种手段引导和约束厂商（尤其是跨国公司）的市场进入决策和市场行为的结果。纵观拉美各国的汽车工业政策，既有因为措施得当而促进了汽车工业在一定时期快速发展的成功经验，也有因为应对失误而导致汽车工业结构失衡的失败教训。详细研究拉美各国的汽车工业发展政策，对于中国来说具有重大的借鉴意义。

第一节　实施汽车工业政策的理论依据

自亚当·斯密以来的一个半世纪中，自由主义思想一直被西方主流经济学视为最高的原则，而政府干预却常常被诟病。尽管20世纪30年代兴起的凯恩斯主义掀起了国家干预主义风潮，但20世纪50年代之后，以哈耶克和弗里德曼等人为代表的新自由主义强烈反对国家干预，理论界继续充斥着对国家干预的合理性和可能性的争论。尽管如此，在现实中包括实行自由市场经济国家在内的所有国家和地区，都一直在运用各种政策工具协调国民经济均衡发展。由此可见，国家干预的理论基础和现实需要都将继续存在。在发展中国家的工业化进程中，亟需利用国家干预来弥补市场发育不完全的缺陷和促进主导产业的成长，本节将主要阐述拉美国家实施汽车工业政策的理论依据。

一　贸易保护主义

（一）重商主义

贸易保护主义是国家干预思想的重要来源，至少可以追溯到 15 世纪的重商主义。重商主义产生于封建主义晚期，先后经历了 15 世纪到 16 世纪中叶的早期重商主义和 16 世纪下半叶到 17 世纪中叶的晚期重商主义两个发展阶段。重商主义最重要的观点是：金银多寡是衡量一国富裕程度的唯一标准，只有通过开采金银矿和发展对外贸易赚取金银才能增加一国财富总量，因此，政府应该积极干预经济生活，实行各种保护出超的奖励措施和限制进口的惩罚措施。早期重商主义（货币差额论）将货币和商品绝对对立起来，要求本国在对外贸易中要绝对地多卖少买或不买，对每个国家和每笔交易都保持贸易顺差。晚期重商主义（贸易差额论）并不要求对每个国家的每笔贸易都保持顺差，只要能够保持总的贸易顺差即可。换言之，贸易差额论主张，应该允许能够带来更多金银流入的金银输出。重商主义提出的贸易保护措施分为鼓励输出和限制输入两个方面，前者包括降低或免除出口关税、出口退税、实行独占性的殖民地贸易政策、与外国签订通商条约等，后者包括实行高关税、直接禁止进口和禁止金银流出等。17 世纪中叶，当时最先进的国家英国和法国都实行过具有浓厚色彩的重商主义政策。尽管在古典经济学家们的强烈批判之下，重商主义逐渐淡出了历史舞台，但贸易干预和保护的思想和实践却一直流传下来。

（二）幼稚产业保护论

18 世纪末 19 世纪初出现的保护幼稚工业论，将贸易保护主义理论和实践提升到了一个新的发展阶段。美国的亚历山大·汉密尔顿（Alexander Humilton）和德国的弗里德里希·李斯特（Friedrich List）是幼稚工业保护论的主要代表人。汉密尔顿是美国独立之后的第一任财政部长，也是美国保护主义的始创者。1791 年 12 月，汉密尔顿在向美国国会提交的《关于制造业的报告》中，首次提出了一系列保护关税的政策主张，并在之后贯彻到美国的对外贸易政策中。他认为，由于当时美国的经济发展水平落后于英国，只有通过关税壁垒来保护美国的幼稚制造业，才能保持美国经济自立。当幼稚产业发展壮大之后，保护主义关税壁垒就可以取消了。汉密尔顿的主张在美国得到全面贯彻，推动了美国工业的迅速发展。

李斯特是德国历史学派的先驱，早年在德国倡导自由主义，1825 年出使美国亲自见证汉密尔顿在美国实施贸易保护政策的成效后，转向提倡贸易保护主义。李斯特于 1841 年出版了《政治经济学的国民体系》一书，提出了一套完整的贸易保护主义思想。李斯特批评古典自由贸易理论忽视了各国不同经济发展状况和各自的历史特点。他指出，处于农工业时期的美国和德国应该采取贸易保护政策，以对抗英国工业产品的竞争。待到本国工业具备一定的竞争力之后，才能逐步过渡到自由贸易，享受国际分工和自由贸易的好处。李斯特还强调，只有刚刚开始发展并面临激烈的外国竞争的幼稚工业才需要保护。如果被保护的对象在 30 年之内还无法培养竞争力，应该任其自生自灭，而不是一味地保护下去。

（三）新保护主义思想

1936 年，凯恩斯在《就业、利息和货币通论》中批判了古典自由贸易理论，主张国家通过"奖出限入"政策干预对外贸易，以实现贸易顺差，增加国内就业和国民收入。20 世纪 70 年代，以英国经济学家为首的一批经济学家运用凯恩斯提出的对外贸易乘数理论，为西方国家普遍出现的"滞胀"困境提出了解决之道——采取贸易保护主义。这种观点被称为"新保护主义思想"，它的核心内容仍然是奖出限入，但它推荐的措施更加多样化，不但包括传统的提高进口关税、实行出口退税等措施，而且强调通过设置非关税贸易壁垒来限制进口。此外，新保护主义思想的保护范围也扩大了，不再局限于仅仅保护幼稚工业。

（四）战略性贸易保护主义

20 世纪 80 年代，以克鲁格曼（Paul R. Krugman）、格罗斯曼（G. Grossman）、布兰德（J. Brander）和斯彭斯（B. Spencer）为首的经济学家们提出并发展了战略性贸易政策理论。该理论证明，在不完全竞争和规模收益递增的条件下，政府适当地运用关税、补贴等措施干预贸易将有助于提高一国的福利。战略性贸易政策理论主张以补贴促进出口和进口保护以促进出口，从而达到"抽取租金"、"转移利润"和扶持战略性产业成长的目的。在战略性贸易政策理论体系中，政府干预是实现规模经济的基础，也是比较优势形成的关键因素。尽管战略性贸易政策理论是针对发达国家提出来的，但从政府作用的角度来看，战略性贸易政策具有普遍的适用性，发展中国家也可以在一定的条件下进行运用。

实际上，贸易保护还是自由贸易的争论仅仅停留在理论上，现实中的贸易干预行为从来都没有停止过。"通过保护处于幼年时期的工业来促进工业化的战略，除了在像中国香港地区和新加坡那样的极少数'城邦国家'没有实行外，在所有的地方都是不可避免要实行的。"①尽管政府干预行为可能会像新古典经济学家所说的那样达不到有效保护的目的和引起国内资源配置的扭曲，也可能会受到信息不完全和能力有限的制约，但即使许多信奉自由经济理论的国际经济学家也不得不倡导"次优"理论。只有在完全竞争、规模收益不变、信息完全、社会偏好一致和生产要素完全流动等苛刻的理想化条件之下，采用自由贸易政策实现帕累托最优才是可行的，而现实根本无法满足如此严格的约束条件。因此，无论是出于改善贸易条件还是纠正市场失灵的考虑，贸易政策过去是、现在是、将来还会继续是政府扶持本国产业发展的一种重要手段，发展中国家一定要合理运用好这一重要的工具。

二　结构主义和新结构主义的政府干预思想

（一）结构主义的政府干预主张

20 世纪 40 年代末 50 年代初，劳尔·普雷维什等拉美经济学家提出的结构主义理论，在战后相当长的时期内成为拉美各国领导人发展经济的指导思想。结构主义把资本主义世界分为"中心"和"外围"两个部分，处于"中心"的发达国家具有均质性和多样化的特点，处于"外围"的欠发达国家具有专业化和异质性的特点。外围国家主要专业化于生产和出口初级产品以满足中心国家的需要，而中心国家主要生产和出口制成品。在中心国家和外围国家的不等价交换关系下，外围国家会被动地出现自发工业化。"当世界经济体系达到某种发展程度，亦即当它的两个

---

① ［美］约翰·科迪、［美］海伦·休斯、［美］戴维·沃尔：《发展中国家的工业发展政策》，张虹等译，经济科学出版社 1990 年版，第 10 页。

极都达到了一定的生产率和平均收入水平时，经济力量的自由作用就自发地推动着外围工业的扩张。于是，工业化就成为构成该体系外围一极的各经济体主要的和必需的增长方式。"① 但是，外围国家的被动工业化普遍面临着贸易比价恶化、生产部门失衡、资本积累不足等问题。

在结构主义看来，要解决拉美工业化过程中的固有矛盾，必须以一种深思熟虑的发展政策来引导工业化和改变过度依赖初级产品出口的分工模式。结构主义提出的国家干预理由有：落后国家的市场发育不完全，政府必须取代市场机制的功能，实现资源有效配置和工业化；在动员资本、承担风险和提供经济信息等方面，政府具有市场所不具有的优势；"外围"国家的资本积累和技术进步离不开政府的政策支持和引导；基础设施的改善和社会不平等现象的缓和也需要政府的努力。结构主义虽然重视政府干预，但仍然强调发挥市场和私人企业的作用。拉美经委会一些早期的文件明确要求拉美国家避免过度干预，实现市场调节和国家干预的均衡②。但在实践中，以结构主义为理论基础的进口替代发展战略导致了全面的政府干预：高筑贸易壁垒保护国内市场，通过各种财政、外汇政策扶持幼稚工业，建立国有企业直接参加生产经营活动等。

（二）新自由主义关于政府作用的主张

20 世纪 80 年代，长期奉行负债发展战略的拉美国家普遍陷入债务危机之中。在对拉美经济发展战略进行反思的过程中，新自由主义和新结构主义应运而生。新自由主义认为政府应该减少对市场的干预和退出直接生产领域，转向于提供社会服务和制定规章制度。新结构主义则既反对结构主义过分相信国家干预的作用，又批判新自由主义过分否定国家干预的作用③。新结构主义认为，拉美经济问题不是由经济政策造成的扭曲，而是历史的、内源的和结构性的原因。因此，放任自由不能解决拉美的结构性问题，相反，政府干预是克服市场失灵、优化资源配置的必要手段，政府的公共政策在很大程度上决定了拉美结构调整的成败。但

---

① ［墨西哥］奥克塔维奥·罗德里格斯：《拉美经委会的不发达理论》（第 5 版），墨西哥 21 世纪出版社 1986 年版，第 35—36 页。转引自苏振兴《拉丁美洲的经济发展》，经济管理出版社 2000 年版，第 119 页。

② 江时学：《拉美发展模式研究》，经济管理出版社 1996 年版，第 284—285 页。

③ 苏振兴主编：《拉丁美洲的经济发展》，经济管理出版社 2000 年版，第 158 页。

是，新结构主义也反对结构主义那种全面的政府干预，主张实行新型的国家干预模式，"一种选择性的、战略性的、对市场起补充作用的新型国家干预模式；一个关注宏观经济平衡并对经济政策具有实际运筹能力的公共部门；一个把生产置于优先地位并创造动态比较优势的国家；一个从多种所有制形式出发，从向技术落后地区、合作社和各部门提供资金便利出发，使供给民主化，从而促进竞争的国家；一个把分散化和发挥地方政府作用从言论变为日常实践的国家"①。

总之，不管是结构主义还是新结构主义，都非常重视国家干预在拉美经济发展战略中的作用。结构主义是进口替代战略深化发展的指导思想，其国家干预的观点对拉美汽车工业政策的影响巨大。甚至可以发现，拉美国家的许多具体的汽车工业干预措施直接来源于结构主义的思想。实际上，即使是新自由主义也没有完全否认政府干预的合理性，因为新自由主义也认为，政府应该加强经济管理和维持宏观经济平衡，并从微观和宏观方面为经济增长提供政策支持。而且，尽管新自由主义曾经风靡拉美大陆、甚至全球，但它没能使拉美各国从衰退中走出来的事实至少没有证明放弃政府干预对拉美来说具有普遍的适应性。因此，在拉美国家汽车工业的发展过程中，政府干预将继续存在，也必须存在。

三　战后发展经济学的相关理论

20 世纪 50 年代，许多经济学家试图提出一种特别适应于发展中国家的新的非正统经济学，经过了近 10 年的努力，以二元经济结构理论、资本积累和工业化理论、不平衡发展理论等为重要组成的发展经济学基本形成。尽管不同派别之间的发展思想存在很大的差别，但大多数发展经济学家都强调，发展中国家的市场失灵要比发达国家更加严重，因此发展中国家应该在更大的范围和程度上干预国民经济的发展。经济学关于政府干预必要性的论述很多，主要集中于自然垄断、公共物品的提供、信息不充分、收入分配不公以及经济波动等方面，此处将更多地从发展

---

① ［智利］奥斯瓦尔多·罗萨莱斯：《拉丁美洲的新结构主义》，载《伊比利亚美洲思想》第 14 期，1988 年 7—12 月。转引自苏振兴《拉丁美洲的经济发展》，经济管理出版社 2000 年版，第 158 页。

经济学的视角进行阐述。

（一）政府作用是工业化的重要推动

政府干预是资源稀缺的发展中国家利用后发优势走上工业化发展道路的必要条件。尽管比较优势理论显示，即使一个国家在所有的产业方面都落后于别的国家，也可以通过参与国际分工获得比较利益。但如果发展中国家仅仅根据比较优势的原则构建产业结构和参与国际分工，很可能落入"比较优势陷阱"和遭受贸易条件恶化带来的损失。因此，发展经济学认为，发展中国家必须通过政府干预培养新的优势产业，从而有效地利用后发优势实现赶超。为了达到赶超的目的，政府必须在资本积累方面发挥重要的作用，引导一国走上工业化发展道路。对资本形成和工业化发展战略的重视，在发展经济学的早期文献中十分常见，甚至流行过"唯资本理论"和"唯工业化理论"。例如，罗森斯坦·罗丹（P. N. Rosenstein-Rodan）的"大推进理论"认为，大规模增加资本投资以推动工业化进程是发展中国家走出困境的唯一途径。而且，小量的投资不可能实现工业化，必须全面地、大规模地在各个部门，特别是在基础设施方面投入资本①。

（二）政府干预是集中资源促进产业发展的手段

政府干预是发展中国家培养主导产业、合理配置资源的有效手段。尽管资本积累和工业化对发展中国家十分重要，但发展中国家普遍缺少资本积累能力和工业化发展能力却是个不争的事实。在这种情况下，只有通过政府政策鼓励和动员全社会的资本，才有可能培养出优势产业。即使能够做到这一点，像纳克斯所倡导的平衡增长战略在发展中国家也是不可实现的，因为早期的工业化不但受到资本稀缺的制约，而且面临外汇短缺的瓶颈。阿尔伯特·赫希曼（Albert Hirscerman）在1958年出版的《经济发展战略》一书中断定，政府需要把稀缺的资源有选择地投入到联系效应很强的特定行业，通过不平衡发展带动整个经济的进步。罗斯托在1960年的著作中进一步发展了赫希曼的不平衡发展理论，并形成了更加系统的主导产业理论。在不平衡发展理论和主导产业理论中，政府干预都是必不可少的。由于资源稀缺和市场发育不完善，如果政府不

---

① 谭崇台：《发展经济学概论》，辽宁人民出版社1992年版，第58—59页。

进行干预和不实行计划化，就会使资源得不到合理配置，主导产业难以发展起来，经济起飞难以实现。而且，私人部门一般不具备发展主导产业所要求的投资数量和技术水平，更无力突破基础产业的供给瓶颈。由此可见，发展中国家主导产业的形成和发展离不开政府干预。

（三）正确认识政策支持的作用

贸易保护主义、发展经济学、结构主义和新结构主义从不同的角度为政府干预提供了强有力的理论基础。"人们已经越来越认识到，只要一个国家的政策结构适当，公司和与之相连技术的国际流动就能改善资源的配置和效率，而又无损于它的国际收支和国家的完整。通过周密的货币、贸易、税收和其他政策的配合，使资本和技术进口得到有效控制的国家，在适应的时候又增加了一些直接控制措施，也搞得不错。"[①] 历史经验已经表明，对于任何一个国家来说，在特定时期对特定产业实施政府干预都是必不可少的。第二次世界大战结束后，拉美各国面临继续深化进口替代工业化的难题，建立汽车工业体系成为解决这个难题的可行选择之一。但对于技术短缺、资金"双缺口"、国内相关产业发展不充分的拉美国家来说，建立汽车工业并不是一件容易的事情。国际上，尤其是外国汽车公司最初对拉美国家建立汽车工业体系的可能性充满了怀疑。因此，制定和实施合理的汽车工业政策成为拉美各国汽车工业发展的关键因素。

第二节　拉美国家汽车工业政策的内容及其效果

一　产业政策基本原理

（一）产业政策的兴起

虽然世界各国广泛推行产业政策是个不争的事实，但经济学家们对产业政策的一些基本问题还没有达成共识。迄今为止，对于什么是产业政策这一基本的话题，经济学界仍然是"仁者见仁，智者见智"。从广义上来说，产业政策包括政府有关产业的一切政策，即"产业政策是国家

[①] ［美］约翰·科迪、［美］海伦·休斯、［美］戴维·沃尔：《发展中国家的工业发展政策》，张虹等译，经济科学出版社1990年版，第17页。

或政府为了实现某种经济和社会目的，以产业为直接对象，通过对产业的保护、扶植、调整和完善，积极或消极参与某个产业或企业的生产、营业、交易活动，以及直接或间接干预商品、服务、金融等的市场形成和市场机制的政策的总称"[①]。按照这种定义，所有国家都具有产业政策，而且自国家政权产生之后就出现了产业政策的雏形。

现代产业政策萌芽于现代大工业发展初期的西欧，发展于19世纪的美国和德国，并在第二次世界大战之后全面兴起。第二次世界大战后，日本政府通过全面推行产业政策而从战争废墟中复兴，引起了世界各国的重视。在日本的示范作用和各国经济发展的现实需要下，产业政策在全球范围内兴起。时至今日，产业政策已经成为所有国家经济政策的重要组成部分，它既是发达国家熨平经济波动的重要手段，也是发展中国家繁荣经济的必要条件。

（二）产业政策的类型

产业政策涉及产业经济活动的各个方面，可以按照不同的标准分为许多不同的种类，最常见的分类是按照内容分为三大种类型：产业组织政策、产业结构政策和产业发展政策（见图4—1）。产业发展政策包括政府在产业技术开发、产业融资、外贸等方面给予帮助和支持的相关政策，以及对产业合理布局进行引导和为产业实现可持续发展提供条件的政策。产业结构政策主要指政府根据产业演化规律促进产业结构优化升级，主要内容包括确定和调整主导产业、扶持和保护弱小产业、援助或者转移萧条产业等。产业组织政策主要指政府对市场结构、企业行为进行规制的相关政策。合理的产业组织政策应该以产业特征为依据，既能利用规模经济效应，又能保持产业的竞争活力。

上述各类产业政策是一个有机整体，各项政策必须协调一致才能达到较好的效果。为了实现产业政策目标，政府必须广泛地运用法律、经济和行政手段对微观企业的行为进行规制和引导。在产业政策实践最负盛名的日本，存在三类产业政策工具：第一类为直接干预政策工具，主要包括财政政策、金融政策、税收政策、收入政策、关税政策、土地政

---

① ［日］宫本惠史：《产业政策》，彭晋璋译，载中国社会科学院工业经济研究所、日本总合研究所《现代日本经济事典》，中国社会科学出版社1982年版，第192页。

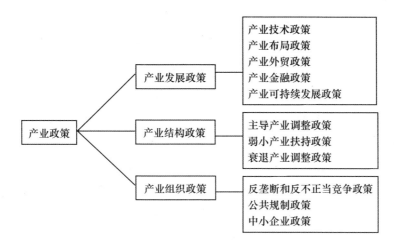

图4—1　产业政策的分类

资料来源：芮明杰：《产业经济学》，上海财经大学出版社2005年版，第456页。

策、贸易政策和汇率政策等；第二类是通过制定政策法规，如制定反垄断法、消费者保护法等，管制企业的行为方式及活动范围；第三类是通过政府有关部门的"劝告""通知"等行政指导方式，直接和间接地影响企业的生产经营活动①。实际上，在世界各国实施产业政策的过程中，大体上都是采取这三类政策工具。然而，各国实施产业政策的效果却并不一致，因为产业政策实施的效果不仅取决于政策本身是否科学和合理、实施的时机是否得当，而且受到政府规制能力、国内宏观经济形势和国际环境等因素的影响。

二　拉美汽车工业政策的主要内容

不管是为了弥补市场机制的缺陷而被动地实施产业政策，还是为了适应市场机制而积极地实行政府干预，产业政策已经成为各国经济政策不可或缺的组成部分，在发展中国家尤其如此。拉美各国政府根据不同的情况，制定了不同的汽车工业政策，也取得了不同的效果。实际上，在汽车工业体系建立之前，拉美国家就通过各种政策干预过汽车贸易和国内的汽车装配活动。但这些政策都只是被动的、消极的调整，自20世

① 臧旭恒、徐向艺、杨蕙馨：《产业经济学》，经济科学出版社2005年版，第499页。

纪 50 年代末 60 年代初,拉美国家开始制定系统的汽车工业政策体系主动干预汽车工业,并根据国内外的环境积极调整汽车工业政策。具体来说,这些政策包括:通过国产化政策迫使跨国公司转向当地制造、通过优惠措施吸引跨国公司直接投资、通过规制措施引导跨国公司行为和重组市场结构、通过贸易政策改善国际收支、通过技术引进政策提高国内汽车企业的技术能力。

（一）国产化政策

国产化政策（当地含量要求）是指东道国政府通过法律规定,外商投资企业生产的产品必须含有一定比例的当地成分要求,即应该在东道国国内采购一定比例的原材料和零部件。国产化政策是汽车工业后发国家常用的政策,也是拉美政府引导外国汽车公司从简单组装转向当地制造的重要手段。历史经验表明,如果没有政府的规制,跨国公司当时不会在拉美当地从事汽车制造,或者不会自动遵守国产化要求①。由此可见,国产化政策对于拉美各国汽车工业体系的建立十分重要。但是,拉美各国在制定和实施国产化政策方面还是存在较大的差异。

从实施时间上看,巴西、阿根廷和墨西哥是最早实施国产化的拉美国家。巴西于 1957 年、阿根廷于 1959 年、墨西哥于 1962 年分别制定了各自的汽车工业法令,强制规定国产化要求。智利和委内瑞拉也分别于 1960 年和 1963 年开始计划在当地制造汽车,其他拉美国家大多从 20 世纪 60 年代中期之后才提出国产化要求,例如 1965 年秘鲁才提出国产化计划（要求汽车公司在 5 年之内达到 30% 的国产化要求）。

按照国产化要求的高低来分,拉美国家可以分为三类:第一类是巴西和阿根廷,它们要求的国产化水平（按重量计算）在 90% 以上,这就意味着发动机制造和车身冲压等规模经济显著的环节都必须在国内完成;第二类是处于中等水平的墨西哥,规定了 60% 的国产化要求（按汽车的直接生产成本计算）;第三类是国产化要求较低的南美国家,包括哥伦比亚、智利、秘鲁、委内瑞拉,国内只生产一些附加值小零部件,车身和发动机主要依靠进口（见表 4-1）。

---

① Shapiro, Helen, *Engines of Growth: The State and Transnational Auto Companies in Brazil*, Cambridge: Cambridge University Press, 1994, p. 3.

在拉美各国实施国产化政策之初，跨国公司并不愿意转向当地制造，政府不得不通过补贴降低企业的投资成本，以吸引跨国公司进入。巴西和墨西哥的生动事例，可以用来说明政府补贴和税收减免对发展汽车工业的重要作用。一项研究表明，在巴西，企业在1956—1961年之间每投资1美元于汽车工业，得到的外汇补贴和财政补贴高达89美分。对墨西哥的估计显示，1966—1972年，跨国公司子公司获得的补贴达到投资价值的50%—60%。由此可见，巴西和墨西哥汽车工业的迅速发展与政府的慷慨支持是分不开的[1][2]。这就说明，在实施国产化政策的过程中，与其说是政府强制跨国公司遵守政策规定，倒不如说是政府利诱跨国公司转向当地制造。

表4-1　　　　　　　1973年拉美各国的国产化要求

类别	国家	国产化要求	计算方法
1	阿根廷	轿车96%，商用车90%—93%	价值
	巴西	轿车85%，商用车78%—82%[a]	价值
2	墨西哥	平均65%	直接成本
3	哥伦比亚	23%—30%	价值
	智利	70%[b]	价值
	秘鲁	25—35%	价值
	委内瑞拉	45%	价值

注：a 指出口能够补偿用汇才允许进口。

b 指在计算出口补偿时，从 LAFTA 其他国家进口的零部件视为国产的，实际国产化要求为27%—72%。

资料来源：根据 Jenkins, R., *Dependent Industrialization in Latin American: The Automotive Industry in Argentina, Chile, and Mexico*, New York: Preger Publishers, 1977, p. 61 整理而来。

不同水平的国产化要求各有优劣，较高的国产化要求能够发挥更大

---

[1] Jenkins, R., *Transnational Corporations and the Latin American Automobile Indusrty*, London: The Macmillan Press, 1987, p. 59.

[2] Shapiro, Helen, *Engines of Growth: The State and Transnational Auto Companies in Brazil*, Cambridge: Cambridge University Press, 1994, p. 3.

的联系效应，较低的国产化要求则能够使汽车公司节约成本和灵活经营。因此，各国提出的国产化要求并不是僵化不变的。巴西初始的国产化目标水平为：卡车达到98%和轿车达到99%，但1973年分别下降到78%—82%和85%。20世纪70年代初，秘鲁也放弃了雄心勃勃的国产化计划，并逐步开放了国内汽车市场和放弃了早期强调的进口替代汽车生产计划。自1985年之后，委内瑞拉政策发生了很大的改变，最高的国产化要求从90%降低到了75%①。在阿根廷，国产化要求经历了一个不断上升的过程。1960—1964年之间，阿根廷轿车的国产化要从55%提高到70%，再到90%，商用车从55%提高到80%。智利的轿车国产化要求从1963年的30%提高到1968年的57.9%，商用车从1966年的25%提高到1969年的50%②。但是，20世纪70年代的自由化改革，再一次导致了智利国产化的降低，新的立法将轿车和卡车的国产化水平分别降低到35%和30%。1979年，智利的国产化要求有所上升，轿车和卡车分别提高到50%和40%③。同一时期，阿根廷也进行了自由化改革，大大放松了对汽车工业的管制。

　　进入21世纪以来，国产化政策仍然是拉美国家非常重视的政策工具。国产化政策促进了拉美各国的汽车工业从简单装配转向当地制造，引起了拉美第一次汽车工业发展高潮。通过实施国产化政策，阿根廷、巴西和墨西哥在国内建立了完整的汽车工业体系，较小的拉美国家也促进了当地零部件工业的发展和增加了就业。而且，汽车工业对拉美各国经济发挥了不同程度的联系效应。然而，在国内市场容量有限和零部件工业基础相当落后的拉美国家实施国产化政策，不可能避免成本惩罚现象以及由此引起的一系列问题。总的来说，一个完善的国产化计划应该既能有利于发挥汽车工业的联系效应，又能避免成本和价格大幅度提高，还要有利于汽车工业利用规模经济。由此可见，尽管拉美国家的国产化

① Jenkins, R., *Transnational Corporations and the Latin American Automobile Indusrty*, London: The Macmillan Press, 1987, p. 204.

② Jenkins, R., *Dependent Industrialization in Latin American: The Automotive Industry in Argentina, Chile, and Mexico*, New York: Preger Publishers, Inc., 1977, p. 227.

③ Jenkins, R., *Transnational Corporations and the Latin American Automobile Indusrty*, London: The Macmillan Press, 1987, p. 196.

计划取得了较大的成功，但还远远称不上完善。

（二）外资政策

外国资本对拉美国民经济的渗透和干预由来已久，即使在拉美获得政治独立之后，经济上仍然长期受到外国资本的控制。对于外资的作用，拉美大陆出现过激烈的争论。"起码自从 1949 年联合国拉美经济委员会发表《拉美经济概览》之后，对外资的批评一直占主导地位。联合国拉美经济委员会的批评尚属温和，它主要强调了国际贸易阻碍了发展；随后，60 年代对外资尤其是对多国公司的抨击就更为激烈了。"[①] 但即使是在 20 世纪 60 年代民族主义高涨时期，拉美政府还是十分重视外国投资带来的资金流入、就业机会增加、技术和管理经验的引进等，因为国内弱小的私人部门无法满足进口替代工业化发展战略深化发展的需要。例如，在巴西，瓦加斯和库比契克两届政府都断定，跨国公司的直接投资是巴西获得所需技术和资本的唯一方式。

正因为如此，20 世纪五六十年代，拉美国家在培养民族工业实现经济起飞的时候，国内资本的投资重点是能源、采矿等基础性产业。尽管外资控制的部分资源性企业被收归国有，但由于国内资本形成能力欠缺、技术和管理经验缺乏，拉美各国无力涉足所有的产业，包括汽车工业在内的机电产业只好主要依靠外国资本来发展。在当时来说，吸引外国投资进入制造业是拉美各国经济发展战略的一个重要方面，限制外国资本可能有损东道国在外国投资者心目中的形象。因此，在拉美汽车工业发展之初，各国通过保护国内市场的承诺吸引外国汽车公司进入，对外资的管理也较为宽松。例如，阿根廷的汽车工业法令对初始投资和利润汇出没有任何限制，而且允许跨国公司以商品、设备、技术进行投资，而不强制要求任何现金投资。智利也允许外国资本自由进出。尽管墨西哥通过立法规定，外国公司应该增加后续投资和减少外汇汇回，以及对民族资本控股的企业实行更加优惠的条件，但这些措施都没有实施[②]。

---

① ［美］加里·杰里菲、［美］唐纳德·怀曼：《制造奇迹：拉美与东亚工业化的道路》，俞新天等译，上海远东出版社 1996 年版，第 62 页。

② Jenkins, R., *Dependent Industrialization in Latin American：The Automotive Industry in Argentina, Chile, and Mexico*, New York：Preger Publishers, Inc., 1977, p. 228.

　　如果将拉美汽车工业区分为总装业和零部件工业两个部分，不难发现，在汽车零部件工业，拉美的政策不像对待总装业那般开放。尽管大多数拉美国家并没有对零部件工业中的民族资本采取针对性的保护措施，但拉美国家的初衷都是将零部件工业保留给当地资本。墨西哥是对零部件工业中的民族资本保护力度最大的拉美国家，1962 年通过立法规定零部件企业中的民族资本最低占 60% 的股份之后，墨西哥政府一直严格执行之。而且，墨西哥对外资进入零部件工业进行了种种限制，并禁止总装厂实行垂直一体化经营战略。墨西哥严格的保护性政策最终获得了回报，其民族资本在零部件工业中一直居主体地位。

　　20 世纪 70 年代之后，拉美各国政府越来越注意到高度保护的进口替代工业化战略带来的问题，纷纷开始转向采取更加自由的外资制度。具体来说，巴西、墨西哥和阿根廷（1976 年之前）等大国力图通过外国企业将本国汽车工业纳入世界汽车工业体系，包括利用跨国公司的全球战略加强与国际汽车工业的联系；智利和阿根廷（1976 年之后）放宽了整车贸易方面的限制，允许外国资本通过各种方式进入国内市场；秘鲁、哥伦比亚和委内瑞拉等国则进一步引进外国资本，继续推行进口替代战略。在智利，皮诺切特政府实施了最为激进的自由化政策，并于 1975 年重新实施了对外国汽车公司的优惠政策。

　　对外资进入汽车工业持开放态度本身无可厚非，即使是一些发达国家，如加拿大和澳大利亚，也都大力引进外资发展国内汽车工业。但是，初始阶段对外资的过度依赖和过于开放带来了许多不利的影响。第一，过度依赖外资产生了路径依赖效应，使拉美汽车工业深陷依附型发展模式而无力脱身，其发展依赖于跨国公司的战略和政府制定的吸引跨国公司投资的政策。第二，过度依赖外资增加了外国汽车公司讨价还价的筹码，从而限制了政府的行为能力。第三，对外资过于开放为外国汽车公司利用各种优势迅速挤出民族企业提供了有利条件，加剧了拉美汽车工业的"去国民化"趋势。第四，对外资的宽松政策引起了外汇的大量流失，加剧了国际收支逆差。对于实施进口替代战略的拉美国家来说，这方面的负面影响非常严重。例如，据估计，1958—1964 年阿根廷汽车工业的资本流入为 3300 万美元，而分红形式的资本外流为 5230 万美元，这还不包括专利费用和中间投入品的转移定价在内①。

（三）产业组织政策

产业组织政策是产业政策的重要组成部分，是后发国家调整市场结构、规范微观主体行为的重要手段。合理的产业组织政策应该建立在产业特征的基础上，既能较充分发挥规模经济效应又能保持竞争活力，以尽可能实现有效竞争（Workable Competition）②。汽车工业规模经济显著、企业之间存在密切的分工协作关系，"马歇尔冲突"（Mashall's dilemma）是一个经常出现的现实难题③。在发达国家，汽车工业是通过充分的市场竞争走向集中的，政府更加重视反垄断政策的制定和实施；而在发展中国家，由于汽车工业生产过于分散化，政府侧重限制企业进入、引导企业兼并和联合，以获得规模经济效应。汽车生产过于分散正是拉美汽车工业发展中的固有弊病，因此，拉美国家的汽车工业产业组织政策主要包括经济规制和促进集中两个方面。

在汽车工业体系建立之初，虽然拉美国家已经意识到规模经济对于汽车工业来说至关重要，但没有一个国家有能力避免生产过度分散化的状况。当开始转向当地生产时，为了吸引更多的外资，大多拉美国家不愿或者不能采取直接措施限制外国企业进入。阿根廷和巴西的进入政策最为宽松，只要企业符合要求就允许进入。尽管巴西汽车工业计划制定者熟悉美国和欧洲的汽车工业，也注意到了汽车生产内在的规模经济特征，但 20 世纪 50 年代末 18 家企业向 GEIA 递交的当地生产计划全部都获得了批准。虽然只有 11 家企业实行了生产计划，但相对于巴西的市场容量来说仍然过于拥挤。墨西哥政府也意识到必须加强集中，而且试图控制厂商数目和车型的数量——政府只批准了 18 项申请中的 10 项——但墨西哥也没能将厂商数目减少到适当的水平。没有一个拉美国家实施了

---

① Jenkins, R., *Dependent Industrialization in Latin American：The Automotive Industry in Argentina, Chile, and Mexico*, New York：Preger Publishers, Inc., 1977, p.179.

② 有效竞争理论是由美国经济学家 J. M. 克拉克（J. M. Clark）于 1940 年提出来的，它指将规模经济和竞争活力有效地协调起来的一种竞争状态。在一个产业中的企业已经达到最低经济规模的要求的同时，其市场竞争能够保证竞争收益大于竞争成本，即属于有效竞争的范围。

③ 马歇尔在 1890 年的《经济学原理》中提出了"马歇尔冲突"。马歇尔认为，企业规模的扩大能够增加内部和外部经济，但在追求规模经济的过程中必然会走向垄断，从而使得规模经济和垄断成为一对难以分解的矛盾。

成功的产业组织政策，最终的结果是，拉美汽车工业形成了不成熟的垄断市场结构——尽管是明显的寡头垄断结构，但厂商都在达到最优规模之前就停止了集中。

生产分散化是依附型发展模式无可避免的问题。由于国际上已经形成了寡头垄断的局面，而且依附型发展模式中的政府无法实施限制外国汽车厂商进入的产业组织政策，在国内市场容量有限而又实行进口替代战略的拉美国家，生产分散化是必然的结果。一旦外国汽车公司进入之后，在母公司的支持下，它们能够长期承受亏本经营而继续生存，以至于无法通过市场竞争走向集中。只要拉美的汽车市场具有发展潜力和发展前景，以及全球没有更合适的投资地点吸引跨国公司转移投资，跨国公司就不会退出拉美市场。因此，即使弱小的民族企业被挤出市场，也不能实现规模经济。更何况，为了保护民族汽车企业和消费者的利益，一些拉美政府不得不长期采取生产配额来规制企业的行为，从而抑制了市场竞争。

在依附型汽车工业发展模式中，一方面，东道国政府受到外国公司以及外国政府的压力，无法完全按照自己的意愿控制企业进入。例如，美国政府一再警告墨西哥，任何将美国汽车公司排除在外的做法都将被认为是十分不友好的行为，日本政府更是直接通过贸易威胁为尼桑公司争取到了进入墨西哥市场的机会。另一方面，政府不愿意限制企业进入而影响本国的"投资气候"。实际上，巴西率先推出国产化计划时受到了外国公司的强烈抵制，政府通过各种方式吸引外国公司进入，根本谈不上限制其进入。此外，部分拉美国家的决策者们还天真地认为，自由进入的压力能够淘汰效率低下者和降低价格，最终像欧美国家那样通过市场竞争形成寡头垄断型市场结构。但是，经过了"去国民化"之后，拉美汽车市场的集中程度仍然远远不够，分散化生产和缺乏竞争的状况并存，价格竞争的局面并没有出现。拉美国家产业组织政策的失效导致了大量厂商并存，低效率生产在汽车工业中普遍存在。

（四）汽车贸易政策

贸易政策在拉美国家的汽车工业政策体系中居于重要地位，它是实施进口替代工业化战略必不可少的工具。拉美各国对汽车部门的贸易干预由来已久，并且一直存在。早在简单装配时期，出于改善国际收支的考虑，拉美各国对汽车进口实施控制。尤其是第二次世界大战结束初期，受到压抑的国内汽车需求爆发，引起了汽车进口激增和大量外汇流出，拉美国家不得不实行各种汽车贸易管制措施。但是这些政策都是临时和零星的，而不是主动的系统性干预。

汽车工业转为当地制造之后，拉美国家的贸易政策发挥着更大的作用。为了保护国内生产，巴西、阿根廷和墨西哥分别于 1957 年、1960 年和 1962 年禁止整车进口，1962 年智利也禁止进口整车。除此之外，大多数国家对零部件进口设置了障碍。但为了促进汽车工业转向当地制造，对机器设备和国内不能生产的必需零部件进口实行优惠政策。在免税方面，墨西哥可能是最慷慨的，5 年之内机器设备进口税收全免，4 年之内原材料和零部件的进口关税可以免除。据估计，1965—1973 年之间，墨西哥政府的税收减免达到 91.61 亿比索[①]。当时拉美国家实行的这种贸易政策具有很大的争议和不确定性。许多人士认为，补贴和保护性关税更容易引起私人部门的非生产性寻租活动。而且，这种支持汽车工业发展的贸易政策不知道能否成功。所幸的是，贸易保护政策最终为汽车工业向当地制造转变发挥了积极的作用。

如果说 20 世纪 70 年代之前，拉美国家的汽车贸易政策更加重视保护国内市场的话，那么，自此之后，贸易政策的重心转向了出口促进。20世纪 70 年代，国际竞争加剧和拉美国家的"大棒加胡萝卜"政策激励了汽车工业的出口。实际上，墨西哥 1962 年的汽车工业法令允许汽车公司通过增加出口换取生产配额的相关规定就具有激励出口的作用。1969 年，墨西哥要求汽车公司在 10 年之内实现进出口平衡，1972 年和 1977 年的新汽车工业法令进一步强调实现汽车贸易平衡。1972 年，巴西开始与外国公司谈判 BEFIEX 计划，试图加大出口的力度。1973 年，阿根廷政府实施的出口促进政策与墨西哥相类似，汽车制造商必须达到特定的出口目标才允许扩展国内市场销量，而没有实现出口目标的企业的国内市场销量将相应缩小。到 1976 年，政府促使所有在巴西经营的主要汽车企业都签订了出口协议，极大地促进了 20 世纪 70 年代巴西的汽车出口。但是

---

① Jenkins, R., *Dependent Industrialization in Latin American: The Automotive Industry in Argentina, Chile, and Mexico*, New York: Preger Publishers, Inc., 1977, p. 229.

这种政府驱动的出口模式持续时间不长，20世纪80年代巴西出口就放慢了步伐。

除了高举"大棒"之外，拉美国家还提供诱人的"胡萝卜"激励汽车出口。1978年，墨西哥政府允许以零关税进口全新的现代化机器设备、原材料和国内不能生产的零部件，出口生产所必需的零部件和原材料可以按照正常关税水平的25%进口[①]。阿根廷和巴西也通过汇率优惠、出口退税、关税减免等方式鼓励企业出口。1975年，巴西政府的出口激励相当于出口价值的三分之二，政府当年在这方面的激励使财政收入损失将近2亿美元。在阿根廷，20世纪70年代乘用车每出口1美元，政府补贴80美分。根据Nofal的研究，在1978年之前，如果政府的出口目标得以实现的话，总成本将达到10亿美元。在同一时期，墨西哥的直接出口激励要低很多，大约占出口价值的11%，但如果加上国内市场配额增加为跨国公司带来的额外利益，出口激励总计也能达到出口价值的一半[②]。

20世纪70年代，智利（1973年）和阿根廷（1976年）先后进行了自由化改革，哥伦比亚和秘鲁也于20世纪80年代走上了自由化的道路。由于整车进口的限制减少，各国的进口水平急剧增加。1972—1978年，阿根廷每年的汽车进口都不超过500辆，但1979年整车进口飙升至11279辆，1980年和1981年分别为68351辆和60126辆，各年的进口量占国内市场份额分别为4%、20%和25%。哥伦比亚进口轿车占国内市场的份额也从1979年的6%上升到1980年的25%。1980年，秘鲁汽车工业也对外开放，导致1981年进口汽车占汽车市场的55%[③]。

按照自由贸易理论的观点，自由化能够提高汽车工业的国际竞争力，但智利和阿根廷没有表现出任何这方面的提高，反而出现了外资汽车企业倒闭的罕见情况，而且国内汽车价格也没有因为竞争而降低。在阿根

① Jenkins, R., *Transnational Corporations and the Latin American Automobile Indusrty*, London: The Macmillan Press, 1987, p. 192.

② Jenkins, R., *Transnational Corporations and the Latin American Automobile Indusrty*, London: The Macmillan Press, 1987, pp. 215 – 216.

③ Jenkins, R., *Transnational Corporations and the Latin American Automobile Indusrty*, London: The Macmillan Press, 1987, p. 225.

廷，军政府的自由化政策加剧了汽车工业的危机，使得阿根廷的汽车工业越来越落后于墨西哥和巴西。20 世纪 70 年代末 80 年代初，阿根廷国内汽车价格是国际价格的 4—5.5 倍，比自由化实施之前的比例还要大[①]。尽管墨西哥和巴西也从 20 世纪 80 年代中后期实施了更加自由的贸易政策，而且两国先后放松了整车进口的限制，但国内市场的保护程度相对更高。1990 年，巴西出口汽车 187000 辆，但仅进口 115 辆；墨西哥出口了 276869 辆，但仅进口 5376 辆，不到国内销售总量的 1%[②]。

为了促进汽车出口和实现规模经济，拉美国家还采取加入国际组织和加强区域经济合作的方式来扩大市场规模。在区域合作方面，墨西哥的"一体化外围市场"（IPMs）和巴西的"新兴区域市场"（ERMs）成为两种最典型和最有成效的方式。20 世纪 80 年代，墨西哥加入了关贸总协定（GATT，即 WTO 的前身），并开始融入北美市场中。1992 年北美自由协定签订之后，墨西哥完全融入北美市场。巴西则通过与阿根廷、乌拉圭、巴拉圭组建南方共同市场（简称南共市），力图扩大区域市场。20 世纪 90 年代后期，南共市制订了一系列汽车生产方面的制度，阿根廷和巴西之间进行了大量的分工。而且，巴西和阿根廷还签订了经济互补协议（The Economic Complementation Agreement），两国承诺只要能实现贸易平衡，汽车贸易免除全部关税。

区域合作在一定程度上起到了积极作用，尤其是墨西哥被纳入北美市场之后，在北部建立的出口导向装配厂和零部件工厂获得了较快的发展。但在阿根廷和巴西之间，汽车贸易政策经常出现反复。例如，1999 年 1 月巴西雷亚尔的贬值之后双方出现了汽车贸易争议，双方最初设想的汽车自由贸易至今也还未能实现。此外，安第斯集团取得的成果也很有限，区域内的汽车贸易流量不如预期那样地大幅增加，各国的汽车进口仍然主要来自巴西和发达国家。1980 年，秘鲁和哥伦比亚的汽车产品

---

① Jenkins, R., *Transnational Corporations and the Latin American Automobile Indusrty*, London: The Macmillan Press, 1987, pp. 226 – 227.

② Humphrey, John, and Antje Oeter, "Motor Industry Policies in Emerging Markets: Globalisation and the Promotion of Domestic Industry", in Humphrey, John, and Yveline Lecler, and Mario Sergio Salerno, eds., *Global Strategies and Local Realities: The Auto Industry in Emerging Markets*, London: ST. Martin's Press, 2000, p. 46.

进口分别仅有 20 万美元（占汽车进口总量的 0.1%）和 1170 万美元（占汽车进口总量的 2.1%）来自其他的安第斯国家①。

进入 21 世纪，拉美汽车贸易政策整体上向自由化方向发展，并加强了区域市场合作。阿根廷与巴西签订了一系列相关的汽车产业贸易协议，于 2006 年开始巴阿两国直接互相给予对方极低的汽车产品关税。为了缓解金融危机对阿根廷实体经济造成的冲击，还鼓励汽车产品的消费。

与阿根廷、墨西哥相比，巴西对汽车工业采取更高程度的贸易保护，而且汽车进口关税不停反复，以防止汽车贸易严重逆差。1990 年 3 月巴西解除汽车进口禁令，逐步下调汽车进口关税和国产化率要求。但随着巴西进口汽车激增，1995 年 2 月巴西重新提高关税率，最高关税一度高达 70%。21 世纪初，为了帮助汽车行业应对危机，巴西政府积极实施降低生产税和汽车贷款税等一系列刺激性措施，但汽车保护程度依旧较高。2011 年 9 月通过的 "7.567 法令"，对巴西本地企业工业产品税降低 30%，提高本地汽车制造企业应对境外产品竞争的能力。2012 年实施的巴西汽车创新计划（Inovar-Auto）规定了汽车进口数量，超过部分需要缴纳 30% 的工业产品税（IPI）。在 WTO 裁定巴西汽车创新计划（Inovar-Auto）违反自由贸易原则之后，2017 年年底终止了该规定。2018 年巴西出台了 "2030 发展规划"（Rota 2030），汽车工业有望走上开放发展之路。

当然，巴西也不是自始至终墨守汽车保护政策，而是通过区域合作开展汽车贸易。巴西与阿根廷签订的汽车贸易协议基本上实现了两国汽车自由贸易。2019 年巴西和阿根廷达成了延长车辆及其零件双边自由贸易时效的协议，规定生效时间延长至 2029 年 7 月 1 日，以强化两国汽车工业的国际化，双方还将新能源汽车列入优惠条件之中。此外，巴西还与墨西哥之间签订了汽车自由贸易协议，包括阿根廷在内的其他南方共同市场成员也都向巴西自由出口汽车。

（五）技术引进和研发政策

汽车工业是个技术密集型产业，技术落后的拉美国家主要通过 "技

---

①　Jenkins, R., *Transnational Corporations and the Latin American Automobile Indusrty*, London：The Macmillan Press, 1987, p. 229.

术引进—消化吸收—模仿创新"的方式促进本国的技术进步,这也是后发国家常用的方式。尽管技术是拉美各国汽车工业发展的重要瓶颈,但在各国的汽车工业政策体系中,产业技术政策却显得不是那么重要。在依附型发展模式中,产业的微观基础是外国的跨国公司,只要引进了外资,也就意味着引进了技术,因此,研发方面的援助显得不是那么重要。政府所需要做的,主要是促使跨国公司带来合适的技术。尤其是当跨国公司控制本国的汽车工业之后,拉美政府在研发方面的作用空间更小。

技术引进是拉美汽车工业发展模式的重要特征,引进的方式包括许可证协议、技术贸易和吸引外国直接投资等。早在简单装配时期,国内一些零部件企业就开始通过许可证方式引进外国技术。转向当地制造之后,拉美各国主要通过吸引外国直接投资的方式引进技术,在整车技术上更是完全依赖外国公司,而国内的总装厂一般都是通过许可证的方式生产。依赖技术引进的一个十分重要的证据是,拉美各国支付了大量的技术引进费用。例如,据智利官方估计,1968 年汽车制造商支付的专利费用总和为 65 万美元;1970 年阿根廷 8 家汽车公司支付的技术费用达到了 1070 万美元[1]。为了吸引外资,拉美各国的汽车工业法令并没有对技术要求做出详细的规定,外国公司为了节约成本、降低风险,常常使用过时的二手设备和落后的技术。对于零部件工业来说,拉美的国产化政策间接地发挥了产业技术政策的作用。外国总装厂为了从国内获得足够的零部件来满足国产化要求,被迫对拉美当地的零部件企业提供技术援助。

20 世纪 70 年代之后,汽车企业为了实现出口目标,不断地更新技术以满足国外市场的需要。拉美国家政府也开始重视技术的作用,逐渐加大力度吸引跨国公司在拉美从事研发活动。巴西汽车工业的研发主要由跨国汽车公司的巴西子公司承担,但政府在汽车工业重点发展产品如酒精汽车、普及型汽车等方面,都给予了不同程度的支持。1975 年,巴西成立了国家酒精协会(The Comisión National del Alcohol)来协调酒精生产,其中很大一部分酒精产品用于混合燃料。政府为进行混合燃料项目的汽车公司提供融资,同时与汽车公司签订协议,促进酒精发动机汽车

---

① Jenkins, R., *Dependent Industrialization in Latin American: The Automotive Industry in Argentina, Chile, and Mexico*, New York: Preger Publishers, Inc., 1977, pp. 179 - 180.

的生产。在墨西哥，汽车工业的整车技术和产业技术同样由跨国公司主导，但墨西哥本国企业在零部件技术开发方面发挥了重要的作用。"至20世纪90年代末，墨西哥汽车工业的部分机械零部件的研发能力、制造工业和产品性能及质量，已经达到了世界先进水平。"①

近年来，拉美国家越发重视技术进步。汽车制造商如果能够带来基础工业工程技术，一般都能获得税收减免激励。巴西政府在2012年4月通过"7.716法令"（2013—2017年有效），鼓励外国汽车和零部件生产企业在巴西建立研发基地，促进汽车产业技术创新。2018年巴西出台的"2030发展规划"（Rota 2030）中，政府也明确规定了技术创新激励政策，尤其重视在燃油效率和安全性方面的技术含量。

迄今为止，拉美国家的汽车工业仍然受到技术因素的制约，高技术的机械设备主要依赖进口。尽管通过技术引进，拉美国家在技术基础非常落后的状态下建立了汽车工业体系，墨西哥和巴西更是成为全球重要的汽车生产大国，但良好的产业技术政策应该实现引进、消化、吸收和创新之间的良性循环。令人遗憾的是，拉美的汽车工业技术政策仅仅强调了第一个层次，也是最低水平的层次。拉美各国不但没有在引资的基础上独立地发展技术，反而被外商的技术所"锁定"。因此，如果从培养自主技术开发能力的角度来看，拉美的产业技术政策完全失效；但如果从获得足够的技术促进本国汽车工业发展的角度来看，拉美的产业技术政策基本上是成功的。

事实上，在依附型发展模式中，政府的产业技术政策发挥作用的空间相对有限，因为国内汽车工业被跨国公司控制，政府缺少可以扶持的对象，而跨国公司则会根据其国际战略的需要在全球合理配置研发力量，它们不希望被政府过多地干预。拉美政府所需要做的是引导、激励，也有可能强制跨国公司不断改善技术。对于巴西和墨西哥这样的汽车工业大国来说，没有自主的技术开发能力在很大程度上限制了产业发展；但对于安第斯国家和中美洲一些较小的国家来说，发展整套汽车工业技术并不现实，而且也没有这个必要。

---

① 夏大慰、史东辉、张磊：《汽车工业：技术进步与产业组织》，上海财经大学出版社2002年版，第186页。

（六）汽车认证和排放政策

早在 20 世纪 70 年代，由于石油危机的冲击，巴西政府为了减少石油进口和节约外汇，大力推动使用酒精燃料的灵活燃料汽车。1979 年巴西首次推出酒精燃料汽车，逐渐得到市场的青睐。1986 年巴西环保局（IBAMA）正式发布了机动车辆排放认证制度（PRCONVE 法案），此后逐步全面推行，而且排放标准不断向发达国家靠拢。与此同时，其他非汽油燃料发动机技术也出现突破，2003 年巴西推出了汽油、酒精双燃料车。

近年来，拉美国家不断出台严格的认证制度，对汽车排放的标准也不断提高。2017 年 11 月，阿根廷环境和可持续发展部发布新的技术法规（Res. 797/2017），按照该法规的要求，阿根廷的所有车辆要逐步全部进行 LCM 认证，并报告碳排放和油耗值。

为了减少空气污染，2016 年墨西哥实行了限行政策，但新能源汽车不在限行车辆的范围。在此背景下，墨西哥电动汽车获得较快发展，墨西哥众议院甚至宣布 2016 年租赁 80 辆电动汽车作为公务用车，并增加设置充电桩，鼓励政府职员使用电动汽车。

2018 年 11 月和 2018 年 12 月巴西分别发布 Res. 490/2018 和 Res. 492/2018，重新规定轻型车辆和重型车辆的排放技术标准。此外，在 2018 年 11 月正式公布的 Rota 2030 政策中，也对汽车油耗指标和超标罚款进行新的规定，还对新能源汽车生产厂商提供各种优惠政策，鼓励节能减排技术开发。经过长期努力，如今灵活燃料汽车成为巴西国内主流车型，巴西已经不供应纯汽油，尾气排放和空气污染得到了良好的改善。

智利是汽车认证制度最为严格的拉美国家之一，对于汽车的排放和安全性能都有着严格的规定，高度开放的市场制度和严格要求的进口准入标准，促使智利汽车市场竞争激烈而又有序。近年来智利高度重视环境保护，制定了高标准的汽车排放标准。2019 年 3 月 21 日，智利发布 Res ex 114－2019 和 Res ex 115－2019 法规，引入欧 6 排放标准分别修订了对轻型车辆和中型车辆的排放规定。由于排放规定日趋严格，许多智利家庭选择购买新能源汽车。

（七）汽车消费政策

如果把前文所述的六类政策看成拉美各国在汽车工业供给方面所进行的干预，我们还必须对拉美汽车消费政策有所了解。对于汽车这样的耐用消费品（在很多情况下还是奢侈品）来说，政府的消费政策也非常重要。

在 20 世纪六七十年代，汽车对于拉美的普通大众来说是一种奢望。例如，20 世纪 60 年代初，拉美最发达的国家是阿根廷，但 1963 年阿根廷超过一半以上的人口没有购买汽车，70% 以上的汽车购买支出是由 18% 的最高收入阶层实现的。即使对于当时的中产阶级来说，汽车也不是大众化的消费品。收入低于 70000 比索的家庭不会购买汽车，收入在 70000 比索—200000 比索之间的家庭只会将总收入的 0.5% 用于购买汽车[①]。其他国家的情况基本相似，只有占总人口很少的高收入阶层才有能力购买汽车。由此可见，集中收入分配能够在短期内迅速促进汽车消费。正如巴西前财政部长 Mario Henrique Simonsen 曾经说过的那样，"收入从最富有的 20% 的人口向最穷的 80% 的人口转移，将有可能增加对食品的需求，但是减少对汽车的需求。突然的收入再分配的结果将会仅仅引发食品生产部门的膨胀和汽车部门出现过剩的生产能力。"[②] 拉美国家在特定的时期都采取过类似的手段支持汽车工业的发展，同时还通过消费信贷提高消费者的购买力。实际上，很多拉美国家居民都偏向于分期付款购买汽车。

在交通方式上，拉美政府鼓励私人汽车的消费而不是大力发展公共交通。根据 Bhaskar 于 1980 年进行的研究，墨西哥公共交通占交通设备总支出的比例从 20 世纪 50 年代后期的 85% 左右下降到 70 年代初的 70% 以下。在主要拉美国家的停车场，轿车与公交车比率的变化情况为：阿根廷从 1958 年的 28∶1 提高到 1976 年的 51∶1；巴西从 1957 年的 13∶1 上升到 1974 年的 34∶1，墨西哥从 1960 年的 19∶1 上升到 1975 年的 47∶1。促进汽车消费还需要创造消费条件——改建和扩建公路网络。在阿根廷，1960—1964 年修建公路的公共支出是此前 5 年总支出的两倍。这就意味着，发展汽车工业不仅要将大量资源转移到汽车工业为高收入阶层生产消费品，而且需要政府配置大量的资源为汽车的使用创造条件[③]。

① Jenkins, R., *Dependent Industrialization in Latin American: The Automotive Industry in Argentina, Chile, and Mexico*, New York: Preger Publishers, Inc., 1977, pp. 126 – 127.

② 转引自 Bennett, Douglas C., and Kenneth Sharpe E. *Transnational Corporations Versus the State: the Polotical Economy of the Mexican Auto Industry*, Princeton: Princeton University Press, 1985, pp. 271 – 272。

③ Jenkins, R., *Transnational Corporations and Industrial Transformation in Latin America*, London: The Macmillan Press, 1984, pp. 72 – 73.

拉美国家的汽车消费政策在特定的时期内促进了汽车工业的发展，但也存在许多问题。比如，在消费信贷政策方面，跨国公司显然能够获得更多的优惠贷款用以提供消费信贷，而国内企业却没有获得特别的优待。收入集中政策造成的高度分配不均一开始对汽车需求的拉动作用比较明显，但随后的效应会变小，因为贫困人口的收入增加不会带来汽车需求的迅速增大，从而使得人均收入的增加不会带来汽车购买的快速上升。而且，收入分配严重不均的局面一旦形成，将很难改变，在中长期引发了很多社会问题。当然，拉美的收入分配不均是由很多原因造成的，不能归咎于汽车消费政策，但拉美汽车消费政策进一步扭曲了资源配置的确是个不争的事实。

三　拉美汽车产业政策评析

（一）拉美汽车产业政策的总结

在发展中国家，政府政策是影响产业结构、产业发展和演变、微观动机和行为最基本的因素之一。从本质上来看，公共政策是政策制定者用来构建产业结构和引导企业行为，从而确保产业绩效与宏观经济目标相一致的工具或手段。拉美各国的汽车工业政策发挥着同样的作用：政府政策不但在很大程度上决定了市场结构和产业发展模式，而且深刻地影响着企业行为和绩效。巴西、墨西哥和阿根廷的汽车工业政策体系建立的时间相对较早，也比较完整和成熟，并且能够根据国内外环境的变化而不断调整。总的来说，拉美各国的汽车工业政策非常相似：在较短的时间内强制实现较高水平的国产化要求，促进国内汽车生产的发展；放宽对外资的限制，提供优惠的财政税收待遇吸引外国企业进入国内生产；通过贸易保护政策（禁止性关税或者直接禁止汽车进口）限制整车进口，但对必需的零部件和资本品的进口实行优惠关税或者免除关税；在汽车工业获得一定发展的基础上通过各种方式鼓励出口，改善不断恶化的国际收支。但各国汽车工业政策在许多细节上还是存在很大的差别，表4-2进一步比较了拉美最重要的汽车生产大国巴西和墨西哥的汽车工业政策在一些方面的差异。

表 4 - 2 巴西与墨西哥汽车工业政策的比较

进口替代时期		20 世纪 90 年代	
墨西哥	巴西	墨西哥	巴西
1962 年制定了第一部汽车工业法令，规定的国产化要求为 60%（按直接成本计算），1977 年乘用车上升到 65% 禁止整车进口，零部件进口实施数量限制 初始规定限制厂商数量但没有得到贯彻，总装厂被限制为从事装配和发动机业务，不允许垂直一体化；零部件厂中墨西哥资本必须达到 60% 以上	1956 年制定了第一部汽车工业法令，规定 5 年之内国产化水平必须达到 95%（按照重量计算）。但国产化率的规定具有灵活性，跨国公司可以通过增加出口换取国产化要求的降低 禁止整车进口，国内能生产的零部件的进口实施数量限制。对汽车和零部件部门的所有权没有任何限制	1999 年的国产化要求为：国内增加值达到 34%，2003 年下降到 29%，2004 年完全取消。NAFTA 内自由贸易的国产化要求对于国内增加值要求提高到 2002 年的 62.5% 1989 年取消了整车进口的禁令。在 NAFTA 的规定下，从加拿大和美国的进口关税分别削减至 20% 和 10%，1999 年取消轻型车的关税，2004 年取消了轿车的关税。从美国和加拿大进口的零部件 15% 免税，2004 年之后 NAFTA 内的贸易不受限制，从其他国家进口适应更高的关税率。2003 年之前组装厂必须平衡进出口。厂商数量没有限制。所有权规定被取消，外国公司可以 100% 拥有所有权	20 世纪 90 年代初，国产化要求降低到 60%（按照价值计算），从南方共同市场的进口视为国产 1991 年取消了整车进口的数量限制，关税从 1990 年的 85% 下降到 1994 年的 20%，1995 年提高到 70%，2000 年降至南方共同市场共同的对外水平。零部件关税为 16%，1996 年降低至 2.4%，2000 年上升至 16%。南方共同市场内实行自由贸易，但在 2000 年之前一直保留了贸易平衡的要求 进口 1 美元必须出口 1 美元，按优惠关税的零部件进口，进口 1 美元需要出口 1.5 美元。1989 年之后取消了出口补贴 在厂商数量和所有权方面没有任何限制。对紧凑型汽车实行优惠税收政策

资料来源：根据 Humphrey, John, and Antje Oeter, "Motor Industry Policies in Emerging Markets: Globalisation and the Promotion of Domestic Industry", in Humphrey, John, and Yveline Lecler, and Mario Sergio Salerno, eds., *Global Strategies and Local Realities: The Auto Industry in Emerging Markets*, London: ST. Martin's Press, 2000, 总结而来。

（二）拉美汽车产业政策积极效应

经济发展决策不仅仅是个纯粹的经济问题，拉美国家选择依附型汽车工业发展模式是由众多因素决定的。在拉美各国制定汽车工业政策的过程中，每一项决策不但会受到国内利益集团和政治体制的影响，还会受到跨国公司和外国政府的制约；在拉美各国实施汽车工业的过程中，跨国公司的行为和国内各个阶层的反应影响了汽车工业政策的效果。我们可以通过一连串提问来进行粗略的评估：是否通过国产化政策在建立完整的汽车工业体系的同时避免了成本惩罚；是否通过产业组织政策在优化市场结构的同时规制了企业行为；是否通过贸易政策在改善国际收支的同时提高了国际竞争力；是否通过汽车工业技术政策在引进先进技术的同时培养了自主创新能力；是否通过消费政策在支持汽车工业发展同时合理地配置了资源？

从拉美汽车工业的发展历程来看，阿根廷、巴西和墨西哥的汽车工业政策算得上基本成功，巴西和墨西哥的政策体系明显更加进步。20世纪50年代末60年代初，三个国家的汽车工业政策成功地引导跨国公司进入当地生产，建立了完整的汽车工业生产体系。当时全球最重要的跨国公司几乎都进入巴西和墨西哥当地生产，由此带来了大量的资金、技术和设备。其他拉美国家也先后规定了不同水平的国产化要求，尽管过低的国产化要求没有使它们彻底地转向当地制造，但也由此带动了相关产业的发展和提供了更多的就业机会。

为了促进汽车工业的快速发展，拉美各国广泛地运用法律、经济、行政手段引导微观企业行为。20世纪70年代初，拉美国家利用国际汽车工业调整的机会大力促进出口，墨西哥和巴西的出口促进政策取得了较大的成效，两国现今已经成为全球重要的汽车生产基地之一。阿根廷汽车工业政策的改革则使本国汽车工业陷入更深的危机，从而退出了拉美汽车生产的第一集团。

进入20世纪90年代之后，经过几年的调整，巴西和墨西哥的外向型发展政策更加坚定，两国也成为世界汽车制造大国。在拉美汽车工业发展的整个过程中，拉美各国汽车工业政策也能在特定的情况下引导跨国公司做一些不愿意的事情，有效地规制了微观企业的行为。由此可见，拉美汽车工业政策有很多值得借鉴之处。但是，即使拉美各国的汽车工业政策在某些方面是成功的，也仅仅说明这些政策适应拉美各国，任何国家都不能全盘照搬。

（三）拉美汽车产业政策的消极效应

拉美汽车工业政策制定过程中出现的问题也非常严重，汽车工业发展的道路与政府的初衷相去甚远。

第一，拉美汽车工业政策没有促进完整汽车工业体系的建立，政府没能有效地保护本国的民族企业。巴西的汽车工业执行委员会（GEIA）没有特别支持任何一家民族企业，对待汽车工业中的民族企业和外资企业基本上一视同仁。大多数拉美国家在发展汽车工业的过程中都制定过国产化要求，但并没有提高本国企业的市场份额，反而带来了成本和价格上升，"成本惩罚"现象非常明显。比如，墨西哥政府尽管通过生产配额制进行保护，但简单的市场份额承诺最终没能阻止总装业中的"去国民化"趋势，仅仅成功地维持了墨西哥民族资本在零部件企业中占多数股份。即使是当今，拉美国家也没有形成整套汽车开发能力。尤其是巴西和墨西哥这样的汽车生产大国，主要依赖外国技术确实是一个遗憾。拉美汽车工业产销几乎完全掌握在外国跨国公司手中，在很大程度上影响了经济独立性。

第二，尽管拉美汽车工业政策在很多方面促进了汽车工业的发展，但是汽车工业发展方向不符合国情需要。初始的偏差形成了路径依赖，导致政府的选择范围和行为能力受到限制。例如，拉美各国都过早地发展私人汽车消费而对公共交通的关注不够，跨国公司主导的汽车工业发展把资本主义的汽车消费模式移植到拉美国家，并不适合拉美的实际情况。又如，大多数拉美国家优先发展轿车生产，而不是优先发展商用车制造。智利1963年就对轿车生产提出了国产化要求，但商用车方面的相关立法直到1966年才出台。在墨西哥，与轿车生产相比，商用车没有受到相应的优惠待遇。

第三，在很长时期内，拉美贸易政策不但没有改善国际收支，反而因为严格的保护政策引起了供给瓶颈，消费者既要承担较高的价格，还要忍受短缺和选择范围较窄的困扰。因此，贸易保护政策保护的是外国的跨国公司，损害的是国内消费者的利益。

第四，拉美各国的汽车工业政策缺少一致性、连贯性和稳定性。在内部，国内经济集团的各种压力、政府各部门之间的相互牵制、政府换届引起的政策变动等，极大地削弱了政府做出理性选择的能力。在外部，跨国公司的相对势力、跨国公司母国政府的干涉和影响限制了拉美各国政府的行为能力。在依附型汽车工业发展模式中，汽车工业对国民经济越重要，政府的讨价还价能力就越小，在没有国内替代者的时候尤其如此。

上述分析表明，从不同的角度来评析，对拉美汽车工业政策可能做出截然不同的评判。对于拉美国家自身而言，在缺少资金和技术的条件下发展了当地汽车制造业，并能迅速转向出口，各国的汽车工业政策功不可没，拉美政界人士也愿意津津乐道其汽车工业发展的成效。但从自主发展的角度来看，拉美的汽车工业政策完全失效。在巴西、墨西哥和阿根廷，汽车工业是国民经济的主导产业；在一些较小的拉美国家，汽车工业在国民经济体系中也占据十分重要的地位。汽车工业在这些国家如此重要，但却完全掌握在外国跨国公司手中，不能说不是一个遗憾，对于拉美大国来说尤其如此。从中国的大国立场出发，这种依附型发展模式并不可取，而是必须通过政策培养自主创新能力，走自主发展道路。因此，对于中国来说，拉美汽车工业政策的教训多于经验。

第三节　巴西和墨西哥汽车工业政策的实证考察

本节主要阐述巴西和墨西哥汽车工业政策体系的演变，力图从两国制定汽车工业政策的过程中探寻经验教训。实际上，巴西和墨西哥之外的其他拉美国家也广泛地采取汽车工业政策扶持和干预汽车工业的发展。例如，在阿根廷，汽车工业是受到公共政策影响最深的部门之一，即使是在放松管制和经济自由化时期，政府仍然对汽车工业发生重大的作用①。

---

①　Catalano, Ana María, and Marta S. Novick, "The Argentine Automotive Industry: Redefining Production Strategies, Markets, and Labor Relations", in Tuman, John P., and John T. Morris, eds., *Transforming the Latin American Automobile Industry: Unions, Workers, and the Politics of Restructuring*, New York: M. E. Sharpe, 1998, p. 27.

一 巴西的汽车工业政策

（一）20世纪50—60年代"进口替代型"产业政策

由于第二次世界大战切断了巴西汽车进口来源，国内积累了大量未得到满足的需求。第二次世界大战结束之初，巴西汽车进口迅速增加。1946—1948年，汽车和零部件的进口甚至超过了传统的最重要的进口商品——石油和小麦。1948年2月，为了降低汽车进口激增带来的贸易赤字，政府当局暂时实行了全面的许可证计划，对汽车产品进口用汇实行限制。但1949年之后的进口放松，导致巴西轿车进口在1950—1951年增长了3倍，商用车进口将近翻番。1945—1952年，巴西汽车产品进口占进口总额的比重年均为12.59%，年均进口总额为11.31亿美元①。汽车进口增加耗尽了巴西在第二次世界大战期间积累的外汇，导致国际收支状况恶化。这个时期，政府主要采取汇率工具、直接限制进口等措施来减少进口。巴西进口银行于1952年8月颁布法令，禁止进口104种国内已经开始生产的零部件，1953年4月进一步禁止进口组装好的轿车，所有的汽车进口都必须通过CKD或者SKD方式进行。但是，1956年之前，巴西的汽车工业仅仅指汽车装配业，政府对汽车工业的干预主要集中在与国际收支相关的方面，是一种被动的反应。1956年颁布汽车工业法令之后，巴西政府的汽车工业干预政策体系才逐渐形成。

1956年，新上台的库比契克（Juscelino Kubitschek）政府不但面临改善国际收支状况的压力，而且还需要寻求进口替代工业化战略深化发展的推动力。政府当局从美国发展汽车工业的经验中得到了启发，他们期望巴西也可以通过发展汽车工业来带动经济增长。库比契克政府认为，将具有高度联系效应的汽车工业定位为主导部门，能够带动国内相关产业的增长，并创造大量的就业机会。在当时，巴西政府认为，建立汽车工业体系不但能够节约外汇，而且可以驱动巴西经济结构的转变，使巴西从农产品和原料出口国转变为独立自主的工业化国家。而且，对于库比契克政府而言，建立完整的汽车工业体系在推动整个制造业发展的同

---

① Shapiro, Helen, *Engines of Growth: The State and Transnational Auto Companies in Brazil*, New York and Cambridge: Cambridge University Press, 1994, pp. 30–32.

时，能够获得更多的政治支持。例如，20 世纪 30 年代大萧条和第二次世界大战中获得较大发展的国内零部件企业支持政府实行贸易保护和国产化计划。因此，在库比契克的工业化战略中，汽车工业占据优先地位。"就工业部门的发展顺序而言，库比契克政府优先发展汽车工业，它以汽车工业的发展带动整个工业化进程。因汽车工业的发展而逐步形成以公路为主的运输体系和以石油为主的能源消费模式。"[1]

经过较短时间的讨论和筹划之后，巴西政府于 1956 年 6 月成立了汽车工业执行委员会（GEIA），专门负责制定国内汽车生产计划[2]。GETA 发布了一系列行政命令，并提出了详细的国产化指导方针，规定参与当地生产的企业在 3 年半之内达到 90%—95% 的国产化水平（按照重量计算），后来这一要求被进一步提高到 100%，但轿车可以放宽到 99%，商用车被放宽到 98%[3]。在巴西这样一个需求不太稳定的市场上投资生产，初一看来外国公司的风险似乎很大，其实则不然，因为 GEIA 同时提供的大量激励在一定程度上降低了投资成本和风险。首先，对整车和大部分零部件的进口限制构筑了森严的贸易壁垒，进入巴西生产的汽车厂商能够在一个受到高度保护的汽车市场上经营，市场份额有所保障。其次，政府提供了大量的财政优惠，并确保汽车企业以优惠汇率用汇。为了吸引外国企业投资，汽车企业进口设备的关税全免，巴西不能生产的零部件的进口关税也全免。而且，GEIA 将汽车工业划定为"基础产业"，这种定位使得汽车工业能够从官方银行机构获得贷款和融资保证，确保参与国产化计划的企业能够获得国家发展银行（National Development Bank）提供的信贷便利。最后，尽管汽车企业必须递交详细的计划并得到批准，但达到国产化要求的方法由每个企业自己决定，这就给汽车企业留下了大量自主决定的余地。

尽管 1956 年之前政府政策的微调就已经很清晰地表露出转向国内制造的意图，早先进入的部分跨国公司（如大众）也做好了转变的准备，

---

① 张宝宇：《巴西现代化研究》，世界知识出版社 2002 年版，第 76—77 页。

② 该机构后来被产业发展委员会（Council of Industrial Development，简称 CDI）替代。

③ Mericle, Kenneth S. , "The Political Economy of the Brazilian Motor Vehicle Industry", in Kronish, Rich, and Kenneth S. Mericle, eds. , *The Political Economy of the Latin American Motor Vehicle Industry*, Cambridge：The MIT Press, 1984, p. 5.

但巴西政府的国产化计划一开始还是遭受到了外国公司的抵制，尤其是以福特为首的美国企业希望以自己的方式进入巴西①。最重要的是，跨国公司仅仅偏向于达到较低的国产化要求。在巴西国产化计划出台之初，控制了巴西市场的美国企业没有表现出任何在当地生产轿车的意愿，福特和通用看起来都只愿意生产卡车。而且，美国汽车企业在国内正处于一个低谷期，无力增加在巴西的投资。正如一位克莱斯勒的代表所说的那样，"当我们自家着火的时候，我们怎么能够在巴西投资呢？"② 一些欧洲企业虽然递交了项目申请，但也在尽量谈判更好的条件，例如，大众借口其轿车发动机具有特定的特征而试图获得更低的国产化要求。

但出乎意料的是，巴西政府在国产化方面的态度非常强硬。虽然政府努力劝说外国企业参与国产化计划，却坚持原则不愿意作出更大的让步。在与外国企业进行谈判的过程中，巴西政府有效地利用了外汇控制和市场进入方面的工具。在"要么放弃有利可图的巴西市场，要么按照政府的规定在巴西投资汽车制造"的最后通牒的压力下，欧洲汽车公司率先与巴西签订了当地生产的协议。谈判僵局被打破之后，美国企业最终也被迫屈服。在这一轮艰苦的谈判中，巴西政府最终胜出。巴西政府最初共批准了18家企业的生产计划，但只有11家正式实施。低成本、激励措施和市场占有的考虑使他们不得不进行当地制造的投资。在11家汽车生产的企业中，3家（Willys Overland、Vemag、National Motor Factory）是巴西资本控制的，2家（梅赛德斯－奔驰和Simca）是巴西和外国资本各占50%股权的合资企业，6家（福特、通用、International Harvester、Scania Vabis、大众和丰田）由外国资本控股或者是外国企业的全资子公司③。

除了通过国产化计划和激励措施吸引跨国公司进入当地生产之外，

①　Kronish, Rich, and Kenneth S. Mericle, "The Development of the Latin American Motor Vehicle Industry, 1900—1980: A Class Analysis", in Kronish, Rich, and Kenneth S. Mericle, eds., *The Political Economy of the Latin American Motor Vehicle Industry*, Cambridge: The MIT Press, 1984, pp. 269 – 270.

②　Shapiro, Helen, *Engines of Growth: The State and Transnational Auto Companies in Brazil*, New York and Cambridge: Cambridge University Press, 1994, p. 94.

③　Shapiro, Helen, *Engines of Growth: The State and Transnational Auto Companies in Brazil*, New York and Cambridge: Cambridge University Press, 1994, p. 70.

巴西政府还直接投资于汽车生产。第二次世界大战期间，美国出于安全考虑，通过租借法案（Lend-Lease Program）的拨款在巴西建立了一家飞机发动机厂（National Motor Factory，FNM）。但当该工厂的第一批发动机出厂时，第二次世界大战已经结束，美国立即失去了兴趣。随后，该工厂开始生产其他的产品，包括冰箱。1948 年，巴西联邦政府拥有了该企业99％的股权，主要从事汽车生产。FNM 获得意大利一家企业的生产许可证，开始生产卡车，并于 1949 年出厂了第一批国产化水平达到30％的卡车。此外，巴西政府后来还在一些汽车企业发生困难的时候进行了收购，直接参与汽车生产。尽管巴西政府直接参与了汽车生产，但政府没有对民族资本采取特别的保护措施，GEIA 对民族企业和外资企业一视同仁，最终总装行业中的民族企业都被外国汽车公司并购或者破产①。

　　巴西是第一个采取综合性政策来发展当地汽车工业的拉美国家，其国产化计划通常被认为是最严厉、最苛刻的。但在跨国公司的强烈反对下，巴西国产化政策实际上也是分步骤实施的。这种逐步性表现在两个方面：第一，逐步提高国产化水平（见表 4-3）；第二，按照"先商用车，后乘用车"分别实施国产化计划。巴西的轿车国产化法令颁布于1957 年 2 月，比卡车法令晚出台 7 个月。尽管这种逐步性在很大程度上是跨国公司抵制的结果，但也与巴西政府对现实的认识有关。对于汽车工业后发国家来说，较好的战略也许是开始设立较低的国产化要求，随着市场扩大而逐步提高，具有高度规模经济的生产环节（例如冲压）的国产化可以放在最后。就 1956 年巴西国内零部件和原材料工业很不发达的实际情况而言，巴西的国产化计划确实有点冒进，但高水平的国产化要求能够较快地促进国内零部件工业的发展和吸引大量的外资。而且，作为拉美发展当地汽车生产的先驱，巴西不像墨西哥那样可以借鉴别国的经验。因此，巴西国产化政策存在不够完善的地方。

---

① 尽管 GEIA 在表面上对民族企业和外国企业一视同仁，但实际上外国企业甚至在很多方面享受到了超国民待遇，因为民族企业缺少国际联系而无法充分享受政府在贸易、财政方面提供的优惠。而且，民族企业一般不具备获得优惠贷款的资格。

表4-3 巴西的国产化要求（按照重量计算）

类别截止日期	卡车（%）	吉普车（%）	多功能车（%）	轿车（%）
1956 年 12 月 31 日	35	50	40	-
1957 年 7 月 1 日	40	60	50	50
1958 年 7 月 1 日	65	75	65	65
1959 年 7 月 1 日	75	85	75	85
1960 年 7 月 1 日	90	95	90	95

注：多功能车（Utility Vehicles）包括用于载人或者载货混合使用车、厢式车、皮卡等。

数据来源：根据 Shapiro, Helen, *Engines of Growth：The State and Transnational Auto Companies in Brazil*, New York and Cambridge：Cambridge University Press, 1994, p. 50 整理而来。

巴西国产化政策实施之后，大多数生产目标都得以实现。到 1961 年，计划颁布仅仅 6 年之后，11 家企业生产 14.5 万辆以上的汽车，按照重量衡量，国产化水平达到了 93%，按照价值衡量则达到了 87%。国际汽车市场上最重要的跨国公司福特、通用、大众和梅塞德斯-奔驰都进入了巴西市场[1]。外国汽车公司带来了大量的投资，并引起了巴西汽车工业结构的变动。1961 年，投资于总装行业的进口制造设备达到 1.56 亿美元。考虑到巴西政府面临的国际收支困难和有限的财政能力，政府政策取得的成效实在不容忽视。但是，库比契克政府的经济政策在实现高速发展的同时付出了巨大的代价——经济高度依附跨国公司、通货膨胀急剧上升、农业发展严重滞后、地区差距拉大等诸多不良后果引发了经济衰退、政治动荡和社会骚乱[2]。

1964 年，军政府在严重的政治与社会冲突中发动政变，开始了巴西长达 21 年的军政府执政时期。军政府上台之后重用了一批亲美的自由主义学派经济学家，对汽车工业政策进行了较大的调整。第一，更加青睐外资，尤其对美国汽车企业作出了较大的让步。但由于以福特为首的美国汽车公司在库比契克政府时期行动滞后，此时已失先机。大众在巴西抢占了较大的市场份额，其紧凑型轿车已经取代美国品牌成为巴西消费

[1] Shapiro, Helen, *Engines of Growth：The State and Transnational Auto Companies in Brazil*, New York and Cambridge：Cambridge University Press, 1994, p. 3.

[2] 张宝宇：《巴西现代化研究》，世界知识出版社 2002 年版，第 64—68 页。

者的最爱。第二，为了获得规模经济，政府鼓励合并和集中，即使以"去国民化"为代价也在所不惜。跨国公司的子公司能够得母公司的技术、资金和国际营销网络的支持，比巴西民族企业更加具有竞争力。因此，在通过市场力量消除过剩生产能力和构建合理市场结构的过程中，巴西汽车工业部门的民族资本逐渐被挤出。巴西政府的态度非常明确，宁愿牺牲民族资本也必须提高效率。第三，军政府上台之后，采取了强硬的劳工政策，并严格控制工资水平，为汽车工业培养了廉价、温顺的劳动力大军。1964—1966 年，军政府采取严厉的措施降低城市工人的工资，以抑制通货膨胀。在此期间，实际最低工资下降了 28.5%[①]。工资水平的下降既能节约生产成本，又能通过收入集中创造汽车需求。而且，严格的劳工政策有利于厂商使用解雇来威胁工人提高劳动生产率。各种工资政策和控制措施在将汽车工人工资维持在非常低的水平的同时，工人的人均产出却从 1966 年的 4.37 辆上升到 1974 年的 8.41 辆。单位劳动成本的降低使得汽车企业可以降低价格（进一步刺激需求）和获得较高的利润（部分利润用于汽车工业的再投资）。军政府的劳工政策至少在 20 世纪 70 年代中期以前，培养了汽车工业自我持续的增长方式，使得汽车企业在一定程度上缓解了高成本、低产量这两大难题[②]。第四，采取收入集中措施，培养国内汽车消费市场。军政府通过培养中上阶层的购买力创造耐用消费品需求，1960—1970 年，10% 最富有的人群的收入占总收入的比重从 39.7% 上升到了 47.8%。整个 20 世纪 70 年代，收入集中的趋势仍然在不断地加强[③]。第五，20 世纪 60 年代中期之后，政府提供了大量的汽车消费信贷，发挥了刺激需求的作用。1970 年，巴西的消费信

① Mericle, Kenneth S. , "The Political Economy of the Brazilian Motor Vehicle Industry", in Kronish, Rich, and Kenneth S. Mericle, eds. , *The Political Economy of the Latin American Motor Vehicle Industry*, Cambridge：The MIT Press, 1984, p. 11.

② Kronish, Rich, and Kenneth S. Mericle, "The Development of the Latin American Motor Vehicle Industry, 1900—1980：A Class Analysis", in Kronish, Rich, and Kenneth S. Mericle, eds. , *The Political Economy of the Latin American Motor Vehicle Industry*, Cambridge：The MIT Press, 1984, p. 283.

③ Mericle, Kenneth S. , "The Political Economy of the Brazilian Motor Vehicle Industry", in Kronish, Rich, and Kenneth S. Mericle, eds. , *The Political Economy of the Latin American Motor Vehicle Industry*, Cambridge：The MIT Press, 1984, p. 17.

贷高达 97 亿克鲁扎多，并在整个 20 世纪 70 年代初继续上升，1974 年增加到 409 亿克鲁扎多。据估计，50%—60% 的消费信贷被用于汽车购买①。

总之，军政府上台之后，政府和跨国公司互相支持，跨国公司对巴西汽车工业的控制逐渐加强，而巴西汽车工业中的民族资本却渐渐被边缘化。巴西汽车工业中新增的投资主要来自跨国公司，民族资本的重要性相对下降②。军政府的干预政策取得了较大成就，巴西汽车工业实现了第二次高速增长。1967—1974 年，巴西汽车生产增长了将近 4 倍，年均增长率在 20% 以上，这种快速增长反映了 1964 年以后军政府的成功干预。值得重点指出的是，军政府的政策并不仅仅在于保护汽车资本的利益，军人干预实际上意味着在阶级关系紧张时期保护整个上层集团的利益③。1975 年，巴西的汽车年产量突破 100 万辆，成为全球第九大汽车生产国。在汽车生产快速增长的同时，巴西的汽车工业结构也发生了较大的变化。1968 年，巴西仅剩下 8 家整车生产企业（全部由外资控制），而 3 厂集中率达到了 89%，这种发展使得一些厂商在一定范围内实现了规模生产④。

（二）20 世纪 70 年代之后的"出口促进型"产业政策

尽管巴西汽车生产取得了巨大的成就，但政府的许多初始目标并没有实现，尤其是国际收支恶化的状况继续存在，甚至加剧。20 世纪 70 年代初，巴西的汽车出口获得了较快的增长，但原材料和中间品的进口、服务性费用（利息、利润、专利费、技术转让费）的支出导致了巨大的

---

① Carlos Alberto Wanderley, "Novas Prioridades de Indústria Mudam Acǎo das Financeiras", *Journal do Brasil*, September 8, 1974.

② Mericle, Kenneth S., "The Political Economy of the Brazilian Motor Vehicle Industry", in Kronish, Rich, and Kenneth S. Mericle, eds., *The Political Economy of the Latin American Motor Vehicle Industry*, Cambridge: The MIT Press, 1984, p. 21.

③ Kronish, Rich, and Kenneth S. Mericle, "The Development of the Latin American Motor Vehicle Industry, 1900—1980: A Class Analysis", in Kronish, Rich, and Kenneth S. Mericle, eds., *The Political Economy of the Latin American Motor Vehicle Industry*, Cambridge: The MIT Press, 1984, p. 282.

④ Shapiro, Helen, *Engines of Growth: The State and Transnational Auto Companies in Brazil*, New York and Cambridge: Cambridge University Press, 1994, p. 3.

国际收支逆差。对于石油消费主要依靠进口的巴西来说，1973 年的石油危机更是雪上加霜。巴西经常账户赤字从 1968 年的 5 亿美元增加到 1973 年的 17 亿美元，1974 年飙升至 71 亿美元；净外债从 1973 年年底的 60 亿美元上升到 1980 年年底的 470 亿美元。国际收支逆差扩大和外债增长使得巴西的经济非常脆弱，引起了通货膨胀迅速上升和企业破产增多。

随着国内经济增长的乏力，巴西的汽车工业也在经历了增长高峰之后进入一个调整期。1974—1980 年，巴西汽车产出年均增长仅为 4.3%，远远低于 1968—1974 年年均 21%—22% 的增长率[1]。为了走出经济发展低谷，巴西政府在制定节俭政策以加强外国银行和投资者信心的同时大力促进出口。在汽车工业政策方面，巴西政府也进行了较大的调整。一方面，政府取消了汽车生产享受的关税和税收免除等优惠待遇；另一方面，政府试图通过颇有吸引力的出口激励和补贴促进汽车企业增加出口[2]。

20 世纪 70 年代，巴西汽车工业政策最重要的特征是转向出口促进。尽管 20 世纪 60 年代末巴西就开始采取了一些汽车出口激励，但出口优惠主要体现在 20 世纪 70 年代初的特定财政收益计划（Benefícios Fiscais a Programas Especiais de Exportacão，BEFIEX）中，该计划并不是仅仅针对推动汽车工业的出口，而是一个整体出口激励计划。参与 BEFIEX 的企业必须达到一定数量的出口总金额和实现特定数额的贸易顺差，它们同时能够得到包括免除资本品、零部件和原材料进口关税在内的财政优惠，企业每出口 3 美元可以免除 1 美元的进口关税，并且能够得到政府的优惠贷款。但如果企业承诺的出口目标和贸易盈余目标没有实现，它们必须

①　Kronish, Rich, and Kenneth S. Mericle, "The Development of the Latin American Motor Vehicle Industry, 1900—1980: A Class Analysis", in Kronish, Rich, and Kenneth S. Mericle, eds., *The Political Economy of the Latin American Motor Vehicle Industry*, Cambridge: The MIT Press, 1984, p. 288.

②　Kronish, Rich, and Kenneth S. Mericle, "The Development of the Latin American Motor Vehicle Industry, 1900—1980: A Class Analysis", in Kronish, Rich, and Kenneth S. Mericle, eds., *The Political Economy of the Latin American Motor Vehicle Industry*, Cambridge: The MIT Press, 1984, pp. 289 – 290.

偿还这些优惠待遇①。此外，政府不但有条件地放松了进口限制，而且不惜降低国产化要求。20世纪70年代初，只要汽车企业能够维持进出口平衡，卡车的国产化水平可以从98%降低到80%，轿车可以从99%降低到85%②。总的来说，政府实施BEFIEX的基本动机是创汇，而不是更广意义上对产业结构的关注和通过扩大出口来实现规模经济。

1972年，巴西政府率先与福特公司进行BEFIEX方面的谈判，正式对总装厂提出了出口要求。实际上，当时巴西的汽车生产并不具备国际竞争力，跨国公司虽然具备了一定的出口动力，但不愿意承担强制性的出口义务。但是，巴西的现实困难需要快速增加出口，巴西产业发展委员会（CDI）在提供诱人的激励的同时通过限制投资的威胁促使汽车公司增加出口。福特公司因为急于增加投资引进新车型参与巴西市场的竞争，率先与政府签订了协议。1973年，大众为了获得CDI的批准引进新车型与福特公司的新车型竞争，也加入了BEFIEX。到1976年，大多数总装厂都签订了BEFIEX，通用、福特和大众均承诺在10年之内出口10亿美元，其他企业承诺的出口金额为：克莱斯勒3.145亿美元，梅赛德斯-奔驰5亿美元，菲亚特5.5亿美元，Saab-Scania 4.154亿美元，新进入者沃尔沃公司自1977年开始投产之后也立即参加了该计划③。

巴西政府的出口促进计划成效显著，20世纪70年代后期和80年代初，巴西的汽车出口出现了前所未有的增长速度，汽车出口从1972年的13538辆逐渐上升到1977年的70026辆，1981年迅速增加到213266辆（占巴西汽车生产总量的27.3%）。这个时期，巴西的汽车出口主要流向第三世界国家，包括拉美国家、非洲和中东地区。但是，向发展中国家的整车出口波动较大，1981年汽车出口总金额达到12.27亿美元之后，

① Shapiro, Helen, *Engines of Growth: The State and Transnational Auto Companies in Brazi*, New York and Cambridge: Cambridge University Press, 1994, p. 223.

② Kronish, Rich, "Latin America and the World Motor Vehicle Industry: The Turn to Exports", in Kronish, Rich and Kenneth S. Mericle, eds., *The Political Economy of the Latin American Motor Vehicle Industry*, Cambridge: The MIT Press, 1984, p. 78.

③ Mericle, Kenneth S., "The Political Economy of the Brazilian Motor Vehicle Industry", in Kronish, Rich, and Kenneth S. Mericle, eds., *The Political Economy of the Latin American Motor Vehicle Industry*, Cambridge: The MIT Press, 1984, p. 29.

1982 年又回落到 8.87 亿美元[①]。

20 世纪 80 年代后期，债务危机、财经纪律混乱、经济停滞不前导致巴西国内汽车需求下降、汽车出口萎缩，严重影响了巴西汽车工业的发展。直到 20 世纪 90 年代中期之后，巴西的汽车生产才重新获得较快的增长，再度回归到世界重要汽车生产基地之列。在此期间，巴西汽车工业政策随着国家整体经济改革进行了调整，其最重要特征是自由化——大幅度降低关税和大力促进出口，以及对外资全面开放、引进先进的技术和现代化设备。

在自由化和国际化方面，巴西大部分政策都是围绕南方共同市场实施的。1991 年 3 月，阿根廷、巴西、乌拉圭和巴拉圭 4 国总统在巴拉圭首都亚松森签订了《亚松森条约》，决定建立南方共同市场。1994 年 12 月，4 国在巴西签订了《黑金城议定书》，宣布南方共同市场于 1995 年 1 月 1 日起正式启动。南方共同市场的成立促进了成员国之间的商品贸易和服务贸易，以及加强了成员国之间的宏观经济政策协调。巴西和阿根廷是南共市最重要的汽车生产国，两国主导了南方共同市场的汽车贸易协议谈判，但双方的政策经常出现反复。例如，1995 年，由于进口突然增加引起了外债负担的加重，巴西政府决定单边提高汽车进口关税，最初决定提高到 32%，之后上升到 70%。在采取配额制度之前，这种关税变动同样适应于南方共同市场的其他成员。尽管随后巴西与阿根廷的双边谈判以及 WTO 的多边谈判之后，这些措施被取消，但 1999 年夏天两国在汽车政策上的冲突再一次表明了南美区域一体化的脆弱性[②]。

但在汽车贸易方面的成就仍然不容抹杀，南方共同市场 4 国经济部长达成了重要的一致：决定从 2000 年起实行统一的汽车贸易制度，并取消内部的进口配额制度、税收优惠政策、贸易补偿措施等；对从第三国

---

① Gwynne, Robert, "New Horizons? The Third World Motor Vehicle Industry in an International Framework", in Law, Christopher M., ed., *Restructuring the Global Automobile Industry*: *National and Regional Impacts*, London: Routledge, 1991, pp. 76 – 77.

② Lung, Yannick, "Is Rise of Emerging Countries as Automobile Producers an Irreversible Phenomenon", in Humphrey, John, and Yveline Lecler, and Mario Sergio Salerno, eds., *Global Strategies and Local Realities*: *The Auto Industry in Emerging Markets*, London: ST. Martin's Press, 2000, p. 28.

进口的汽车征收 35% 的共同对外关税；对进口汽车零配件课以 14%、16% 和 18% 的不同关税；给予本地区汽车制造厂家 4 年的过渡期，即在 2000—2004 年内允许这些厂家以 4%—6% 的关税进口汽车零配件，汽车厂家必须保证 60% 以上的零配件由本地区生产；巴西地方政府吸引外资的税收优惠政策至 2000 年结束，此后有关汽车的优惠政策都必须得到成员国的一致同意才能实施；对乌拉圭和巴拉圭两国的汽车贸易将加紧研究，制定出切实可行的特殊政策①。经过艰难曲折的谈判，巴西和阿根廷达成了汽车自由贸易协议，但由于巴西和阿根廷在汽车贸易方面的利益冲突较大，在实施过程中还是可能出现反复。

除了大力推动南方共同市场的区域内汽车贸易之外，巴西政府还积极促进南方共同市场与其他国家、其他区域一体化组织之间的贸易和投资合作，为在巴西投资的跨国汽车公司扩大国际市场而努力。南方共同市场与墨西哥和智利签署的汽车贸易协议生效之后，巴西对这两个国家的汽车出口快速增长，墨西哥逐渐成为巴西重要的出口市场之一。在巩固和发展与南方共同市场其他成员国、欧盟和美洲一些国家汽车贸易的同时，巴西政府还积极与其他国家签署双边汽车贸易协议，其重点是开拓中国、印度和南非等国的市场。为了推动汽车出口增长，巴西政府仍然没有完全放弃贸易保护政策，其自由贸易政策经常发生逆转。

（三）特色显著的替代能源产业政策

20 世纪 70 年代，巴西汽车工业政策另一个非常重要的内容是大力促进替代能源的发展，以降低汽车消费成本、改善国际收支。巴西是一个将汽车工业作为发展战略中心的石油进口国，1973 年的石油危机进一步恶化了其国际收支状况。除了大力促进汽车出口之外，巴西政府另外一个重要的反应是力图发展酒精动力汽车，减少石油进口和消费。1975 年，巴西开始实施酒精计划，增加使用酒精作为汽车燃料，并颁布法令授权巴西石油公司在汽油中添加一定比例的酒精配制成乙醇汽油。同年成立的"国家酒精协会"（The Comisión National del Alcohol）专门协调酒精生产，并计划在 1983 年之前实现年均酒精产量超过 25 亿升。第二次石油危机之后，这一目标被进一步提高——到 1985 年实现年产 105 亿升。在汽

---

① 吴志华：《南方共同市场迈向自由贸易》，《人民日报》1999 年 1 月 11 日第 7 版。

车工业方面，酒精主要用于两个用途：第一，与汽油按照 1∶4 的比例配制成混合燃料供应传统汽车；第二，作为 100% 使用酒精的改进车型的燃料。与此同时，巴西政府与汽车公司签订协议，增加酒精动力汽车的生产，1977 年酒精动力车正式投产①。

巴西的酒精燃料发展计划意味着更多的资源被用来满足汽车工业的需求。据 Buarque 于 1981 进行的估计，酒精替代汽油的计划至少需要 250 万—400 万公顷土地用于种植甘蔗和 150 亿美元的投资②。此外，在推行酒精计划的过程中，政府还提供了大量的补贴，例如，为了实现 1985 年的生产目标，投资于酿酒厂的资金高达 50 亿美元，其中 80% 都是政府以低利率提供的融资③。在政府的大力推动下，跨国公司纷纷参与酒精燃料计划，政府与汽车公司达成了一致：汽车企业承诺在 1980—1982 年生产 90 万辆 100% 使用酒精燃料的汽车，并在同一时期将 27 万辆现存的汽车改装成 100% 的酒精燃料车；而政府确保在酒精燃料汽车销售的州的主要加油站供应充足的酒精燃料④。

巴西的灵活燃料汽车工业制度不断完善，并且执行非常彻底，也取得了巨大的成就。为了支持灵活燃料汽车发展，巴西政府继续鼓励生产和购买酒精燃料汽车。2002 年 12 月政府公布了第 10612 号令，决定自 2003 年 1 月 1 日起的 3 年之内，政府将为销售酒精汽车提供补贴。在排放控制日趋严格的情况下，拥有先进酒精生产技术和积累了大量生物燃料汽车生产经验的巴西，将会在这方面大有作为，这有可能成为巴西汽车工业的最大优势。

（四）21 世纪的"务实型"汽车产业政策

进入 21 世纪以来，巴西经济发展受到众多因素的影响而剧烈波动，

---

①　Jenkins, R., *Transnational Corporations and the Latin American Automobile Indusrty*, London: The Macmillan Press, 1987, p. 195.

②　Jenkins, R., *Transnational Corporations and Industrial Transformation in Latin America*, London: Palgrave Macmillan, 1984, p. 73.

③　Jenkins, R., *Transnational Corporations and the Latin American Automobile Indusrty*, London: The Macmillan Press, 1987, p. 241.

④　Mericle, Kenneth S., "The Political Economy of the Brazilian Motor Vehicle Industry", in Kronish, Rich, and Kenneth S. Mericle, eds., *The Political Economy of the Latin American Motor Vehicle Industry*, Cambridge: The MIT Press, 1984, p. 33.

汽车工业同样也经历了低潮和复苏之间的反复变动，波动性较大。由于另一拉美国家墨西哥的汽车工业迅速崛起和逐步超越，巴西将拉美汽车霸主地位拱手相让。巴西政府并没有对汽车工业的不景气袖手旁观，而是实施了大量实用性政策，甚至不惜采取贸易保护、生产补贴等手段来刺激汽车工业增长，但效果不佳。

2011 年 9 月，巴西通过"7.567 法令"（2012 年 12 月前有效），大幅降低本地汽车工业的产品税，以支持本地汽车制造企业。2012 年 4 月进一步出台了"7.716 法令"（2013—2017 年生效），提出了更加全面系统的汽车工业支持政策。"7.716 法令"不但延长本地企业减税优惠至 2017 年，而且规定企业提高科研投入、制定更加严格的排放标准，鼓励国外车企到巴西投资建设生产和研发基地，从而振兴巴西汽车工业。"7.716 法令"带有浓厚的贸易保护主义色彩，但并没有引导企业降低生产成本和汽车价格，效果并不显著。而且，由于从其他南方共同体国家和墨西哥进口汽车可以免除征收关税，巴西的汽车进口没有明显减少。

2012 年巴西正式实施汽车创新计划政策（Inovar-Auto），规定单一汽车品牌进口超过 4800 辆部分需要缴纳 30% 的工业产品税（IPI），同时为促进汽车工业投资、研发创新提供税收优惠。此外，汽车创新计划（Inovar-Auto）还包括给汽车制造商提供低息贷款。巴西国家开放银行提供 24 亿雷亚尔低息贷款给菲亚特、2.74 亿雷亚尔贷款给雷诺、3.42 亿雷亚尔贷款给大众，鼓励这些汽车生产企业设计和生产新型汽车[1]。实际上，巴西汽车创新计划（Inovar-Auto）具有浓厚的贸易保护主义色彩，依然可以归结为进口替代策略[2]。汽车创新计划（Inovar-Auto）引起了贸易伙伴的强烈不满，WTO 最终裁定巴西汽车创新计划（Inovar-Auto）违反了自由贸易原则，对国外同类企业构成不公平竞争，该计划于 2017 年 12 月被迫终止。

---

[1]　Sturgeon, Timothy, Leonardo Lima Chagas, Justin Barnes, Inovar Auto: Evaluating Brazil's Automative Industrial Policy to Meet the Challenges of Global Value Chains, Brazil's Productivity Programmatic Approach (P152871) and the Brazil Public Expenditure Review (P158800) at the World Bank, 2017, p. 50.

[2]　韩东月、杨宝禄、杨洪伟：《巴西汽车市场发展浅析》，《汽车实用技术》2019 年第 4 期，第 204—207 页。

表 4 – 4　　　　　　　　　2011—2015 年巴西的汽车工业税　　　　（单位:%）

税收优惠　排量	工业税 (2011)	工业税 (2012)		工业税 (2013)		工业税 (2014)		工业税 (2015)	
		减免	未减免	减免	未减免	减免	未减免	减免	未减免
≤1L	7	0	30	2	32	3	33	7	37
1—2L 乙醇混合燃料	11	5.5	35.5	7	37	9	39	11	41
1—2L 汽油燃料	13	6.5	36.5	8	38	10	40	13	43
≥2L 乙醇混合燃料	18	18	48	18	48	18	48	18	48
≥2L 汽油燃料	25	25	55	25	55	25	55	25	55

数据来源：根据巴西汽车工业协会的（Anfavea）数据整理而来。

由于汽车创新计划（Inovar-Auto）提前到期，2018 年巴西出台了一项新的汽车激励措施——"2030 发展规划"（Rota 2030）。"2030 发展规划"（Rota 2030）在新税收制度方面提供了较大的优惠，仅在汽车的销售环节收取联邦税，汽车制造商或进口商在生产进口环节无需支付工业产品进口税（IPI）和收入税（PIS/Cofins），有利于鼓励更多的现金投入到汽车生产研发中。在整车厂研发和生产方面，政府提供了较多的激励措施，以期提高巴西汽车工业在燃油效率和安全性方面的技术含量。"2030 发展规划"（Rota 2030）对巴西汽车工业来说具有里程碑意义，标志着巴西建立了长期的综合工业发展政策，有利于提高巴西汽车工业的全球竞争力。

二　墨西哥的汽车工业政策

（一）20 世纪 60 年代前墨西哥的汽车工业政策

墨西哥的汽车工业政策体系建立于 1962 年，晚于巴西。如同巴西一样，墨西哥汽车工业政策体系出台之前，政府主要通过汇率政策和贸易政策干预汽车工业。尽管早在 1925 年，墨西哥政府就采取优惠关税政策鼓励跨国公司通过 CKD 方式在当地组装汽车。但 1958 年之前，墨西哥国内的汽车工业制造活动很少，国内汽车需求主要依赖进口和 CKD 组装供应。20 世纪 50 年代末，墨西哥持续了将近 20 年的增长奇迹面临严重的困难，初级进口替代阶段的动力基本上已经耗尽。

1958 年 12 月，阿道夫·洛佩斯·马特奥斯（Adolfo López Mateos）上台之后，决心采取有力措施振兴经济。新政府将汽车工业看成深化进口替代战略的重要选择和有助于振兴增长战略的主导工业。新政府将汽车工业作为发展的动力具有许多理由：通过前向、后向联系效应带动相关产业的发展；创造大量新的工作机会；节约外汇（20 世纪 50 年代，零部件和整车进口占墨西哥总进口的 11% 左右）；增强在国际贸易谈判中的能力，因为阿根廷和巴西已经开始在国内制造汽车，如果墨西哥不跟进的话，在拉美自由贸易区（LAFTA）的谈判中，这些国家就能向墨西哥施加压力，促使其开放市场进口汽车①。正如时任墨西哥工商部长的劳尔·萨利纳斯·洛萨诺（Raul Salinas Lozano）所说的那样，"如果我们当时没有开始全面发展汽车工业，我们将会被迫与其他国家就那些我们没有生产的产品（包括汽车在内）的进口事宜进行谈判"②。但当时墨西哥的汽车工业还未成体系，1958 年墨西哥的汽车工业由 11 家较小的组装厂构成，其中福特和通用是跨国公司的全资子公司，其他的组装厂都由民族资本全资拥有，并通过许可证组装汽车。因此，大力引进外资成为快速发展本国汽车工业的捷径。

为了节约外汇、改善国际收支，墨西哥政府于 1958 年实行了严格的进口配额制度，并采取措施控制汽车价格的上涨。但是，贸易限制并没有明显改善国际收支，政府的价格控制和进口限制反而造成了汽车市场上的供给短缺，从而使大量的市场需求得不到满足。这种不利状况进一步坚定了墨西哥政府建立汽车工业体系的决心。阿道夫·洛佩斯·马特奥斯总统的第一项重大举措是重组政府部门，包括创立了一个新部门——国有资产管理部（Ministry of National Properties）来管理政府持有的企业股权；将国民经济部（Ministry of National Economy）改名为产业与商业部（Ministry of Industry and Commerce），该部控制关税和进口许可证

---

① Bennett, Douglas, and Sharpe, Kenneth, "Agenda Setting and Bargaining Power: The Mexican State versus Transnational Automobile Corporations", in Kronish, Rich and Mericle, Kenneth S. eds. *The Political Economy of the Latin American Motor Vehicle Industry*, Cambridge: The MIT Press, 1984, pp. 202 – 203.

② Jenkins, R., *Transnational Corporations and the Latin American Automobile Indusrty*, London: The Macmillan Press, 1987, p. 57.

（这些都是进口替代发展战略的基本政策工具），成为制定汽车工业政策的核心部门；财政部则控制预算、税收、财政补贴和激励措施，继续发挥着重要的作用。产业与商业部表现出强烈的民族主义姿态，坚持认为必须进行强有力的干预，才能促进工业重新增长和保护墨西哥人在生产性资产方面的所有权。尽管各个部门的基本目标是一致的，但部门重组没有能够避免部门之间的利益冲突，从而削弱了墨西哥政府的行动能力。例如，财政部失去了对关税和进口许可的控制，利益受到较大的损失，但它仍然控制了财税激励政策，各个部门之间的政策不能始终保持协调一致。

1959 年，墨西哥组成了一个跨部门的技术委员会——汽车工业计划与发展委员会（Committee for Planning and Development of the Automobile Industry），专门负责制订汽车工业发展计划。该委员由产业与商业部主持，涵盖的部门包括财政部、产业与商业部、国有资产管理部以及墨西哥银行。在大量调查研究的基础上，委员会提出了一份报告，涉及产业结构、企业行为和企业所有权等三个方面的内容。关于产业结构的建议是，将总装厂的数目限制在3—5 家，总装厂只能从事发动机制造和组装业务（其他部件由供应商或者零部件商制造），并且要建立一个冲压中心。关于厂商行为的建议是，企业必须达到60% 以上的国产化水平（以直接生产成本计算），限制每个厂商使用的模具和车型的数量，禁止车型的频繁变化（车型必须持续生产数年），并实现特定零部件的标准化生产。关于所有权的建议是，在总装业和零部件业都必须保持墨西哥民族资本控股[1]。

汽车工业计划与发展委员会的这份报告有利于维持墨西哥民族资本的利益，却威胁到跨国公司的全球战略。随着国际汽车巨头对新兴市场竞争的加剧，跨国公司不愿被排除在墨西哥的汽车国产化计划之外，福特公司在巴西延误市场进入而痛失优势的教训更加刺激跨国公司积极进

---

① Bennett, Douglas, and Sharpe, Kenneth, "Agenda Setting and Bargaining Power: The Mexican State versus Transnational Automobile Corporations", in Kronish, Rich and Mericle, Kenneth S. eds. *The Political Economy of the Latin American Motor Vehicle Industry*, Cambridge: The MIT Press, 1984, p. 203.

入墨西哥市场。对于60%的国产化要求，跨国公司则基本上同意接受。为了进入墨西哥市场，跨国公司除了自身的直接努力之外，还游说母国政府向墨西哥政府施加压力。美国驻墨西哥大使馆通知墨西哥政府高层，将任何一家美国汽车公司排除在外都会被美国理解为"不友好行为"，并警告墨西哥产业与商业部秘书，如果出现那种情况，美国政府将会采取更加强烈的应对措施。日本政府也以禁止墨西哥棉花进口为威胁，迫使墨西哥允许尼桑公司进入。在各种压力之下，汽车工业计划与发展委员会不得不部分地吸收跨国公司的建议，并作出了重大让步。

（二）1962年第一部汽车工业法令颁布后的国产化政策

经过讨论和修改之后，1962年墨西哥政府颁布了第一部汽车工业法令，正式提出了实现国内制造汽车的计划。1962年的汽车工业法令旨在增加整车和零部件的国内制造，建立完整的国内汽车工业生产体系，从而带动经济全面进步。法令规定，从1964年9月1日起，禁止汽车用发动机和机械零部件完成品的进口，而且汽车生产企业不允许生产零部件。墨西哥政府有意识地把从事发动机制造和整车组装的汽车制造业与零部件制造业区分开来，并且坚持维持民族资本在汽车零部件工业中的主体地位。而且，在墨西哥从事汽车生产的企业，必须尽快达到60%的国产化水平，1977年乘用车的国产化要求进一步上升到65%[1]。墨西哥的国产化计划不像巴西那样激进，如此低的国产化要求对跨国公司具有很大的吸引力。在扶持民族资本方面，墨西哥也制定了具体的政策，最重要的举措是坚持零部件企业中墨西哥占60%以上的股份以及实行生产配额制度保护国内总装企业的市场份额[2]。但墨西哥政府对跨国公司也作出了很大的让步，1962年的法令没有要求总装企业实行墨西哥化，其他对厂商行为的限制也取消了。最重要的是，法令没有设置厂商数量限制，18家申请厂商中的16家被批准。1964年申请截止日期终止之后，尼桑仍然

---

[1] Humphrey, John, and Antje Oeter, "Motor Industry Policies in Emerging Markets: Globalisation and the Promotion of Domestic Industry", in Humphrey, John, and Yveline Lecler, and Mario Sergio Salerno, eds., *Global Strategies and Local Realities: The Auto Industry in Emerging Markets*, London: ST. Martin's Press, 2000, p. 46.

[2] 生产配额制度在1962年的法令中没有提及，因为在此之前就实行了，1962年的法令默认其有效。

通过日本政府施压获得获准进入市场。

　　1962 年的法令是墨西哥政府根据国家发展战略的需要构建汽车工业的第一次重要尝试，带来了墨西哥汽车工业的第一次重大转变。政府政策是促进墨西哥汽车工业体系建立的必需条件，墨西哥汽车工业法令颁布之后，政府干预对于汽车工业的稳定增长继续发挥着重大的作用。第一，政府有效地限制和控制了汽车价格的上升，确保了稳定的市场价格。1962 年的法令颁布之后，墨西哥建立了最高限价制度，规定所有汽车（不包括所谓的豪华车型在内）的价格必须在 4000 美元以下。墨西哥的国内售价允许在一定范围内高于跨国公司在母国的售价，但不得超过规定的幅度。20 世纪 60 年代和 70 年代初都保持了限价制度，汽车价格被限制在相对较小的增长幅度之内。1966 年之后的一段时期内，汽车的实际价格更是被冻结了。尽管该制度限制了价格上升，但墨西哥的汽车价格仍然超过了发达国家的平均零售价。第二，集中收入分配，通过向上层和中上层阶层转移收入而培养有效需求，从而促进汽车工业的增长。在很长时间内，墨西哥政府通过财政、货币、商业和劳工政策，维持和促进了高度集中的收入分配模式。1969 年，最富的 5% 的家庭的收入占国民收入总量的 35%，最富有的 10% 的家庭占国民收入总量的 51%，而收入较低的 50% 的家庭收入仅占总收入的 15%[1]。第三，通过保护国内市场和提供诱人的补贴吸引大量外资进入汽车工业。在 1963—1970 年，墨西哥政府提供的补贴高达 1.85 亿—2.25 亿美元，相当于总装部门总投资的 49%—59%，是总装部门固定资产投资的 1.75—2.1 倍[2]。这些补贴吸引了大量的跨国公司进入墨西哥汽车工业，促进了墨西哥汽车工业的增长。1962 年之后的 10 年中，墨西哥吸引了 5 亿美元左右的外国直接投资，汽车销售从 65000 辆上升到 236000 辆，增长了 3 倍，汽车部门的就

　　① Kronish, Rich, and Kenneth S. Mericle, "The Development of the Latin American Motor Vehicle Industry, 1900—1980: A Class Analysis", in Kronish, Rich, and Kenneth S. Mericle, eds., *The Political Economy of the Latin American Motor Vehicle Industry*, Cambridge: The MIT Press, 1984, 1984, p. 280.

　　② Kronish, Rich, and Kenneth S. Mericle, "The Development of the Latin American Motor Vehicle Industry, 1900—1980: A Class Analysis", in Kronish, Rich, and Kenneth S. Mericle, eds., *The Political Economy of the Latin American Motor Vehicle Industry*, Cambridge: The MIT Press, 1984, p. 275.

业量从 8000 上升到 30000，增长了将近 4 倍[1]。第四，发展汽车消费信贷，促进汽车需求。1968 年，墨西哥 31% 的汽车销售采取了一年以上的分期付款方式，21%—27%（取决于汽车类型）的汽车购买获得了 3—12 个月的消费信贷，仅仅 42%—48% 的汽车销售实行现金支付[2]。

但是，1962 年的汽车工业法令以及此后的相关规定也存在很多不完善的地方。例如，初始规定限制厂商的数量没有得到贯彻，合理的市场结构并没有如愿构建。而且，该法令的目标主要集中在促进投资、创造就业机会和节约外汇等方面，而没有足够重视保护民族企业和培养自主创新能力。因此，在墨西哥汽车工业迅速发展的同时，也表现出了非常明显的依附特征，带来了一些问题，包括技术和设计完全依赖跨国公司、总装部门迅速出现"去国民化"、汽车生产仅仅针对特定的消费群体等。由于这些问题的存在，墨西哥政府在 1962 年法令颁布之后，继续进行了一些补充规定和修正。为了弥补市场结构缺陷、实现规模经济，墨西哥政府鼓励通过竞争来减少厂商的数目。但跨国公司具有强大的竞争优势，最有可能破产的是墨西哥厂商。因此，在优化市场结构和保护民族资本之间，墨西哥政府必须作出选择，这也是依附型发展模式中不可避免的问题。

从总装部门的"去国民化"趋势不难看出，墨西哥政府偏向于牺牲民族资本来提高效率。1962 年的法令之后，跨国公司全资子公司的所有权没有发生变化，唯一一家政府全资企业（DINA）的所有权也没有发生变化，但墨西哥私人汽车企业的所有权都发生了一些改变。尽管墨西哥政府试图采用生产配额抵消跨国公司的市场势力，阻止总装业中墨西哥资本的下降和确保当地企业的最低市场份额，但墨西哥企业面临的关键问题是零部件进口成本高、获得足够融资难和无法获得先进技术等[3]。因

①　Morris, John T., "Economic Integration and the Transformation of Labor Relations in the Mexican Automotive Industry", in Tuman, John P., and John T. Morris, eds., *Transforming the Latin American Automobile Industry: Unions, Workers, and the Politics of Restructuring*, New York: M. E. Sharpe, 1998, p. 116.

②　Jenkins, R., *Dependent Industrialization in Latin American: The Automotive Industry in Argentina, Chile, and Mexico*, New York: Preger Publishers, 1977, p. 139.

③　Bennett, Douglas C., and Kenneth Sharpe E., *Transnational Corporations Versus the State: the Polotical Economy of the Mexican Auto Industry*, Princeton: Princeton University Press, 1985, p. 128.

此，即使受到政府的保护，墨西哥民族汽车企业的市场份额下降得也很快，1963—1973 年，墨西哥民族企业的市场份额从 38.3% 下降到 14%[1]。而且，当国产化计划刚开始实施的时候，10 个总装厂中的 8 家是墨西哥占大多数股权或者全资。但到 1972 年，7 家汽车公司中仅仅 2 家由墨西哥拥有多数股权，而且都是国有企业。跨国公司子公司的竞争优势挤出了墨西哥民族资本，有保证的市场份额并没有使民族企业获得足够的利润而生存下来[2]。

尤为重要的是，过多的企业进入一个相对较小的市场，导致了生产分散化和效率低下。20 世纪 60 年代后期，墨西哥厂商的平均年产量仅为12500 辆。即使到了 1971 年，墨西哥汽车工业的分散化仍然相当严重，每个企业的年均产量只有 17570 辆，从而导致墨西哥的汽车价格比原产国高 30%—65%[3]。面对这种情况，政府强调，汽车企业必须增加主要零部件的标准化，并且控制汽车成本和价格。尽管价格控制阻止了跨国公司在墨西哥获得过多的利润，却没能堵住无效率的来源——市场结构不合理。墨西哥的生产配额制度尽管在一定程度上保护了民族资本，但生产配额制度进一步阻碍了市场集中度的提高。而且，生产配额制度并没能真正保护墨西哥民族资本。政府根据每家公司的市场势力、市场潜力、当地参与的程度、前一年的销售量分配基本配额，汽车企业每年分配到的配额都是有限的，只有通过增加出口和提高国产化比率才能换取额外的配额。

增加出口成为汽车企业获得更多配额的重要途径，1969 年，墨西哥汽车产业 10% 的总配额是通过出口换来的[4]。但是，跨国公司显然具有更加强大的增加配额的能力，可见生产配额制度非但未能有效保护民族企

---

[1]　Jenkins, R., *Dependent Industrialization in Latin American: The Automotive Industry in Argentina, Chile, and Mexico*, New York: Preger Publishers, 1977, p.150.

[2]　Bennett, Douglas C., and Kenneth Sharpe E., *Transnational Corporations Versus the State: the Polotical Economy of the Mexican Auto Industry*, Princeton: Princeton University Press, 1985, p.265.

[3]　Jenkins, R., *Dependent Industrialization in Latin American: The Automotive Industry in Argentina, Chile, and Mexico*, New York: Preger Publishers, 1977, p.204.

[4]　Jenkins, R., *Dependent Industrialization in Latin American: The Automotive Industry in Argentina, Chile, and Mexico*, New York: Preger Publishers, 1977, p.150.

业，反而成为墨西哥汽车市场结构长期不合理的重要因素之一。实际上，即使墨西哥民族资本全部被挤出市场，被跨国公司控制的墨西哥汽车市场也无法集中到合理的程度。如同巴西和阿根廷的国内情况，在墨西哥投资的跨国公司子公司很难通过市场集中被挤出墨西哥市场。到了 20 世纪 60 年代末，跨国公司通过增加出口换取到了足够多的生产配额，基本配额已经不能约束它们。与此同时，国内企业很难适应出口提高的要求，墨西哥汽车工业的"去国民化"趋势越来越明显。生产配额制度的初衷没有实现，墨西哥政府准备引进新的规定，废弃生产配额制度。

20 世纪 60 年代末期，提高汽车工业的效率显得日益重要。1969 年夏天，两份不同的建议书递交到总统迪亚斯面前——合并和促进出口。合并和促进出口的主要目标都是提高汽车工业的效率和改善国际收支，但二者实现的途径不一样，前者主要通过重组市场结构、深化汽车工业的进口替代（提高国产化要求）来实现，后者则通过促使墨西哥企业参与激烈的国际竞争来实现。实际上，从 1968 年到 1969 年，政府部门和克莱斯勒提出了合并 4 家墨西哥控股或者全资汽车制造厂（VAM，FANASA，DINA，Auto-Mex）的建议。从当时的情况来看，如果这 4 家企业能够进行重组，则能够占领墨西哥一半以上的市场份额，更高的产量和销量将能够在一定程度上弥补利润空间较小的缺陷，并能实现规模经济。但是，合并协议面临着许多的争议，DINA 和 VAM 强烈反对被并入新的企业，墨西哥政府和克莱斯勒也未能就新合并企业的股权安排达成协议。

最重要的是，墨西哥汽车工业体系建立之后，汽车工业的进口替代并没有缓解墨西哥经济最为严重的问题之一——国际收支日益恶化。墨西哥汽车工业的进口从 1960 年的 1.5 亿美元上升到 1965 年的 1.95 亿美元，1970 年达到 2.25 亿美元，进口增加进一步恶化了墨西哥已经出现严重困难的国际收支，威胁到汽车工业和整个经济的健康发展。尽管汽车出口也增长得很快，出口量从 1965 年的不到 100 万美元上升到 1975 年的 2.08 亿美元，但汽车工业的贸易逆差持续扩大①。在严重的国际收支压力

---

① Kronish, Rich, and Kenneth S. Mericle, "The Development of the Latin American Motor Vehicle Industry, 1900—1980: A Class Analysis", in Kronish, Rich, and Kenneth S. Mericle, eds., *The Political Economy of the Latin American Motor Vehicle Industry*, Cambridge: The MIT Press, 1984, p. 292.

之下，总统最终选择了促进出口的计划。因此，20 世纪 60 年代末开始，墨西哥的汽车工业政策从偏重于进口替代转向于出口促进。1969 年，墨西哥政府与主要跨国公司签订协议，跨国公司承诺稳定地促进汽车和零部件出口，长期目标是实现进出口平衡[①]。这一次政策定位，使墨西哥汽车工业再次错失了自主发展汽车工业的机会。

（三）20 世纪 70 年代汽车工业政策由进口替代向出口导向转变

20 世纪 70 年代，墨西哥的汽车工业政策继续向出口促进方向转变，主要变化体现在先后颁布的两部新的汽车工业法令上。政府的主要意图是，力争在 10 年之内，实现汽车产品的进出口平衡。1970 年，路易斯·埃切维里亚·阿尔瓦雷斯（Luis Echeverría Álvarez）上台执政，新任政府虽然意识到大规模出口的困难，但出于政策一致性考虑，没有对 1969 年确定的出口促进发展方针作出太大的调整。但是，墨西哥长期实行进口替代政策带来了收入分配不均、经济全面停止、外债增加，增长战略带来的危机限制了汽车工业的进一步发展，政府势必进行更多的干预。

1972 年，新政府颁布了《汽车工业发展法令》（*The Decree for the Development of the Automotive Industry*，1972）。新的汽车工业法令将总装厂的国内销售配额与出口绩效联系起来，提高了对总装厂的出口要求。1972 年的汽车工业法令仍然默认了墨西哥汽车工业结构的现状：厂商众多，外国跨国公司子公司控制，以及完全依赖外国技术。尽管出口得到了促进，但出口政策威胁到 1962 年制定的用于保护墨西哥汽车零部件工业的垂直一体化禁令（1962 年的法令禁止总装企业制造特定的零部件）。为了在成本、质量和分销等方面达到出口的要求，提高出口产品的竞争力，墨西哥政府允许总装企业制造一些以前禁止它们制造的零部件。例如，克莱斯勒被允许制造空调冷凝器。尽管出口大幅度增加，但并没有达到预先的目标，政府规定 1974—1976 年总装企业必须达到的出口补偿率分别为 40%、50% 和 60%，但实际上分别只有 37.8%、

① Gwynne, Robert, "New Horizons? The Third World Motor Vehicle Industry in an International Framework", in Law, Christopher M., ed., *Restructuring the Global Automobile Industry: National and Regional Impacts*, London: Routledge, 1991, p. 79.

29.0%和41.4%[①]。

更令墨西哥政府尴尬的是，即使总装厂没能达到出口要求，也无法使用预先规定的制裁措施。如果仅有一两个厂商没能实现出口计划，制裁还是比较容易，可以减少它们的配额。但当几乎所有的厂商都不能达到预定目标的时候，实施制裁很可能带来更大的不利影响。对于企业来说，受到制裁可能使销量下降、单位成本增加、利润降低、从母公司的零部件进口减少；对于国家来说，实施制裁可能导致总装业的就业减少、零部件销售受阻和零部件企业利润降低、汽车工业增长放慢。随着墨西哥汽车工业更加深入地融入全球汽车工业体系，墨西哥政府发现，影响在墨西哥投资的跨国汽车公司行为的能力反而降低了[②]。

从1972年到1977年，墨西哥汽车工业持续增长，就业增加到40800人，销售达到300000辆，零部件出口飙升至1.18亿美元。1977年，汽车工业占制造业价值的7%。但是，尽管出口增加，国际收支问题没能解决，1976年出现了严重的国际收支危机[③]。1976年5月，部门协调委员会发布了新政策草案。促进出口的政策没有被废弃，但新政策草案再次强调了进口替代。国产化水平进一步提高，要求汽车公司在1981年提高到80%，而且这一次采用的是更加严厉的"零部件成本"公式。与此同时，政府通过零部件标准化和鼓励现存总装厂商合并等手段，尽量保证国产化要求的提高不影响国内价格。在贸易方面，总装厂的出口必须100%补偿进口，如果出口能够双倍补偿进口，则允许国产化要求降低到70%[④]。

① Bennett, Douglas C., and Kenneth Sharpe E., *Transnational Corporations Versus the State: the Polotical Economy of the Mexican Auto Industry*, Princeton: Princeton University Press, 1985, pp. 176 - 181.

② Bennett, Douglas C., and Kenneth Sharpe E., *Transnational Corporations Versus the State: the Polotical Economy of the Mexican Auto Industry*, Princeton: Princeton University Press, 1985, p. 187.

③ Morris, John T., "Economic Integration and the Transformation of Labor Relations in the Mexican Automotive Industry", in Tuman, John P., and John T. Morris, eds., *Transforming the Latin American Automobile Industry: Unions, Workers, and the Politics of Restructuring*, New York: M. E. Sharpe, 1998, p. 117.

④ Bennett, Douglas C., and Kenneth Sharpe E., *Transnational Corporations Versus the State: the Polotical Economy of the Mexican Auto Industry*, Princeton: Princeton University Press, 1985, p. 201.

　　1976 年 12 月，帕迪略（López Portillo）上台执政。帕迪略政府上台之后立即实施"稳定化计划"，以符合 IMF 增加向墨西哥贷款的条件。政府承诺削减政府开支（尤其是社会服务方面的开支）、刺激国内储蓄、创造就业、恢复国际收支平衡。为了促进汽车工业的进一步发展，政府重新改组了相关部门。原来对汽车工业发展负主要责任的产业与商业部被分为两个部分：其中之一形成单独的商业部，而负责产业发展的部分并入国有资产管理部，成立新的国有财产和产业增长部（Ministry of National Properties and Industrial Growth，SEPAFIN）。除了税收减免、补贴和其他财政激励措施仍然保留在财政部手中之外，所有重要的工具都由 SEPA-FIN 控制。当 1977 年汽车工业法令颁布的时候，墨西哥还成立了一个汽车工业部门间协调委员会（Interministerial Commission of the Automobile Industry），由各个相关部门各派 2 名代表组成[①]。

　　经过详细讨论之后，墨西哥政府于 1977 年颁布了《汽车工业促进法令》（*The Decree for the Promotion of the Automotive Industry*，1977）。为了应付国际收支危机，汽车工业政策进一步向出口促进方向转变。新法令中采用了计量经济模型进行估计，包含了很多数学公式，具有更高的技术含量。其主要条款包括：第一，总装企业在下一个 5 年之内要逐步实现汽车产品贸易平衡。它们不但要用出口补偿在墨西哥组装汽车的零部件进口（1969 年的政策要求），而且要补偿其他的外汇支付（运费和保险费、技术援助费、为经销商进口的备用零部件、它们在国内购买的零部件中的进口成分）。第二，总装企业承担的出口义务中，出口价值的 50%（以前为 40%）应该来自国内的零部件企业（零部件企业仍然继续保持墨西哥资本占 60% 以上股权的要求不变）。第三，对于总装行业中的两个墨西哥控股的企业（DINA 和 VAM）给予特定的优惠，因为它们寻找出口机会更加困难。第四，总装厂的国产化要求达到略高于以前政策的规定。第五，管理汽车工业的政策工具发生了较大的变化：价格控制被取消了，更多地通过市场约束的方式来引导企业行为，而不是直接规制微

---

　　① Bennett, Douglas C., and Kenneth Sharpe E., *Transnational Corporations Versus the State: the Polotical Economy of the Mexican Auto Industry*, Princeton: Princeton University Press, 1985, p. 207.

观企业行为①。例如，政府取消了国内价格控制，并放松了对生产线和车型的控制。

尽管 1977 年的法令主要是向出口促进方向转变，但有关国产化要求的规定也更加严格了。1977 年的法令不但保留了国产化要求的规定，而且规定按照零部件成本而不是生产成本进行计算，这就意味着总装厂的组装成本不能被计入国产化水平。最低的国产化水平为：轿车达到 50%和卡车达到 65%，但由于计算方法的改变，实际的国产化要求比之前高8% 左右。而且，国产化要求是按照单一车型计算，企业不能再以一个车型较高的国产化水平弥补另一个车型较低的国产化水平，这样的规定旨在能够减少车型的数量。除了最低的国产化要求之外，政府还推荐了较高的水平，到 1981 年提高到 75%。当然，企业可以选择不满足推荐水平，但它们必须实现出口大于进口②。1977 年的法令同时提供了出口财政激励，完成出口计划的总装厂和零部件厂能获得税收减免、补贴和其他财政优惠。SEPAFIN 非常强硬地向跨国公司表态，如果企业不能完成预定的目标，将会丧失这些财政利益，甚至被罚款。

墨西哥政府在 20 世纪 70 年代先后颁布的两部汽车工业法令标志着政府政策从进口替代向出口导向转变，促进了墨西哥汽车工业融入全球汽车工业体系。令人遗憾的是，随着墨西哥汽车工业与外部世界联系的加强，汽车工业中的"去国民化"趋势更加明显。尽管墨西哥政府在出口要求方面对民族企业实行了优惠待遇，但民族企业还是因为无法适应全球竞争而逐步退出总装行业。1971 年，Azcárraga 家族和其他墨西哥持股者都把 Auto-Mex 的股权卖给了克莱斯勒，使得 Auto-Mex 成为克莱斯勒的全资子公司。1977 年汽车工业法令颁布之后，墨西哥绩效最好的民族汽车企业——DINA 为了进入国际市场，将卡车业务和轿车业务拆分，40% 的轿车业务资产被卖给了新成立的墨西哥雷诺汽车公司。

---

① Bennett, Douglas C., and Kenneth Sharpe E., *Transnational Corporations Versus the State: the Polotical Economy of the Mexican Auto Industry*, Princeton: Princeton University Press, 1985, pp. 204 - 205.

② Bennett, Douglas C., and Kenneth Sharpe E., *Transnational Corporations Versus the State: the Polotical Economy of the Mexican Auto Industry*, Princeton: Princeton University Press, 1985, p. 209.

实际上，SEPAFIN 的一些官员甚至鼓励 DINA 将更多的份额出售给雷诺，以促使雷诺承担更大的出口义务。墨西哥汽车工业政策的大转变意味着 10 年前实施的进口替代政策的失效，正是因为进口替代政策的预定目标没有实现，国际收支状况恶化到了非常严重的地步，政府才会不惜代价努力促进出口。但墨西哥汽车工业政策的转向也是"去国民化"趋势加快的重要缘由之一，在当时的国际市场结构中，国内企业缺少出口机会。为了收回仅剩的投资，处于破产边缘的墨西哥汽车企业只得将资产卖给跨国公司，退出总装行业①。

（四）20 世纪 80 年代债务危机之后积极融入全球生产体系的政策转向

20 世纪 80 年代初，墨西哥陷入了债务危机，汽车工业的发展也受到了严重的影响。汽车销量从 1981 年的 561249 辆，下降到 1982 年的461622 辆，1983 年暴跌至 272089 辆。在此情况下，墨西哥政府的汽车工业政策继续进行调整，主要目标仍然是促进出口、改善国际收支。面对1982 年的危机，政府的短期计划目标是缓解生产能力的闲置和债务负担，长期目标是进一步刺激出口，形成一个更加开放和更具国际竞争的产业②。这个时期，墨西哥政府官员的组成发生了较大的变化，众多受过美国知名大学教育的技术官僚进入了墨西哥政府的高层，占据了执政党和政府的一些关键职位。这些新崛起的政治明星希望改变国家的产业政策，促进汽车工业的进一步发展。

1983 年 9 月，上台不到 10 个月的德拉马德里（Miguel De La Madrid）政府颁布了一部新的汽车工业法令，这是墨西哥颁布的第四部汽车工业法令。该法令关注的重点是减少汽车工业贸易赤字和调整汽车工业结构，其主要内容包括：允许汽车总装厂为供给国外市场而引入新车型（在国内市场可以销售产量的 20%），1987 年之前新生产线必须达到外汇自给

---

① Bennett, Douglas C., and Kenneth Sharpe E., *Transnational Corporations Versus the State: the Political Economy of the Mexican Auto Industry*, Princeton: Princeton University Press, 1985, pp. 265 - 266.

② Bennett, Douglas C., and Kenneth Sharpe E., *Transnational Corporations Versus the State: the Political Economy of the Mexican Auto Industry*, Princeton: Princeton University Press, 1985, p. 273.

自足，30%零部件成本必须国产化；国产化要求从 1984—1985 年的 50%
提高到 1987 年年初的 60%，但如果能够提高出口绩效，国产化要求可以
降低；建立咨询委员会，允许总装厂参加汽车工业决策的制定过程；禁
止在国内销售 V - 8 发动机，限制豪华设备的进口①。1983 年汽车工业法
令出台的一个重要背景是，墨西哥北部边境地区的客户工业蓬勃发展。
20 世纪 60 年代中期在墨美边境发展起来的外包工业此时已经初具规模，
许多美国汽车企业和零部件企业利用墨西哥劳动力低廉的优势在墨西哥
北部投资，墨西哥政府顺势而为，大力促进北部边境地区新的汽车工业
中心的兴起。墨西哥北部汽车工业中心的兴建，既有利于增加就业，又
能大量创汇，缓解债务危机和弥补国际收支逆差。

　　20 世纪 70 年代以来世界汽车工业结构的变化和 80 年代墨西哥的债
务危机带来的冲击，促使墨西哥政府更加坚定地放弃了先前坚持的进口
替代发展战略，转向于致力支持总装企业将国内汽车工业纳入正在迅速
变化的国际生产体系。1986 年，墨西哥加入 WTO 之后，对汽车贸易的管
制逐步放松，开放边境和自由化改革成为政府的施政重点。1989 年，上
台不到 1 年的萨利纳斯政府颁布了《汽车和自动交通产业发展与现代化
法令》（*The Decree for the Promotion and the Modernization of the Automobile
and Autotransport Industries*, 1989），标志着墨西哥汽车工业彻底脱离进口
替代发展道路。在出口要求和国产化水平方面，墨西哥政府逐步实行了
明确的自由化改革。第一，允许在一定条件下进口整车。实现了贸易顺
差的总装企业可以进口整车，但不得超过国内销售总额的 15%。每进口
价值 1 美元的新车，必须出口相应金额的汽车产品，1991 年、1992—
1993 年和 1994 年这一金额分别为 2.5 美元、2 美元和 1.75 美元。第二，
在国内销售的车型，国产化要求可以降低到 36%，而用于出口的车型，
国产化水平最低可以为 30%。第三，原先规定的必须在国内生产的零部
件名单被取消了，总装厂可以从国内外自由选择供应商。第四，对车型

---

　　① Morris, John T., "Economic Integration and the Transformation of Labor Relations in the Mexi-
can Automotive Industry", in Tuman, John P., and John T. Morris, eds., *Transforming the Latin A-
merican Automobile Industry: Unions, Workers, and the Politics of Restructuring*, New York: M. E.
Sharpe, 1998, p. 118 - 119.

和厂商数目的限制取消了①。

1992 年，墨西哥与美国、加拿大签订了于 1994 年正式生效的北美自由贸易协定，标志着墨西哥汽车工业与北美市场的一体化在一定程度上得以实现，墨西哥汽车工业的开放也由此达到了一个新的高度。在 NAFTA 的规定下，墨西哥从加拿大和美国的进口关税分别削减至 20% 和 10%，1999 年取消轻型车的关税，2004 年取消轿车的关税。墨西哥从美国和加拿大进口的零部件 15% 免税，5 年之内免税比例增加到 54%，2004 年之后 NAFTA 内的贸易不受限制，从其他国家进口则适应更高的关税率。根据 NAFTA 的规定，墨西哥还需要降低国产化要求，1999 年的国产化水平为国内的增加值占总价值的 34%，2003 年下降到 29%，2004 年完全取消国产化要求。此外，墨西哥废除了对厂商数量的限制，所有权方面的限制也被取消，外国公司可以 100% 拥有所有权②。自此之后，墨西哥汽车工业完全融入全球汽车工业体系，其汽车工业政策的开放基调也基本形成。墨西哥汽车工业与世界汽车工业紧密接轨之后，墨西哥政府必须遵守 WTO 和 NAFTA 的相关规定，其汽车工业政策的自主权在一定程度上受到了削弱。

（五）21 世纪以来墨西哥汽车工业政策的调整

为了提高汽车工业竞争力，2002 年墨西哥政府制定并颁布了一项战略性的产业促进计划（PROSEC），针对以制造业为主的 24 类支柱型产业，允许符合条件的企业以优惠关税或零关税进口所需材料，加快产业发展，提高其在国际市场竞争力，使之成为墨西哥出口和经济发展的主要动力。墨西哥政府主管机关有权在审批出口加工企业项目时，同时批准其为 PROSEC 框架下企业。根据 PROSEC 的有关规定，某些特定产品的生产企业，可以申请优惠关税进口各种其特定产品生产过程中所需的

---

① Morris, John T., "Economic Integration and the Transformation of Labor Relations in the Mexican Automotive Industry", in Tuman, John P., and John T. Morris, eds., *Transforming the Latin American Automobile Industry: Unions, Workers, and the Politics of Restructuring*, New York: M. E. Sharpe, 1998, p. 121.

② Humphrey, John, and Antje Oeter, "Motor Industry Policies in Emerging Markets: Globalisation and the Promotion of Domestic Industry", in Humphrey, John, and Yveline Lecler, and Mario Sergio Salerno, eds., *Global Strategies and Local Realities: The Auto Industry in Emerging Markets*, London: ST. Martin's Press, 2000, p. 46.

原料或物项，无论其最终产品是面向出口还是国内市场。一般来说，这些原料或物项的进口关税水平在13%—23%，而PROSEC企业可享受不高于7%的优惠进口关税水平。

汽车产业法令（AUTO DECREE）是对墨西哥大型汽车制造厂配额内给予的免进口关税进口整车优惠政策。2003年12月31日墨西哥《联邦官方日报》上公布了《关于支持汽车工业竞争力、推动国内汽车市场发展的法案》，目的是通过授予各项鼓励措施，促进对本国轻型车辆制造业的投资。加入该法案的制造企业可以获得的好处包括：第一可被认定为"制造商"以适用《海关法》中关于"汽车保税仓库"及其他内容的规定；第二可免税进口上一年度产量10%的车辆台数；第三可被自动认定为"汽车及其零部件行业产业促进计划"框架下的"制造商"。为鼓励该行业吸收生产性投资，墨西哥汽车法案还规定了重点投资范围，如：设备及厂房的扩建和建设、技术培训和创造就业、汽车产业的直接投资等。与这些投资相关的企业可以被视为产业发展规划框架下的企业，从而享受海关优惠政策。

2014年12月，墨西哥政府与汽车产业界共同推出促进产业发展规划，旨在完善墨西哥汽车产业链，增加汽车产业增加值。墨西哥国家金融银行、外贸银行、经济部贸易工业副部、国家企业局、投资贸易促进局、科技委员会等机构合力出台措施，全面提供融资、创新、促进外国投资和开拓新市场等支持。

值得注意的是，2018年签署的美墨加三国协议（USMCA）已经取代原来的北美自由贸易协定（NAFTA），美国出于鼓励本国汽车制造业发展的动机，对墨西哥汽车出口美国提出了更严格的原产地要求，即75%的价值都必须在北美制造完成才能享受零关税向美国出口。而且，墨西哥在劳工标准等方面也要满足一定的要求，这些规定对墨西哥汽车出口势必造成不小的冲击。

（六）墨西哥汽车工业政策的反思

自20世纪60年代初墨西哥政府采取深思熟虑的政策促进汽车工业发展以来，墨西哥汽车工业政策经历了巨大的变化。墨西哥政府成功地迫使跨国汽车公司在墨西哥建立了完整的汽车工业体系，并在较短的时期内转向出口。墨西哥政府在汽车工业市场结构的调整、民族资本的保护等方面，都有所作为。但是，在依附型汽车工业发展模式中，政府政策受到很多限制，跨国公司及其母国政府在各个不同阶段持续向墨西哥政府施加影响。制定和实施汽车工业政策成为墨西哥政府维护经济自主权的一种方式，但带来的代价是政府力量的削弱①。在墨西哥政府内部，各个部门（尤其是财政部、产业与商业部）之间缺乏组织协调，相互牵制，削弱了政府自主制定和实施汽车工业政策的能力。而且，每6年一次的总统换届及之后的部门重组也常常引起管制汽车工业的部门发生改变，从而导致政策的不连贯和不一致。关于对民族汽车企业的保护，限制企业股权结构的意图和做法反映了墨西哥政府长期以来的民族主义倾向。墨西哥汽车工业发展历程表明，跨国公司在很多方面能够挑战政府的政策，使墨西哥政府对民族企业的保护最终陷入失败。

---

① Bennett, Douglas, and Kenneth Sharpe, "Agenda Setting and Bargaining Power: The Mexican State versus Transnational Automobile Corporations", in Kronish, Rich and Kenneth S. Mericle, eds., *The Political Economy of the Latin American Motor Vehicle Industry*, Cambridge: The MIT Press, 1984, p. 219.

第五章

跨国公司与拉美汽车工业的发展

　　跨国公司是拉美汽车工业的重要微观基础，是拉美汽车工业发展最重要的动力之一。在拉美汽车工业发展的整个过程中，跨国公司始终扮演着重要的角色。20世纪初，跨国公司在拉美的汽车装配活动拉开了拉美汽车工业的序幕；20世纪50年代，跨国公司在东道国政府的规制下转向当地制造，帮助拉美国家创建了汽车工业体系；20世纪70年代初，跨国公司在东道国政府的激励下转向出口，将拉美国家的汽车工业纳入世界汽车工业体系。对于拉美国家的汽车工业来说，跨国公司是一把双刃剑，积极作用和消极作用并存。在拉美各国转向当地制造之后，跨国公司逐渐控制了各国的汽车工业，加深了拉美国家对跨国公司的依附。在控制拉美汽车工业的同时，跨国公司也在东道国的引导下把拉美汽车工业纳入全球汽车工业体系，促进了拉美汽车工业的发展。

第一节　跨国公司投资拉美汽车工业的历史与现状

　　跨国公司在拉美的投资史，实际上就是一部拉美汽车工业的发展史。因此，下面将以拉美汽车工业的发展历程为线索来回顾跨国公司在拉美汽车工业的投资。

一　简单组装阶段的外国直接投资

（一）跨国公司与拉美汽车工业的起步

20世纪初，正是美国的跨国公司在拉美从事汽车组装活动拉开了拉美汽车工业的序幕。1916 年，福特公司率先在阿根廷建立汽车组装厂，成为跨国汽车公司进军拉美的先锋。在两次世界大战期间，美国的三大汽车巨头福特、通用和克莱斯勒基本上控制了拉美的汽车工业。20 世纪30 年代，在巴西，德国汽车公司的轿车销量只占 10%，剩余市场份额主要被美国汽车公司瓜分；在阿根廷，美国控制了 85% 的市场，德国和英国的市场份额分别只有 7% 和 3%[①]。

（二）第二次世界大战后美国汽车公司在拉美的投资

第二次世界大战之后，世界汽车工业的变化趋势和拉美国家的政策变化导致跨国公司加剧了对拉美市场的争夺。一方面，自 20 世纪 50 年代中期之后，世界汽车工业出现了前所未有的资本国际化现象。资本国际化不仅仅包括国际贸易和外国投资的增长，它同时包括产品标准化和不同市场上技术特征的趋同。对于美国汽车公司来说，海外生产的相对重要性不断提高。1953—1963 年，通用汽车公司的海外生产从占其总产量的 7% 上升到 17%，福特从 15% 提高到 28%，克莱斯勒则从零上升至17%[②]。另一方面，第二次世界大战结束初期，为了应对拉美国家设置的汽车贸易壁垒，跨国公司纷纷加大了在拉美投资的力度，争抢拉美市场，美国汽车公司利用地理优势和前期经验迅速扩大对拉美的投资。战后初期，美国汽车公司的势力范围主要在拉美地区，而欧洲汽车公司则主要控制前殖民地的汽车市场。但到了 20 世纪 50 年代初，美国汽车只占阿根廷和巴西汽车进口的 60%，即使在墨西哥，美国三巨头的市场份额也降低到 60% 以下[③]。

（三）欧洲汽车厂商进入拉美

尽管第二次世界大战后美国汽车公司仍然控制着拉美汽车工业，但欧洲同行们不断地向它们发起挑战。20 世纪 50 年代初，欧洲汽车生产商大举进入拉美，加剧了拉美汽车市场上的竞争。奔驰于 1952 年进入阿根

①　Jenkins, R., *Transnational Corporations and Industrial Transformation in Latin America*, London: Palgrave Macmillan, 1984, p. 51.

②　Jenkins, R., *Transnational Corporations and Industrial Transformation in Latin America*, London: Palgrave Macmillan, 1984, pp. 27 – 28.

③　Jenkins, R., *Transnational Corporations and Industrial Transformation in Latin America*, London: Palgrave Macmillan, 1984, p. 22.

廷，1953年进入巴西；大众1953年进入巴西，1954年进入墨西哥；菲亚特1951年进入墨西哥。1953年巴西禁止整车进口之后，许多企业，如大众、梅赛德斯－奔驰都通过向巴西出口CKD或者SKD组件，在当地组装汽车。尽管在巴西进行汽车组装的利润较高，但跨国公司仍然没有准备在当地制造，因为跨国公司认为拉美当地市场太小，而且拉美各国的政治经济环境也不稳定。更重要的是，它们认为，拉美政府禁止市场进入的威胁不可信。美国厂商，尤其是三巨头在拉美的竞争优势明显减弱，它们不再享受两次大战期间和第二次世界大战结束初期的特权地位。

二 国产化时期跨国公司的直接投资

20世纪50年代末60年代初，巴西、阿根廷和墨西哥政府开始筹划向国内制造转变。但这个时候，跨国公司仍然认为拉美市场过小，市场前景还不明朗，只愿通过CKD组装这种投资较小、风险较低的方式进入拉美市场。

（一）跨国公司对汽车工业国产化政策的初期抵制

相对于当地制造而言，组装活动所需的资本成本要低得多，风险也更小。组装厂的规模经济效应比较低，可以进行小量生产。而且，组装厂的机械化程度很低，跨国公司只需要进行很少的投资。实际上，大多数海外组装厂都依靠自己筹集资金，底特律的总部实际上没有进行什么大的投资①。因此，巴西于1957年率先制订国产化计划之后，受到了跨国公司的强烈抵制。尽管政府规定，汽车公司必须在1957年12月之前递交申请才能获得财政激励，但以福特为首的跨国公司极力与巴西政府斡旋，力图争取更好的条件进入巴西市场。跨国公司最初仅仅按照巴西政府的要求生产卡车，而拒绝在当地制造轿车。

经过一段时间的僵持之后，1958年12月，福特公司认为自己有足够的势力改变巴西政府在国产化要求方面的规定，于是递交了一份过渡性

---

① Kronish, Rich, and Kenneth S. Mericle, "The Development of the Latin American Motor Vehicle Industry, 1900—1980: A Class Analysis", in Kronish, Rich, and Kenneth S. Mericle, eds., *The Political Economy of the Latin American Motor Vehicle Industry*, Cambridge: The MIT Press, 1984, p. 267.

轿车制造计划，承诺开始的时候达到 30% 的国产化水平，1962 年达到 73%。但巴西政府拒绝了这份建议，坚持一开始生产就必须达到 50% 的国产化水平，1961 年 1 月 1 日必须达到 95% 的国产化率。1957 年 10 月，德国大众公司提交了轿车生产计划，并得到了巴西政府的批准。大众公司的介入，削弱了福特公司的讨价还价能力，福特被迫于 1959 年提交了符合巴西政策制定者们心意的轿车生产计划。福特的延误进入，让大众掌握了巴西汽车市场上的主导权。1968 年，大众占巴西轿车销售总量的 80%，1975 年仍然占 62% 的市场份额。福特的战略失误不但使大众在较长时间内独占了巴西市场，而且改变了巴西民众的汽车消费观念。刚开始的时候，巴西消费者被迫购买欧洲标准的紧凑型轿车，但随后巴西消费者发现，灵活、省油的紧凑型车更适合巴西的道路交通网络，从而真正偏好驾驶欧洲汽车[①]。

（二）跨国公司与拉美政府关于国产化政策的博弈

有了巴西这个先例，跨国公司对阿根廷和墨西哥的国产化计划的反应要积极得多。在墨西哥，20 世纪 50 年代末的汽车市场仍然被美国三大汽车巨头控制，但政府为了通过市场竞争降低小型车的价格，开始从欧洲进口少量汽车。1958 年，福特、通用和大众在墨西哥销售的汽车总量分别为 5671 辆、6266 辆和 472 辆，分别占销售总额的 25.7%、28.4% 和 2.1%。1962 年，福特、通用和大众在墨西哥销售的汽车总量分别为 7715 辆、8289 辆和 845 辆，所占市场份额分别为 19.3%、20.8% 和 2.1%[②]。

因为跨国公司的市场势力强大，它们并不是被动地接受墨西哥政府的政策，而是通过各种方式积极影响墨西哥的汽车工业政策。因此，跨国公司与墨西哥政府在很多方面存在冲突。第一，尽管跨国公司都害怕被排除在墨西哥市场之外而没有明确反对转向当地制造，但都不愿意马上转向当地制造，因为墨西哥国内的原材料和零部件基础工业薄弱、市

①　Shapiro, Helen, *Engines of Growth*: *The State and Transnational Auto Companies in Brazil*, New York and Cambridge: Cambridge University Press, 1994, pp. 111 – 118.

②　Bennett, Douglas C., and Kenneth Sharpe E., *Transnational Corporations Versus the State*: *the Polotical Economy of the Mexican Auto Industry*, Princeton: Princeton University Press, 1985, pp. 52 – 53.

场规模过小。在这一点上，最终跨国公司还是按照墨西哥政府的要求转向当地制造。第二，在国产化要求方面，以美国厂商为代表的跨国公司不愿意将冲压流程包括在国产化要求之内，也不愿意墨西哥政府限制车型变化损害其竞争战略。第三，福特公司和通用均强烈反对所有的汽车生产都实现墨西哥化。因为它们害怕以这种方式进入墨西哥之后，在全球其他地区的投资都会受到这种要求的限制。第四，在限制厂商数目方面，尽管每个跨国公司都希望能做到这一点，但都不愿意被排除在外[①]。

日本尼桑公司为了进入墨西哥市场，甚至游说日本政府向墨西哥政府施加压力。日本政府威胁墨西哥，如果尼桑被排除在外，日本将会停止从墨西哥进口棉花。棉花出口当时是墨西哥政府最重要的外汇收入来源，1963 年墨西哥棉花出口创汇 1.96 亿美元，占外汇收入总量的 20% 以上，而墨西哥 70% 的棉花出口到日本这个第二大贸易伙伴[②]。

（三）跨国公司对民族资本的挤出效应

20 世纪 60 年代，拉美政府的政策变动导致跨国公司转向当地制造之后，跨国公司开始收回向拉美当地企业提供的许可证，许多拉美民族企业因为技术问题而被迫退出生产，而跨国公司则积极并购独立的民族企业。20 世纪 60 年代初，拉美民族资本尚在汽车工业中占据十分重要的地位。在阿根廷，三分之二的产量是由国内资本控股的企业生产，而美国三大巨头最开始只在阿根廷生产卡车，1962 年才开始进入轿车市场；在巴西，民族汽车企业的产量占五分之一以上；在墨西哥，三分之一的汽车产业资本由政府控制，而智利政府控制了接近 90% 的汽车产业资本。在存在大量过剩生产能力的条件下（20 世纪 60 年代中期，阿根廷超过了 40% 的生产能力闲置），跨国公司通过提供更加有利的消费信贷条件和更

---

① Bennett, Douglas C., and Kenneth Sharpe E., *Transnational Corporations Versus the State: the Polotical Economy of the Mexican Auto Industry*, Princeton: Princeton University Press, 1985, pp. 104 – 105.

② Bennett, Douglas, and Kenneth Sharpe., *Agenda Setting and Bargaining Power: The Mexican State versus Transnational Automobile Corporations*, in Kronish, Rich and Mericle, Kenneth S. eds. *The Political Economy of the Latin American Motor Vehicle Industry*, Cambridge: The MIT Press, 1984, p. 216.

新车型等竞争手段将融资能力较弱的拉美民族企业挤出市场①。

到20世纪70年代初，跨国公司进一步控制了拉美汽车工业。墨西哥仅2家企业（DINA和VAMSA）、阿根廷仅1家（IME）仍然控制在民族资本手中，而且它们在市场上已经不占优势②。巴西两家重要的生产商Willys和Vemag分别被福特和大众兼并，克莱斯勒也重新进入巴西汽车工业。表5-1中显示的拉美各国整车制造业中各类企业的生产份额，充分地反映了拉美汽车工业的去"国民化"趋势。1972年，巴西整车制造业完全控制在外国企业手中，墨西哥、阿根廷和智利的外国控股企业占总产量的比重也达到80%以上。

表5-1　　　1972年拉美各国整车制造业各类企业的生产份额　　（单位：%）

企业类别 国家	外资控股企业	外资占少数股权	当地企业
阿根廷	97.3	-	2.7
巴西	100	-	-
智利	96.3	-	3.7
哥伦比亚	44.9	55.1	-
墨西哥	84.6	6.5	8.9
秘鲁	77.2	22.8	-
委内瑞拉	67.4	3.2	29.4

数据来源：根据 Jenkins, R., *Transnational Corporations and the Latin American Automobile Indusrty*, London：The Macmillan Press，1987，p. 62整理而来。

（四）跨国公司与拉美汽车市场结构

尽管跨国公司开始转向当地制造，但拉美汽车工业存在严重的结构性问题。20世纪60年代，阿根廷、巴西和墨西哥工厂的设计生产能力都在10万辆以下，大部分的工厂的产能设计为2万辆或者更小。这种生产

① Jenkins, R., "The Rise and Fall of the Argentine Motor Vehicle Industry", in Kronish, Rich, and Kenneth S. Mericle, eds., *The Political Economy of the Latin American Motor Vehicle Industry*, Cambridge：The MIT Press，1984，p. 50.

② Jenkins, R., *Transnational Corporations and the Latin American Automobile Indusrty*, London：The Macmillan Press，1987，p. 62.

方式不仅仅意味着在缩小规模的基础上简单复制标准工厂，而且导致劳动过程质的变化。为了保证灵活性以满足单个车型较小市场需求和适应更短的生产周期，拉美汽车工厂的机械化水平都较低。学者们进行的比较研究显示，在巴西，接近一半的机器是非自动化机器，而在美国这个比例不足五分之一①。为了节约成本和降低风险，跨国公司还广泛地使用落后的设备和二手设备，甚至广泛采用手工生产。例如，福特从加拿大进口大量的二手设备投入阿根廷的子公司。1967年，阿根廷汽车工业接近四分之一的生产设备超过10年的寿命，由于汽车工业的大规模投资发生在1959年之后，这就意味着使用了过多的二手设备。

据研究，跨国公司20世纪50年代在巴西建立汽车工业的时候，也广泛地使用二手设备②。而且，由于拉美各国的市场规模过小，跨国公司的大量投资导致了过度生产能力，大量资源被闲置。在巴西，20世纪60年代初的生产能力在30万辆以上，但实际产量直到60年代末才达到这个水平。在阿根廷，1963年的汽车生产能力为22万辆，但直到70年代初才达到这样的实际产出水平。在墨西哥，1965年的生产能力为20万辆，但整个60年代的产出水平都低于这一数据；1967年的发动机年产能力为60万台，但直到70年代中期发动机出口大增的时候才实现这一产能。

由于大量生产能力的闲置，20世纪60年代中后期，跨国公司可以不增加新的投资而扩大产量。在巴西，除了克莱斯勒和通用因为引入新的车型而略微增加投资之外，直到1970年，汽车工业的新增投资都维持相当低的水平。1964年之后，墨西哥投资大幅度下降，直到1972年才开始增加。当然，20世纪60年代后期墨西哥和巴西汽车工业的劳动生产率出现过两次较大幅度的提高，表明跨国公司还是采用了一些新机器设备③。尽管成本和价格偏高，市场需求偏小，但由于跨国公司的垄断地位和国内市场受到高度保护，跨国公司在拉美仍然获得了

① Shapiro, Helen, *Engines of Growth: The State and Transnational Auto Companies in Brazil*, New York and Cambridge: Cambridge University Press, 1994, pp. 224 – 225.

② Jenkins, R., *Transnational Corporations and the Latin American Automobile Indusrty*, London: The Macmillan Press, 1987, pp. 74 – 76.

③ Jenkins, R., *Transnational Corporations and the Latin American Automobile Indusrty*, London: The Macmillan Press, 1987, p. 91.

合理的利润。

三　出口导向时期的跨国公司直接投资

（一）政府正式制定出口绩效规定之前跨国公司的投资策略

20 世纪 60 年代末和 70 年代初，世界汽车工业增长乏力，以福特和通用为代表的美国厂商对当时的挑战的反应是，在美国进行自动化变革和采用"全球标准化汽车"战略来追求规模经济，在全球范围内提高产品的标准化程度以摊薄研发成本，以及利用低工资国家（尤其是拉美）作为发动机和零部件（设计变化较少、规模经济效应相对较小）的出口平台[①]。跨国公司在拉美的汽车厂因规模较小而导致生产效率较低。在拉美地区，20 世纪 50 年代末和 60 年代跨国公司的防御性投资使得每个厂商具有多个子公司，每个子公司都是对其母公司生产设施缩小规模的复制。防御性的投资导致市场拥挤，再加上厂商的车型多样化战略，意味着每个汽车制造厂的产销量必然很低。在当时拉美的 70 家左右汽车工厂中，只有大众的巴西子公司的年产量水平能够利用规模经济[②]。

表 5－2　　　　　　　**1976 年拉美国家的汽车生产（分厂商）**　　　（单位：辆，%）

厂商	阿根廷	巴西	智利	哥伦比亚	墨西哥	秘鲁	委内瑞拉	总量	占拉美市场比
美国汽车	–	–	–	–	22669[a]	–	1213	23882	1.4
克莱斯勒	21986	27831	–	15336	55929	11031	43355	175468	10.2
雪铁龙	15839	–	1764[a]	–	–	–	–	17603	1.0
菲亚特	44444	8350	1439	4023	–	–	4510	62766	3.6
福特	33954	171931	–	–	45497	–	52317	303699	17.7
通用	16195	181144	960	–	36753	–	30238	265294	15.4
梅－奔驰	6682	48817	–	–	–	–	2180	57679	3.4

---

① Shapiro, Helen. *Engines of Growth: The State and Transnational Auto Companies in Brazil*, Cambridge: Cambridge University Press, 1994, pp. 224－225.

② Bennett, Douglas C., and Kenneth Sharpe E., *Transnational Corporations Versus the State: the Political Economy of the Mexican Auto Industry*, Princeton: Princeton University Press, 1985, pp. 194－195.

续表

厂商	阿根廷	巴西	智利	哥伦比亚	墨西哥	秘鲁	委内瑞拉	总量	占拉美市场比
尼桑	–	–	–	–	30624	5453	4856	40933	2.4
标致	16121	–	1557	–	–	–	–	17678	1.0
雷诺	30896	–	1307	15998	36894ª	–	5266	90361	5.3
丰田	–	1498	–	–	–	6609	7326	15433	0.9
大众	–	529636	–	–	70398	9628	3000	612662	35.7
其他	7400	16262	–	–	1161	1623	8471	34917	2.0
总量	193517	985469	7027	35357	299929	34344	162732	1718375	100.0
占比	11.3	57.3	0.4	2.1	17.4	2.0	9.5	100.0	

注：①乌拉圭、厄瓜多尔和哥斯达黎加也组装少量汽车；

②a 是分别与各国政府组成的合资企业。

数据来源：根据 Bennett, Douglas C., and Kenneth Sharpe E., *Transnational Corporations Versus the Political Economy of the Mexican Auto Industry*, Princeton: Princeton University Press, 1985, p.193 整理而来。

尽管拉美各国政府提出了严格的出口要求以及拉美国家的汽车工业处于一个低潮期，但跨国公司仍然非常看好拉美市场的前景，因为国际汽车工业的激烈竞争迫使跨国汽车公司合理布局它们的全球生产格局，从而提高了发展中国家的战略地位。20世纪70年代，许多跨国公司增加了在拉美的投资。1976年，福特在阿根廷、巴西、墨西哥和委内瑞拉建立了工厂，通用在上述4国和智利建厂，克莱斯勒在阿根廷、巴西、墨西哥、委内瑞拉、哥伦比亚和秘鲁都拥有汽车工厂。大众在4个拉美国家生产，雷诺和菲亚特各自在5个拉美国家建厂。日本汽车厂商仍然处于落后其他跨国公司的地位，尼桑和丰田尽最大可能避免在当地投资，而尽量在母国制造所需的主要零部件①。

整个20世纪70年代，德国大众和美国三大汽车巨头控制拉美汽车市

---

① Bennett, Douglas C., and Kenneth Sharpe E., *Transnational Corporations Versus the Political Economy of the Mexican Auto Industry*, Princeton: Princeton University Press, 1985, p.192.

场的格局没有发生明显的变化，1976 年大众占 35.7% 的拉美市场，通用、福特和克莱斯勒的市场份额分别为 15.4%、17.7% 和 10.2%（见表 5 - 2）。在拉美汽车工业向出口促进转变的时期，跨国公司凭借强大的生产能力、遍布全球的销售网点、对世界市场的熟悉等优势迅速扩大了出口，从而获得政府更大的支持，并在更大程度上控制了拉美汽车工业。1970—1983 年，拉美国家 4 家最大的跨国公司将它们占汽车总产量的份额从 70% 提高到 82%。1983 年，大众、通用和福特 3 家公司占拉美地区汽车总产量的 70%。但其他跨国公司遭遇了各种不同的问题，菲亚特从阿根廷轿车行业撤资，并在巴西遭受了严重的财务危机；克莱斯勒在拉美的经营范围收缩到墨西哥国内①。

（二）政府与跨国公司关于出口绩效要求的博弈

对于拉美国家提出的出口绩效要求，跨国公司并不是毫无条件地接受。相反，大多数跨国汽车公司强烈反对拉美国家规定的硬性出口要求，因为这将迫使它们在拉美进行充满不确定性的额外投资。例如，福特和通用就提出，如果拉美国家继续坚持较高的国产化要求，它们没法通过降低成本和价格来扩大出口；如果拉美国家能够降低国产化要求，它们则可以生产廉价的流行车型，并创造更多的就业机会。在跨国公司的压力下，许多拉美国家开始降低国产化要求，以促进汽车产品的出口②。

在墨西哥，1977 年旨在提高出口绩效的汽车工业法令颁布之后，墨西哥汽车工业协会（AMIA）立即组织召开了一系列紧急会议，邀请跨国公司墨西哥子公司的管理者、跨国公司母国管理者和墨西哥政府官员商量对策，许多跨国公司的高级主管飞往墨西哥进行高层次的会谈。大多数讨论一般都由福特公司牵头，而通用和克莱斯勒则坚定地跟随和支持。跨国公司力图使墨西哥政府相信，其制定的出口绩效要求过于苛刻，跨国公司难以在较短的时间内进行大量投资以实现出口目标。大众公司希望，出口绩效要求中能够包括更大比例的自制零部件，而不是 50% 的零

---

① Jenkins, R., *Transnational Corporations and the Latin American Automobile Indusrty*, London: The Macmillan Press, 1987, p. 250.

② Jenkins, R., *Transnational Corporations and the Latin American Automobile Indusrty*, London: The Macmillan Press, 1987, p. 186.

部件必须来自零部件制造商。福特的战略则是软化新法令的规定,但只有其他跨国公司一致行动才有可能获得成功。法令颁布之后,亨利·福特亲赴墨西哥,与帕迪略总统举行了半小时的会谈,并游说美国政府向墨西哥施加压力[1]。

(三) 跨国公司满足出口绩效的策略

为了达到出口要求,跨国公司采取的战略不尽相同。美国汽车公司在拉美各地存在广泛的子公司网络,而且在地理上临近公司总部,因此其主要战略是在拉美生产和出口零部件。欧洲和日本厂商更加重视整车出口,主要通过在拉美生产特定的车型来增加出口。但是,国际化和标准化逐渐使跨国公司的战略差异变小。在墨西哥投资的所有非美国的跨国公司都开始在美国进行直接投资,它们也像美国厂商一样,把墨西哥作为在美国的子公司的零部件生产基地。在巴西,大众公司不但出口到其他拉美国家,而且从巴西出口到北非、中东和下撒哈拉非洲[2]。

但是,20 世纪 70 年代通用进行了较大的战略调整,率先打破了跨国公司之间的默契串谋。1976 年通用重组之后在全球采取进攻性战略,重新调整了在拉美国家的投资布局。1977 年通用宣布增加在墨西哥的投资,并扩大从墨西哥工厂的出口。与此同时,通用还从发展前景不被其看好的阿根廷撤资,增加在巴西、委内瑞拉和哥伦比亚等国的投资。1978 年,通用宣布在墨西哥建立 4 家大型新工厂,在墨西哥北部美墨边境地带建立一家组装厂和一家发动机制造工厂,其他两家工厂制造发动机零件。这些投资的预期目标是将通用的出口从 1977 年的 1000 万美元扩展到 1983 年的 1.5 亿美元—2.0 亿美元,从而在墨西哥获得更大的市场份额[3]。

在通用宣布扩大从墨西哥工厂的出口之后,其他跨国公司也快速跟

---

① Bennett, Douglas C., and Kenneth Sharpe E., *Transnational Corporations Versus the State: the Polotical Economy of the Mexican Auto Industry*, Princeton: Princeton University Press, 1985, pp. 215 - 216.

② Jenkins, R., *Transnational Corporations and the Latin American Automobile Indusrty*, London: The Macmillan Press, 1987, p. 212.

③ Bennett, Douglas C., and Kenneth Sharpe E., *Transnational Corporations Versus the State: the Polotical Economy of the Mexican Auto Industry*, Princeton: Princeton University Press, 1985, pp. 221 - 222.

进。1978 年 3 月，福特和大众均宣布扩大在墨西哥的生产能力，同时增加出口。随后，克莱斯勒开始建设 4 气缸发动机工厂，尼桑计划从墨西哥增加向日本出口发动机零件。福特公司发现，可以通过参股墨西哥大型零部件企业，来更好地实现出口汽车中 50% 的零部件来自墨西哥控股的零部件企业的目标。在福特公司参股的墨西哥零部件企业中，福特仅仅占少数股权，但是拥有一定的经营管理权。

此外，跨国公司还从全球战略的角度出发，调整在拉美各国的子公司的出口目的地。例如，为了保证在其他地区子公司的出口战略，大众母公司成功地将巴西子公司排除在非常有吸引力的阿尔及利亚市场之外，但大众在墨西哥的子公司开始向西德出口欧洲不再生产的车型，而之前大众是从巴西的子公司向该市场出口[1]。

(四) 出口绩效要求对拉美汽车工业的影响

随着拉美各国对汽车企业出口要求的提高，跨国公司凭借巨大的优势日益巩固其在拉美的垄断地位。拉美各国民族企业在汽车工业中的地位不断降低，有些国家的民族资本甚至彻底退出了汽车工业。1971 年，跨国公司几乎控制了巴西全部的汽车生产，控制了墨西哥 84% 的整车生产。墨西哥仅剩的整车制造企业都是由政府控制，没有一家是由民族私人资本控股的，这些企业主要通过许可证或者合资获得生产技术。1975 年，拉美最大的汽车公司依次为大众、福特和通用，其他重要的汽车公司包括克莱斯勒、雷诺、菲亚特、梅塞德斯－奔驰、标致－雪铁龙、尼桑、美国汽车、丰田等[2]。

在巴西，1977 年大众的市场份额为 51.4%，福特、通用、梅赛德斯－奔驰和克莱斯勒的市场份额分别为 14.2%、16.7%、5.8% 和 2.4%。1978 年，大众、福特、通用、梅赛德斯、奔驰和菲亚特 5 家公司占巴西

---

① Mericle, Kenneth S., "The Political Economy of the Brazilian Motor Vehicle Industry", in Kronish, Rich, and Kenneth S. Mericle, eds., *The Political Economy of the Latin American Motor Vehicle Industry*, Cambridge: The MIT Press, 1984, p. 31.

② Kronish, Rich, and Kenneth S. Mericle, "The Development of the Latin American Motor Vehicle Industry, 1900 – 1980: A Class Analysis", in Kronish, Rich, and Kenneth S. Mericle, eds., *The Political Economy of the Latin American Motor Vehicle Industry*, Cambridge: The MIT Press, 1984, p. 263.

汽车生产总量的 96.6%。跨国公司许多投资项目都采用了最新的技术，专门瞄准出口市场，而不再仅仅考虑拉美国内市场的需求。例如，福特在巴西建立的新工厂，年产四缸汽车（four-cylinder）的能力为 25.5 万辆，而 20 世纪 70 年代末巴西每年对这类汽车的需求仅为 12 万辆左右。菲亚特的新工厂能生产 15 万辆，也大大超过了巴西国内的需求①。

跨国公司在拉美增加投资、促进出口的努力并没有彻底改变拉美各国汽车工业主要依赖国内市场的局面，尤其是在 20 世纪 80 年代的债务冲击之后，很多乐观的预期都没有实现。1982 年，菲亚特被迫关闭了在阿根廷、智利和哥伦比亚的工厂。在巴西，跨国公司与政府之间达成了协议，跨国公司同意在 1989 年之前投资 10 亿美元，并将出口销售提高到 74 亿美元，以及实现 45 亿美元的汽车贸易盈余。尽管 1987 年跨国公司出口了 35.3 万辆汽车（占总产量的 51.6%），首次实现了出口量大于国内市场的销售量，但其他大部分目标最终并没有实现。主要原因在于，巴西汽车工业的技术革新太慢，其优势仅仅表现在廉价的劳动力和廉价钢铁上，而这样的优势是无法长久维持的②。

为了应对拉美债务危机的影响，跨国公司采取了许多调整措施，改变了在拉美的投资布局。通用、雪铁龙和克莱斯勒都从阿根廷汽车工业撤资，通用决定集中力量发展南美的巴西市场和安第斯市场。在安第斯国家中，委内瑞拉的汽车工业发展最快，其国内市场已经与阿根廷不相上下③。大众则把巴西作为一个向其他发展中国家出口整车的低成本生产地点，20 世纪 80 年代初拉美市场萧条的时候，巴西大众首次向非洲和中东石油输出国出口汽车。菲亚特的巴西子公司不但向其他拉美国家出口轿车，而且通过引进先进的生产线直接出口到意大利。自 1980 年之后的大多数年

① Mericle, Kenneth S., "The Political Economy of the Brazilian Motor Vehicle Industry", in Kronish, Rich, and Kenneth S. Mericle, eds., *The Political Economy of the Latin American Motor Vehicle Industry*, Cambridge: The MIT Press, 1984, pp. 19 - 32.

② Gwynne, Robert, "New Horizons? The Third World Motor Vehicle Industry in an International Framework", in Law, Christopher M., ed., *Restructuring the Global Automobile Industry: National and Regional Impacts*, London: Routledge, 1991, pp. 77 - 78.

③ Jenkins, R., "The Rise and Fall of the Argentine Motor Vehicle Industry", in Kronish, Rich, and Kenneth S. Mericle, eds., *The Political Economy of the Latin American Motor Vehicle Industry*, Cambridge: The MIT Press, 1984, p. 63.

份，菲亚特巴西子公司的出口占其年产量的 40% —50%，大多数轿车出口到意大利。但菲亚特的产品不具有成本竞争优势，其出口的增加得益于巴西政府的补贴。福特主要依赖出口发动机和零部件到美国。但福特偏好生产并出口轿车发动机，因为这样能够节约运输成本和更容易控制质量。

20 世纪 80 年代中期，当福特公司的欧洲生产能力受到限制和巴西汇率贬值的时候，它曾经暂时性地从巴西出口 Escorts 车型到斯堪的纳维亚半岛。1987 年，大众和福特在巴西组成了拉美汽车公司（Autolatina），重组在阿根廷和巴西的汽车生产。在引入 Fox 车型之后，拉美汽车公司（Autolatina）开始将主要目标市场转向了美国和加拿大市场①。在墨西哥，跨国汽车公司为了应对 1982 年的债务危机，被迫削减生产、降低就业，限制实际工资和福利的增长。严重的危机还引起了汽车公司重组，1987 年福特关闭了墨西哥的两家老式工厂，但福特、通用、克莱斯勒和尼桑在 20 世纪 80 年代也新建了 5 家瞄准出口市场的新工厂②。

在一些较小的拉美国家，汽车工业也受到了很大的冲击，跨国公司做出了相应的调整。在哥伦比亚，雷诺子公司于 1988 年引进全面质量管理制度（Total Quality Management，TQM）。1988 年 11 月，哥伦比亚雷诺建立了 TQM 委员会，官方将 TQM 奉为新的管理哲学。在产品质量、安全生产、生产率、柔性方式、成本管理等方面，雷诺还广泛征集工人们的建议。1989 年 2 月，雷诺公司花费 5200 万美元购买了哥伦比亚政府持有的雷诺公司股份，使得哥伦比亚雷诺成为外资独资企业。为了弥补公司累计的亏损，以及重新培养公司的核心竞争力和盈利能力，1989 年年末公司高层宣布降低固定成本和减少雇员。但这些措施没有取得积极的成效，1989 年是雷诺在哥伦比亚经营绩效最差的年份：创纪录的财务亏损和市场份额持续下降。而且，哥伦比亚雷诺的经营还受到比索贬值的巨大冲击，1989 年的货币贬值导致其从法国进口零部件的成本增加了

---

① Shapiro, Helen, *Engines of Growth: The State and Transnational Auto Companies in Brazil*, New York and Cambridge: Cambridge University Press, 1994, pp. 226 – 227.

② Tuman, John P., "The Political Economy of Restructuring in Mexico's 'Brownfield' Plants: A Comparative Analysis", in Tuman, John P., and John T. Morris, eds., *Transforming the Latin American Automobile Industry: Unions, Workers, and the Politics of Restructuring*, New York: M. E. Sharpe, 1998, pp. 148.

35.6%。为了拯救该公司，雷诺总部增加了在哥伦比亚的汽车生产设备投资，1989年固定资产增加了50%，新投资达到了4000万美元。而且，雷诺还与丰田进行谈判，向后者出售了25%的股份。丰田的参与导致劳动组织过程发生重大变化，更加人性化的管理使工人的贡献得到承认，带来了产量提高和质量改善①。

四 全球化与一体化浪潮中的跨国公司直接投资

(一) 跨国公司对拉美投资的重视程度提高

经历了10年的危机和调整之后，跨国公司主导的拉美汽车工业在20世纪90年代开始恢复活力。20世纪90年代，新的区域贸易集团的形成使得跨国公司能够更加灵活地决定在何地生产何种产品，以及更加灵活地决定在各地的产销量。对于拉美国家来说，最重要、最具代表性的区域贸易组织有两个，分别是墨西哥参与的北美自由贸易区和巴西主导的南方共同市场。无论是墨西哥全面融入北美市场，还是巴西和阿根廷推进的南美汽车工业自由贸易，都让跨国公司看到了十分乐观的增长前景。

表5-3　　　　　　20世纪90年代后期巴西轻型车的新投资

企业和产品 \ 建厂进展	投产时间（预计）	宣布的投资（百万美元）	年度生产能力（1000辆）
梅赛德斯 (A Class)	1999 年	820	70
大众—奥迪 (A30, Golf)	1999 年	600	120
陆虎 (Defender)	1998 年	150	15
雷诺 (Scénic, Clio II)	1999 年	750	110
标致 (206)	2000 年	600	100
依维柯 (LCVs)	1998 年	250	20
菲亚特 (皮卡)	1999 年	200	100

---

① Cárdenas, Mauricio P., "Restructuring in the Colombian Auto Industry: A Case Study of Conflict at Renault", in Tuman, John P., and John T. Morris, eds., *Transforming the Latin American Automobile Industry: Unions, Workers, and the Politics of Restructuring*, New York: M. E. Sharpe, 1998, pp. 105 - 106.

续表

企业和产品　建厂进展	投产时间（预计）	宣布的投资（百万美元）	年度生产能力（1000 辆）
丰田（轿车）	1999 年	150	15
三菱（轻型车）	待定	35	8
本田（轿车）	1998 年	100	30
克莱斯勒（Dakota）	1998 年	315	12
通用（Blue Macaw）	2000 年	600	120
福特（Amazon）	2001 年	1300	250

数据来源：Humphrey, John, and Mario Sergio Salerno, "Globalisation and Assembler—Supplier Relations：Brazil and India", in Humphrey, John, and Yveline Lecler, and Mario Sergio Salerno, eds., *Global Strategies and Local Realities：The Auto Industry in Emerging Markets*, London：ST. Martin's Press, 2000, p. 154 整理而来。

因此，当拉美的政策制定者们努力推行与进口替代（ISI）战略相决裂的新政的时候，跨国公司也在拉美积极引进柔性生产体系和革新生产组织方式。与此同时，世界汽车工业也正在发生重大变化，传统市场的萎靡不振和新型汽车市场的蓬勃发展导致了跨国公司全球竞争加剧。跨国公司在努力抢占潜力巨大的新兴消费市场的同时，也积极地寻求最佳的生产地点。对于跨国公司来说，拉美地区不但正在从潜在的消费市场转变为现实的消费市场，而且已经成为基础设施良好的投资目的地。

值得注意的是，日本汽车公司开始改变以前主要通过出口抢占拉美市场的战略，日本汽车工业的领头羊丰田、本田和三菱都制订了在拉美的投资计划。日本汽车公司的加入不但带来了投资的增加，而且引起了巴西汽车工业生产组织方式的转变。日本汽车公司是柔性生产方式的创立者和推广者，其高效率的生产方式和强大的竞争力引起了欧美汽车公司的模仿和创新。跨国公司在巴西进行的新投资大多引入了柔性化生产、模块化供应、标准化设计等国际上的先进实践，几乎所有在日本和美国的有效方法都被派上了用场。柔性化生产方式使跨国公司能够更加灵活地适应市场需求的快速变化，以较低的成本进行小批量生产。模块化供应有利于跨国公司减少投资和降低风险，还能在一定程度上避免小批量生产的缺陷。标准化生产减少了设计成本，既有利于实现规模经济，又有利于满足当地的特定需求。

（二）跨国公司恢复对阿根廷和巴西的投资

在阿根廷，由于国内市场需求的增加和南方共同市场的推进，许多新的外国投资进入汽车工业。1994 年，退出阿根廷市场 15 年之久的通用汽车再次进入阿根廷，丰田和菲亚特也相继进入。在巴西，经历了长期的衰退和调整之后，巴西汽车工业开始恢复增长。跨国汽车公司积极投资巴西，争夺南方共同市场。据估计，1990—1994 年，巴西汽车工业的年均投资为 9 亿美元。福特、通用、尼桑和大众在此期间一共投入 32.5亿美元左右的资本建设新工厂和扩建老工厂。

1995—1997 年，巴西汽车工业投资再起浪潮，总装厂和零部件厂宣布投资 27 亿美元①。表 5 - 3 中显示了 20 世纪 90 年代后期跨国公司在巴西生产轻型车的新投资，见证了巴西汽车工业投资增长的趋势。1996—2002 年，跨国公司对巴西汽车行业投资累计达到 300 亿美元，新建企业22 家，年设计生产能力达 320 万辆②。1998 年 12 月雷诺汽车公司在巴西库里蒂巴的新轿车厂正式投产，1999 年 4 月雷诺公司又在巴西正式动工新建大型发动机制造厂。

但是，由于政策的不稳定性和经济发展的不景气，跨国公司有时被迫调整投资计划。例如，1998 年福特、通用两家汽车公司与巴西南里奥格兰德州签署了投资协议，州政府同意提供税收和贷款优惠，还承诺建设相关配套设施，但随后选举上台的新州政府并不承认该协议，福特公司被迫放弃投资建厂计划。

（三）跨国公司高度重视墨西哥市场

在墨西哥，为了方便进入美国和加拿大市场，跨国汽车公司的投资重心转向墨西哥北部地区。实际上，早在 20 世纪 80 年代墨西哥客户工业大发展的时候，美国跨国汽车公司就加大了在墨西哥北部投资的力度。

---

① Tuman, John P. and John T. Morris, "The Transformation of the Latin American Automobile Industry", in Tuman, John P. and John T. Morris, eds., *Transforming the Latin American Automobile Industry: Unions, Workers, and the Politics of Restructuring*, New York: M. E. Sharpe, 1998, p. 14.

② 申杨柳：《巴西汽车产业对外开放经验研究》，《汽车与配件》2018 年第 35 期，第 28—31 页。

通用和福特利用墨西哥廉价的劳动力，在美墨边境制造发动机和组装高端轿车，然后再返销回美国。北美自由贸易区成立之后，墨西哥逐渐成为跨国汽车公司争夺的重要场所，跨国公司纷纷出台了增资、扩建或改建计划。

就墨西哥汽车市场的总体趋势来说，日本企业显示了强大的竞争优势，不断扩大市场份额，而美国企业却面临着调整和革新的压力。尽管如此，通用、福特和克莱斯勒仍然是墨西哥市场举足轻重的重要汽车制造商，并在继续新建和改建汽车工厂。1994 年通用一举在墨西哥建立了 3 家现代化工厂，2006 年通用计划在墨西哥东北部投资 6 亿美元—6.5 亿美元开设新的汽车装配厂，致力于生产紧凑型汽车和微型客车。2003 年，福特在墨西哥北部索诺拉州投资 16 亿美元扩建，德国大众、日本丰田、日产等跨国汽车公司也相继宣布在墨西哥进行新的投资。2006 年，福特公司制定计划在未来几年内向墨西哥增加 92 亿美元的投资，重新调整墨西哥子公司，将小卧车生产基地以及几个主要的配件供应厂迁往墨西哥。

在全球化的浪潮中，跨国汽车公司逐渐将在拉美各国的投资纳入其全球战略体系之中。拉美不再仅仅是一个具有廉价劳动力的生产地点和低档轿车消费市场，而是跨国汽车巨头全球竞争过程中不可丢失的阵地。随着拉美战略地位的提高，跨国公司也不再在拉美普遍使用过时的二手设备，而是致力于建立现代化的工厂。跨国公司在拉美的变化非常明显：努力引进新的技术和工具、采取各种方法提高工作效率、通过供应链强化质量管理，以及改善产品设计，兼顾标准化生产和当地消费者的偏好。随着跨国公司更新设备、优化产品和升级车型，跨国公司对拉美汽车工业的控制正在加强，而拉美在跨国公司全球战略中的地位也相应提高。毫无疑问，墨西哥、巴西和阿根廷等较大的拉美国家，仍然是跨国公司在拉美的主要战场，这 3 个国家将会发展和巩固其拉美地区汽车供应中心的地位。

五　21 世纪跨国公司对拉美汽车工业的投资分化

由于拉美国家的经济发展严重失衡，拉美各国对跨国汽车公司的吸引力出现分化。21 世纪以来，跨国汽车巨头对拉美国家投资的国别选择发生了较大变化。由于汽车工业具有规模经济效应和集聚效应，跨国汽车巨头对拉美的新增投资主要集中在墨西哥和巴西，其他拉美国家越来越被边缘化。即使像阿根廷这样曾经的拉美汽车工业强国，汽车产销也因为经济危机而陷入全面衰退。

（一）跨国公司竞相加大对墨西哥汽车工业投资

近年来，全球主要汽车制造商加大了对墨西哥的投资。墨西哥的地理优势和劳动成本优势不但吸引美国汽车厂商入驻，日本和欧洲汽车巨头也纷纷进入墨西哥投资建厂，来自中国的新兴汽车公司也对拉美市场充满了兴趣，许多中国汽车制造厂已经在墨西哥进行投资。2015年丰田公司宣布，将在瓜纳华托州建厂生产新一代卡罗拉轿车。早在20世纪50年代就进入墨西哥的日产公司，更是将墨西哥视为全球最重要的生产基地之一，而且长期占据了20%以上的本地市场份额。欧美汽车巨头奥迪、奔驰、宝马、大众、福特、克莱斯勒等也纷纷在墨西哥新建或扩建工厂，力图维护或重新夺取汽车霸主地位。2011年马自达和本田先后在瓜纳华托州投资建厂，带动了当地的产业聚集和经济发展。

此外，米其林、倍耐力、固特异等零部件跨国巨头也增加对墨西哥投资。在零部件生产方面，墨西哥的发动机、变速箱、安全系统、电子系统等具有较强的国际竞争力，但基础配套方面的冷锻、高压、冲压和注塑等环节比较薄弱。2015年固特异轮胎橡胶公司斥资5.5亿美元在墨西哥圣路易斯波托西兴建一家轮胎工厂，并能提供1000个工作岗位。这是自1990年固特异在加拿大建厂以来，再度在美洲兴建新的工厂，充分说明了固特异高度看好墨西哥汽车行业的发展前景。

但需要注意的是，墨西哥作为跨国汽车巨头的全球生产基地，在某种程度上已威胁到美国本土的汽车制造业。美国政府多次强硬施压本国汽车巨头减少甚至撤回在墨西哥的投资，2017年福特被迫取消向墨西哥投资16亿美元新建工厂的计划，转而在美国密歇根州工厂增资7亿美元扩建工程。

（二）跨国公司恢复对巴西汽车工业的投资信心

21世纪初跨国公司对巴西汽车市场充满信心，纷纷把目光投向了市场需求不断攀升的巴西，陆续宣布新建和扩建工厂计划。根据巴西全国汽车制造商的估计，在2013—2017年汽车新规实施期间，巴西汽车业新增投资大约600亿雷亚尔。2010年9月，作为首家在巴西投资的中国汽车企业，奇瑞投资 1 亿美元在巴西建立一个年产 5 万辆的汽车组装厂。2012 年 9 月，福田汽车巴西子公司（Foton Motors do Brazil）宣布在巴伊亚州卡玛萨里（Camaari）市建立工厂生产两款商用车。2013 年 6 月，沙特汽车公司 Amsia Motors 投资 4.57 亿在巴西塞尔希培州开工建设该公司在巴西的第一家汽车工厂。

2015—2016 年情况突然出现逆转，当全球汽车工业制造业中心向成本更低的亚洲特别是中国转移时，巴西不但整车产量急剧降低，许多汽车零部件企业和相关配套企业也纷纷亏损倒闭，对巴西汽车工业发展带来严重消极影响。许多跨国汽车巨头纷纷从巴西撤资，对巴西汽车产业的国际竞争力造成沉重打击，巴西汽车工业陷入停滞甚至倒退的发展困境。2015 年巴西乘用车和商用车销售总量仅有 256.9 万辆，比前一年下跌 26.6%，各汽车制造商削减了大约十分之一的工作岗位，使巴西汽车行业深陷数十年以来最严重的危机。汽车零部件厂商也存在撤资行为，由于税务以及监管造成业务成本较高，2015 年经济衰退时德国汽车零部件公司 Continental 被迫放弃巴西市场。

2017 年以来巴西汽车工业开始逐步恢复增长，跨国公司重燃对巴西国内汽车市场前景的乐观态度，投资热情高涨。2019 年通用汽车决定对巴西的两家工厂增资 27 亿美元生产雪佛兰品牌汽车、跨界车和 SUV 车型，此举意味着通用将重组其在南美市场的布局；大众集团旗下卡车品牌斯堪尼亚宣布投资 14 亿雷亚尔（合 3.44 亿美元）改造位于圣贝纳多坎波（Sao Bernardo Campo）的工厂；丰田汽车公司则宣布追加投资 270 亿日元（10 亿雷亚尔），扩建圣保罗州的索罗卡巴（Sorocaba）工厂，提高工厂的生产能力和长期竞争力。

第二节　跨国公司投资拉美汽车工业的动机和行为

一　跨国公司投资拉美汽车工业的动机分析

跨国公司是一个独立的经济实体和一个理性的决策者，其最终目标是实现利润最大化。在世界汽车工业发展的不同阶段和背景下，跨国汽车公司对外直接投资的动机有所不同。许多著名学者提出的理论很好地解释了跨国公司对外投资的动机，垄断优势理论、内部化理论、产品生命周期理论、国际生产折衷理论从不同的视角提出了独到的见解。主流跨国公司理论认为，跨国公司对外进行直接投资主要基于三个方面的动机：市场驱动型、资源驱动型和效率驱动型。尽管在不同发展水平和不同地理位置的拉美国家，跨国公司直接投资追求的侧重点有所不同，但跨国公司投资拉美汽车工业的动机也不外于此。从跨国汽车公司对拉美投资历程来看，它们决不会盲目地投入资金和技术，而是在对拉美国家的政治局势、经济发展水平和潜力、资源条件、市场发育程度、地理区位、基础设施等因素进行综合分析的基础上才选择合适的投资地点。只有一个国家的上述基本条件有利于实现跨国公司的基本动机，跨国公司才会实际进行投资。

（一）进入当地市场

综观跨国公司在拉美的投资，市场进入始终是一个重要的考虑。20世纪初，世界汽车工业第一次大发展的时候，美国汽车公司通过出口向拉美市场扩张。由于考虑到节约成本的问题，福特公司于1916年率先在阿根廷建立了组装厂。福特的意图非常明显，当时的阿根廷是拉美地区最为发达的国家之一，汽车需求潜力巨大，在阿根廷从事CKD组装业务既能节约运输成本，又能更好地满足这个潜在市场的需求。福特的示范作用带动了其他美国汽车公司向拉美投资，它们通过CKD组装满足当地市场需求。

在随后的30年当中，随着越来越多的外国资本进入拉美汽车工业，跨国公司对拉美市场的竞争加剧，拉美市场在跨国公司战略中的地位得以提升。正因为如此，在拉美国家纷纷出台国产化计划的时候，尽管拉美市场潜力还没有充分转化为现实的需求，但跨国公司在市场饱和的情况下仍然积极谋求进入拉美各国。自拉美汽车工业转向当地制造之后，各国政府对国内市场的严格保护确保了跨国公司能够获得可观的利润，从而吸引跨国公司不断地增加投资。

20世纪90年代以来，拉美国家作为新兴的重要汽车市场之一，其汽车消费市场的地位更加重要。在北美，跨国公司可以通过在墨西哥的投资迂回进入美国市场和加拿大市场，日本汽车公司和欧洲汽车公司是典型的代表；在南美，以巴西和阿根廷为主导的南方共同市场也成为跨国汽车公司必争的战略要地。可以预见的是，跨国汽车公司未来在拉美的投资，市场进入仍然会是其战略考虑之一。

表5-4　　　　　汽车工业工资和生产率的国际比较（美国=100）

时期 项目 国家	20世纪60年代中期		20世纪70年代初	
	生产率	工资	生产率	工资
美国	100	100	100	100
德国	51	36	49	64
意大利	53	31	46	36
法国	45	32	46	37
英国	42	39	34	64
日本	32	27	82	36
巴西	10	22	21	19
墨西哥	14	37	17	21
阿根廷	21	26	15	25

数据来源：根据 Jenkins, R., *Transnational Corporations and the Latin American Automobile In-dusrty*, London: The Macmillan Press, 1987, p. 114 整理而来。

（二）利用当地资源

资源驱动也是跨国公司进入拉美汽车工业的重要动机之一。一般来说，资源驱动型外国直接投资的主要目的是利用当地丰富的原材料、廉价的劳动力、完善的基础设施和技术创新能力。从跨国汽车公司在拉美投资的动机来看，利用当地廉价的劳动力是最重要的考虑。相比于发达国家来说，拉美的劳动力资源更加丰富和廉价。例如，在墨西哥，较高的劳动生产率和财政优惠激励、较低的工资（大约美国的十分之一）和运输成本吸引了外国汽车公司的进入。20世纪80年代，更多的外国汽车公司意识到了墨西哥的巨大优势，大众、尼桑和雷诺纷纷在墨西哥建立了发动机生产厂，将墨西哥作为重要的零部件生产和出口基地①。

———————

① Gwynne, Robert, "New Horizons? The Third World Motor Vehicle Industry in an International Framework", in Law, Christopher M., ed., *Restructuring the Global Automobile Industry: National and Regional Impacts*, London: Routledge, 1991, p. 83.

需要注意的是，尽管拉美国家的劳动力低廉，但生产效率的低下常常抵消了这一优势。表5-4中比较了20世纪60年代中期和70年代初部分国家汽车工业劳动生产率和工资水平的差异，与发达国家相比，拉美国家的工资水平较低，但是劳动生产率也更低。这种情况导致，低工资水平的拉美国家的汽车生产成本甚至可能比高工资水平的发达国家更高。1970年，拉美国家的汽车生产成本大大高于发达国家，阿根廷是发达国家的1.996倍，巴西是1.349倍，哥伦比亚是3.203倍，智利是3.097倍，墨西哥是1.594倍，秘鲁是1.849倍，委内瑞拉是1.464倍①。1987年，墨西哥尼桑总裁Shoichi Amemiya曾经指出，"尽管劳动力成本低廉，但在墨西哥生产尼桑轿车的成本只比在美国生产相同车型低10%，比在日本生产相同车型的成本甚至更高。"② 时至今日，劳动力成本低廉仍然是跨国汽车巨头进入拉美地区投资的重要原因之一。

20世纪90年代之后，跨国公司在拉美建立了许多现代化汽车制造厂，通过引进先进设备和革新劳动组织方式，大大提高了劳动生产率。这一事例说明，拉美汽车工业劳动生产率长期难以提高不能完全归咎于劳动力素质低下，它与跨国公司使用落后的设备和管理不善密切相关。福特公司刚开始转向当地制造的时候，在全球的子公司寻找废弃或者剩余设备运往拉美国家，为了节约成本，福特甚至考虑与通用、克莱斯勒共用一些设备。实际上，与其他发展中国家相比，拉美的汽车工业起步更早，培养的劳动力大军更加熟练。正因为如此，跨国公司在拉美新建的现代化工厂不但瞄准了利用拉美的廉价劳动力，提高生产效率也是其重要目标之一。

（三）战略竞争需要

此外，"寡占反应"（Oligopolistic Reaction）也是促进跨国汽车公司竞相投资拉美的重要原因③。在汽车工业这样一个寡头垄断市场结构中，如

---

① Jenkins，R.，*Transnational Corporations and the Latin American Automobile Indusrty*，London：The Macmillan Press，1987，p. 112.

② Gwynne，Robert，"New Horizons? The Third World Motor Vehicle Industry in an International Framework"，in Law，Christopher M.，ed.，*Restructuring the Global Automobile Industry*：*National and Regional Impacts*，London：Routledge，1991，p. 84.

③ 关于"寡占反应"的研究请参见Knickerbocker的著作。Knickerbocker，F. T.，"Oligopolistic Reaction and the Multinational Enterprise"，*Thunderbird International Business Review*，2010，15（2）：7-9。

果某个跨国公司率先到拉美国家投资，其他跨国公司在拉美的市场份额立即面临下降的威胁。而且，先行动者还可能因为抢先在拉美市场立足，从而获得新的竞争优势。因此，为了避免竞争对手的行为给自己带来经营风险，所有的跨国汽车公司的最佳选择都是紧盯对方，从而导致跨国汽车公司在投资拉美的过程中出现"寡占反应"。曾经担任过美国通用汽车公司副总裁的 Murphy 说过的一句话表明了跨国汽车公司"跟随进入"的原因，"毫无疑问，如果通用或者其他的美国汽车公司不重视通过海外投资参与市场，其他国家的跨国公司将会迅速采取行动填补这一需要。"[①]

二　跨国公司的市场行为分析

现代企业理论认为，企业不应该被当作一个"黑箱"，企业的内部组织形式及其运行方式对企业的市场绩效具有重大影响。在拉美汽车工业中，企业行为不仅直接决定企业的经营绩效，而且影响消费者效应和整个产业的发展。一般来说，企业的市场行为可以分为价格行为和非价格行为。价格行为是指企业如何根据市场情况和自身势力制定产品价格的行为；非价格行为包括广告宣传、产品差异化、产品研发、产品质量控制、抑制竞争对手等行为。在不同的市场结构下，企业只有根据自身的市场势力实施合理的行为，才能获得理想的效益。在完全竞争市场上，企业主要通过成本和价格行为进行竞争，最终的结果是所有企业获得平均利润。在完全垄断市场上，企业面临的竞争压力较小，具有更大的自主定价能力。在介于二者之间的垄断竞争市场上，企业会运用更加复杂的价格行为和非价格行为组合。

（一）市场价格策略

汽车工业是个规模经济显著的行业，因此，汽车工业走向垄断竞争是一个必然的结果。在拉美国家，尽管汽车工业的分散化生产问题十分严重，但其市场结构仍然具有非常明显的垄断竞争特征。无论是巴西、墨西哥和阿根廷，还是安第斯国家，其汽车工业都是由少数跨国公司垄断。如同在发达国家的寡头垄断产业中一样，在拉美汽车工业的发展过

---

①　Jenkins, R., *Transnational Corporations and Industrial Transformation in Latin America*, London: The Macmillan Press, 1984, p. 49.

程中，跨国公司也很少运用进攻性的"成本—价格"竞争策略，因为每个企业都有能力跟随竞争者降低价格①。

如果在需求有限的拉美汽车市场上贸然引发价格大战，非但不能增加各自的市场份额，反而会导致收益下降。正因为如此，巴西和阿根廷的政策制定者们预想的通过价格竞争来优化市场结构的局面并没有出现。20世纪60年代起，跨国汽车公司在拉美的市场行为具有越来越明显的寡头垄断特征，即更多地实施车型多样化（频繁改变车型和生产全系列产品）、大规模广告宣传和提供消费信贷等竞争手段，而尽量避免价格竞争②。

（二）产品差异化策略

产品差异化是跨国汽车公司在拉美常用的竞争手段，却是大多数拉美政府在很长时期内一直予以限制的市场行为。实施产品差异化的主要意图是谋求和巩固市场势力，确保市场份额和利润。"产品差别表现在质量、档次、性能、外型和售后服务等许多方面，它使同一产业内不同企业的产品减少了可替代性，这意味着该产业市场垄断因素的增强。"③ 跨国汽车公司在拉美积极实施产品差异化战略，最重要的表现之一是频繁地改变车型。根据表5-5，20世纪50年代末和60年代初，阿根廷和巴西每年引入的新车型相对较少，每家公司平均还不到2个车型。但20世纪60年代中期，跨国公司在拉美汽车市场上使用垄断竞争方式成为一种趋势。例如，1966—1970年引入的新车型数量是1961—1965年引入的新车型数量的两倍以上。在阿根廷，不但车型数目过多，而且车型的改变也很频繁。尽管企业数目从1960年的21家减少到1964年的13家，但车型却从50款增加到57款。1972年，企业数目进一步减少到10家，但车型数量上升至120款。

在大排量轿车方面，通用、克莱斯勒和福特频繁改变车型；在中型

---

① Jenkins, R., *Transnational Corporations and the Latin American Automobile Indusrty*, London: The Macmillan Press, 1987, p. 102.

② Jenkins, R., *Transnational Corporations and the Latin American Automobile Indusrty*, London: The Macmillan Press, 1987, p. 60.

③ 王俊豪等:《现代产业组织理论与政策》，中国经济出版社2000年版，第43页。

车方面，菲亚特于 1963 年、1969 年、1971 年和 1972 年分别推出了新车型[1]。墨西哥、委内瑞拉、秘鲁等国也见证了车型增加的趋势。在墨西哥，尽管政府严格控制车型变化，在产车型也从 1966 年的 34 款增加到 1972 年的 40 款，而委内瑞拉的车型从 1968 年的 58 款增加到 1972 年的 74 款[2]。

表 5 - 5　　　　　　　**1961—1971 年阿根廷和巴西的车型变化**　　　　（单位：个）

国家 车型 年份（年）	阿根廷		巴西	
	引入的新车型	在产的车型总数	引入的新车型	在产的车型总数
1961	2	20	1	9
1962	9	26	5	14
1963	5	27	4	16
1964	4	26	6	21
1965	5	27	6	23
1966	15	40	11	25
1967	10	42	10	25
1968	6	36	2	14
1969	16	53	20	31
1970	14	53	11	32
1971	6	49	16	42

数据来源：根据 Jenkins, R., *Transnational Corporations and the Latin American Automobile Indusrty*, London: The Macmillan Press, 1987, p. 109 整理而来。

对于跨国公司来说，产品差异化战略是垄断市场结构中最常用和最有效的竞争手段之一，但对于整个拉美汽车工业来说，车型多样化战略产生了严重的负面影响。在拉美汽车市场上，政府未能有效限制企业进

---

[1] Jenkins, R., "The Rise and Fall of the Argentine Motor Vehicle Industry", in Kronish, Rich, and Kenneth S. Mericle, eds., *The Political Economy of the Latin American Motor Vehicle Industry*, Cambridge: The MIT Press, 1984, pp. 54 - 55.

[2] Jenkins, R., *Transnational Corporations and the Latin American Automobile Indusrty*, London: The Macmillan Press, 1987, p. 110.

入，存在严重的生产分散化问题。跨国公司的车型多样化战略阻碍了零部件标准化和规模经济的实现，使得这个问题更加严重。20 世纪 30 年代初，阿根廷国内汽车组装厂的年销量必须在 3000—4000 辆才能有利可图，只有通用、福特和克莱斯勒能够达到这个销量以上[1]。

Baranson（1969）的研究表明，单一车型的最优生产规模为年产 2.4 万辆，组装厂的最优生产规模为年产 12 万辆。1967 年，巴西仅有大众公司的一款车型达到了规模经济的要求[2]。1973 年，墨西哥平均每个车型仅仅生产 4950 辆，唯一能够达到合理产量的是大众的一款车型[3]。而且，在车型增多的同时，车型的寿命也在缩短，从而导致成本惩罚。据估计，如果一个车型的生命周期从 2 年延长至 10 年，而且年产量能够达到 2.5 万辆的话，车身的生产成本能够降低 30%。

在墨西哥，1960 年的一项官方研究建议，政府应该强制规定，单一车型最少应该持续生产 5 年，因为该研究认为，在此期间能够达到 10 万辆的总产量，从而实现规模经济[4]。20 世纪 70 年代，车型竞争加剧以及政府在安全和排放控制方面要求的提高，导致新车开发成本大幅度增加。这些变化提高了汽车工业的进入门槛，不但潜在的竞争者更难进入汽车工业，早先进入整车生产行业的民族资本也因竞争力低下纷纷退出。毫无疑问，跨国公司的产品差异化竞争行为加快了拉美汽车工业的"去国民化"步伐。

此外，跨国公司的产品策略深受拉美国家政策的影响，巴西制定了控制排放的政策，消费者偏爱小型汽车，跨国公司在巴西就重视研发小型汽车。墨西哥政府鼓励向发达国家出口汽车，因此跨国公司在墨西哥生产的大多是最新车型，以争夺发达国家（尤其是美国和加拿大）市场。

---

[1]　Jenkins, R., *Transnational Corporations and the Latin American Automobile Indusrty*, London: The Macmillan Press, 1987, p. 19.

[2]　Mericle, Kenneth S., "The Political Economy of the Brazilian Motor Vehicle Industry", in Kronish, Rich, and Kenneth S. Mericle, eds., *The Political Economy of the Latin American Motor Vehicle Industry*, Cambridge: The MIT Press, 1984, p. 8.

[3]　Jenkins, R., *Dependent Industrialization in Latin American: The Automotive Industry in Argentina, Chile, and Mexico*, New York: Preger Publishers, 1977, p. 195.

[4]　Jenkins, R., *Dependent Industrialization in Latin American: The Automotive Industry in Argentina, Chile, and Mexico*, New York: Preger Publishers, 1977, p. 207.

（三）广告营销策略

与车型多样化战略密切相关的市场行为是大规模广告策略，从广义的角度来看，这两种手段都属于产品差异化战略的范畴。车型变化是产品质量、性能、外观的实质性变化，而广告策略更多地是从心理上造成产品差异。在汽车市场上，当开发出新车型时，尤其需要大规模的广告支持。在拉美国家，尽管广告支出占跨国公司销售总量的比重比发达国家要低，但平均每辆汽车支付的广告费用却相当不菲。1964—1973 年，阿根廷每辆汽车的广告支出从 29.9 美元上升到 39.9 美元，广告支出占销售额的比重从 0.65% 上升到 0.86%。在墨西哥，1968 年汽车工业广告支出略低于销售总量的 1%，但当年的广告总支出达到 5740.9 万比索，这就意味着每辆车的广告支出达到 31.2 美元①。

跨国汽车公司在拉美的广告策略丰富多样，但都强调将企业文化和当地文化进行融合。跨国汽车公司的一体化广告策略能够为跨国公司节约成本，差异化广告策略能够吸引不同偏好的消费者，本土化广告策略能够更好地适应当地文化。但需要注意的是，跨国公司的广告支出导致了汽车成本和价格的上升，广告支出最终还是由消费者买单。

（四）消费融资策略

在汽车产品这样的耐用消费品市场上，提供消费信贷能够吸引更多的消费者，跨国汽车公司在拉美市场上将这一点演绎得淋漓尽致。从 20 世纪 60 年代开始，拉美的汽车消费信贷大幅度增长。1968 年，墨西哥汽车销售总额的 52%—58% 由消费信贷支付，超过 30% 的消费信贷的还款期限在一年以上②。另有估计显示，1973 年，阿根廷消费信贷占新车销售总量的 85%，巴西、墨西哥和委内瑞拉的这一数据分别为 96%、45% 和 70%。

实际上，跨国公司提供消费信贷不但是一种扩大产品需求的重要方式，而且其本身也是一桩有利可图的生意。在阿根廷，跨国公司凭借强

---

① Jenkins, R., *Dependent Industrialization in Latin American: The Automotive Industry in Argentina, Chile, and Mexico*, New York: Preger Publishers, 1977, pp. 185 – 194.

② Jenkins, R., *Dependent Industrialization in Latin American: The Automotive Industry in Argentina, Chile, and Mexico*, New York: Preger Publishers, 1977, p. 196.

大的实力能够从银行获得实际利率为负的贷款，但它们向公众提供消费信贷时的实际利率却为正①。相比之下，拉美各国的民族汽车企业却因信誉不佳和实力不强而难以获得银行贷款。此外，汽车消费信贷的增加在拉美培养了一种超前的消费模式，浪费了大量的资源。在巴西，提供给私人部门的贷款总额中，住宅融资（很大一部分用于购买汽车）的比例从1963年3.3%上升到10年之后的15.1%。20世纪60年代初，阿根廷国内的产业经济学家更是将金融机构提供的不断增长的汽车消费信贷描述为"阿根廷经济的癌症"②。

拉美汽车销售很大程度上依赖汽车贷款政策，汽车制造商已经深度参与汽车消费金融业务。为了促进汽车消费，2015年年初尼桑公司专门实施一项汽车金融计划，为墨西哥数量不断增长的非正式工人提供汽车消费贷款。因此，对于大多数跨国公司而言，必须争取得到当地银行的金融支持，否则汽车销售会存在较大困难。

第三节　跨国公司对拉美汽车工业发展的影响

拉美汽车工业的发展历程与跨国公司在拉美的投资历程高度吻合，跨国公司对拉美汽车工业，甚至社会经济的整体发展产生了重大的影响。但是，在全面评价跨国公司对拉美汽车工业发展的影响时，必须考虑到以下几个细节。首先，如何确定评价的标准很重要。是产业增长优先还是保护民族企业更加重要？由于各国在国际政治经济格局中的地位不同，政府的思路和选择会很不一样，从而导致跨国公司在汽车工业体系中的地位和作用有很大的不同。其次，决定跨国公司发挥作用的因素有很多，但有些因素是外生变量，很难全面纳入评价体系。例如，跨国公司的直接投资能否带来积极的影响在很大程度上取决于东道国所处的经济发展阶段。对于拉美汽车工业来说，跨国公司是一把双刃剑。离开了跨国公

---

① Jenkins, R., *Transnational Corporations and the Latin American Automobile Indusrty*, London: The Macmillan Press, 1987, p. 111.

② Jenkins, R., *Transnational Corporations and Industrial Transformation in Latin America*, London: The Macmillan Press, 1984, p. 65.

司的资金、技术和管理经验，拉美汽车工业根本无法发展。同时，跨国公司的战略和行为也在很多方面妨碍了拉美汽车工业的进步。

一　跨国公司投资对拉美汽车工业资本形成的影响

20 世纪 60 年代初，拉美国家制订国产化计划之后，跨国公司大多是以绿地投资的方式进入拉美国家，带来了大量资本和外汇，有助于弥补拉美国家的"投资—储蓄缺口"。但是，数年之后，跨国公司的大规模利润汇回造成了外汇流失和减少了利润再投资。而且，随着跨国公司对拉美汽车工业控制加深，大量民族资本被挤出汽车工业。但总的来说，跨国公司始终保持了适量的投资水平，拉美汽车工业大量过剩生产能力的存在就是一个有力的证据。因此，跨国公司在资本形成方面的影响利大于弊。

进入 21 世纪以来，跨国公司对拉美汽车工业的投资仍然是拉美国家吸引外资的重要来源，也是拉美国家经济增长的重要动力。根据巴西全国汽车制造商协会（ANFAVEA）的估计，在 2013—2017 年巴西汽车新规实施期间，吸引跨国公司新增投资 600 亿雷亚尔。跨国公司对墨西哥的投资更是发挥了重要作用，2015 年福特、丰田、尼桑、奥迪、宝马公司分别宣布在墨西哥新增投资。在巴西，虽然经历了一段低谷，但有些企业已经开始了其扩张计划，尤其是日本汽车巨头本田、丰田和日产等公司极大地带动了巴西的投资。总的来说，跨国公司对拉美汽车工业发展的积极作用主要表现在带来了大量的资金、技术和机器设备，弥补了拉美国家发展汽车工业所需条件的不足，推动拉美汽车工业规模不断扩大。

二　跨国公司对拉美汽车工业技术进步的影响

尽管跨国公司的投资带来了先进技术和管理经验，并为零部件工业提供了大量的技术援助，但跨国公司始终严格控制核心技术外溢，并长期在拉美使用过时的二手设备。当民族资本被挤出整车制造业之后，所谓的技术溢出效应也被最小化。

跨国汽车公司培养了大批熟练的劳动力大军，为汽车工业的发展开发和储备了合格的劳动力资源。而且，汽车工业的工资水平呈现出不断上升的趋势，为劳动力的发展提供了有利条件。表 5 - 6 表明，20 世纪 70

年代后期，墨西哥汽车工人工资不断上升。当然，工资水平的上升，与工人的长期斗争是分不开的。

表5-6　　　　墨西哥汽车工人的工资变化（1975＝100）

年份（年） 工资指数 厂商	1976	1977	1978	1979	1980
尼桑（Cuernavaca）	148	165	188	222	274
大众	148	165	192	226	281
福特	145	167	194	229	293
通用（CROC）	140	154	174	204	251
通用（Toluca）	141	156	177	208	255
克莱斯勒	141	156	176	207	253
VAM	138	152	173	199	248

数据来源：根据 Roxborough, Ian, "Labor in the Mexican Motor Vehicle Industry", in Kronish, Rich and Kenneth S. Mericle, eds., *The Political Economy of the Latin American Motor Vehicle Industry*, Cambridge：The MIT Press, 1984, p. 171 整理而来。

时至今日，跨国公司不仅仅把拉美国家当成简单的汽车组装基地，而加强其在高新产品研发和生产方面的作用。跨国公司在拉美投资建厂也不再局限于抢夺拉美本地市场，而是利用拉美国家的劳动力成本优势和汽车生产链能力建设出口平台。因此，跨国公司大多致力于将先进的技术、生产设备和产品引入拉美汽车工业，极大地提高了拉美国家汽车工业的技术水平。例如，在墨西哥，几乎所有跨国汽车公司都在当地建设了最先进的汽车生产线，能够生产各大品牌最先进的车型。当然，这样的变化主要是由于世界汽车工业竞争趋势决定的，并不是跨国公司主动帮助拉美国家汽车工业提升技术含量。

三　跨国公司对拉美汽车出口贸易的影响

20世纪70年代，跨国公司在拉美政府的引导下，利用自己的国际销售网络，促进了拉美汽车工业与国际接轨。就当时拉美各国的实际情况而言，依靠民族汽车企业实施出口战略根本不可能实现。正是在跨国公司的努力下，拉美汽车才走向国际市场。但跨国公司总部为了协调各个子公司的利益，在特定的情况下也会限制拉美子公司的出口，这种全球战略安排是东道国政府难以控制的。

由于拉美国家市场偏小，跨国公司为了利用规模经济，往往都是在某个国家建立汽车工厂，但瞄准的都是区域性市场。拉美国家政府也意识到市场规模过小的制约，因此通过推动区域贸易自由化来缓解此弊端。但是，大多数拉美国家都依赖汽车进口，汽车出口几乎可以忽略不计。2016—2017 年巴西汽车工业年均出口超过 50 万辆，但是严重依赖阿根廷市场。墨西哥自从 1994 年加入北美自由贸易区之后，汽车出口出现爆发式增长，已经成为真正的全球汽车出口大国。2017—2018 年墨西哥汽车出口连续两年突破了 300 万辆，但墨西哥汽车出口高度依赖美国和加拿大的市场，未来也将面临严峻挑战。

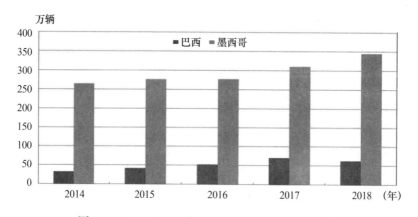

图 5—1　2014—2018 年巴西和墨西哥的汽车出口量

资料来源：根据巴西全国汽车工业协会（ANFAVEA）和墨西哥汽车工业协会（AMIA）网站数据整理。

四　跨国公司对拉美汽车工业的控制

在评价跨国公司对拉美汽车工业的作用的时候，一定要认识到，跨国公司海外直接投资的终极目标是，通过将其所拥有的各种优势与东道国的区位优势相结合，在全球范围内实现资源最优配置，以实现利润最大化。追求利润是跨国资本运营的主观动机，促进东道国的社会经济发展只是其带来的客观结果而已。跨国汽车公司在拉美的投资，仅仅是其全球战略的一部分，它们在拉美的发展战略必然服务于其全球战略，而不可能主动按照拉美国家社会经济发展的需要设计战略，除非跨国公司与拉美国家的利益需求完全一致。因此，跨国公司通过何种方式发挥积极作用，以及发挥多大的积极作用，在很大程度上与东道国政府的管理能力密切相关。从整体上来说，跨国公司基本上能够配合拉美政府的政策，因为二者有很多共同的利益。无论是 20 世纪 50 年代末 60 年代初向当地制造转变，还是 70 年代初开拓国际市场，跨国公司最终都在政府的引导和规制下向政府意愿的方向前进。但随着拉美汽车工业对跨国公司依附的加深，跨国公司根据垄断竞争市场结构的本质所实施的一些竞争行为并不符合拉美汽车工业发展的需要。

国际汽车工业的垄断竞争本质，加重了拉美汽车工业的生产分散化问题。由于跨国汽车公司看好拉美的长期潜力，纷纷投资拉美。过多的跨国公司进入导致单个厂商的规模较小，拉美汽车工业因为无法利用规模经济而效率低下。而且，跨国公司的寡头竞争市场行为进一步加剧了这一问题。跨国公司进入拉美的最大动机是不顾经济发展战略而唯利是图，跨国公司的扩张和竞争引起了生产规模偏小，导致汽车产品成本和价格居高不下。而且，跨国公司限制子公司的技术发展，并对子公司的出口市场进行限制[1]。

时至今日，拉美汽车工业仍旧没有改变被跨国公司控制的局面。表 5 - 7 显示了 2013—2017 年墨西哥各大汽车厂商的产量，墨西哥的整车生产全部由外国跨国公司控制，日产和通用始终保持领头羊位置，福特、菲亚特、大众、本田等跨国公司紧随其后。实际上，跨国公司对拉美地区经济的控制一直就是有识之士的重要担忧。墨西哥国立自治大学经济研究所教授贝尔纳多·奥尔梅多警告说，墨西哥政府不应忽略国内工业的发展，墨西哥的汽车制造业、特种航空业、电子和医药行业是提振经济发展的支柱力量，但几乎全部由跨国公司掌控，不利于墨西哥

---

① 郑保国：《阿巴墨三国汽车工业发展剖析》，硕士学位论文，中国社会科学院研究生院，1990 年，第 33—41 页。

经济自主①。

表5－7　　　　　　2013—2017年墨西哥主要汽车厂商产量　　　（单位：辆）

2013		2014		2015		2016		2017	
日产	680278	日产	805967	日产	822905	日产	848086	日产	829705
通用	646036	通用	678388	通用	690446	通用	703030	通用	805758
大众	516149	大众	475121	福特	433752	菲亚特	459166	菲亚特	635408
福特	515395	福特	431613	大众	457656	大众	425431	大众	619791
菲亚特	439781	菲亚特	326131	菲亚特	320816	菲亚特	390528	福特	311793
丰田	63694	本田	145213	丰田	107，723	本田	254984	本田	254984

资料来源：根据世界汽车工业协会（OICA）网站整理，http：//www.oica.net/。

---

① 新华网：《财经观察：工业弱外债高 墨西哥经济现萎缩迹象》，http：//www. xinhuanet. com/world/2016－09/03/c_1119506422. htm，2017 年 2 月 15 日。

第六章

拉美汽车工业发展的经验教训

拉美汽车工业已经走过了将近一个世纪的发展历程。尽管在世界汽车工业诞生之初，拉美各国并没有参与汽车的发明创新，但得益于美国汽车资本的国际扩张，拉美汽车工业起步很早，仅稍晚于几个重要的汽车发源国，这在发展中国家中是不多见的。尽管拉美诸国与中国在社会制度、政治经济体制、人文环境等各个方面存在巨大的差异，但从汽车工业的本质特征和发展规律的角度来看，拉美汽车工业的发展战略、政府干预等各个方面对中国汽车工业的发展具有一定的启发意义。而且，全球汽车工业已经如此紧密地联系在一起，中国与拉美国家汽车工业的未来发展将面临一些类似的问题。因此，从拉美汽车工业发展过程中吸取经验和教训将有利于中国汽车工业的发展。本章将总结拉美国家的依附型汽车工业发展模式，并在此基础上概括出经验教训。

第一节　拉美汽车工业发展模式的总结

1916 年福特在阿根廷组装汽车，开启了拉美汽车工业的发展历程。但直到 20 世纪 50 年代末和 60 年代初，拉美国家才真正开始尝试建立完整的汽车工业体系。曾几何时，拉美汽车工业发展模式，甚至包括拉美的整个工业化发展模式都被誉为发展中国家的楷模。但 20 世纪 80 年代初，债务危机的全面爆发导致拉美步入了"失去的十年"，拉美发展模式反过来又经常被人们所诟病。经过了 10 年的调整，拉美汽车工业于 20 世纪 90 年代中期之后逐步走出了衰退，并表现出强劲的增长势头。进入 21

世纪以来，拉美诸国成为跨国汽车公司必争的新兴汽车市场之一——既是重要的汽车消费市场，又是跨国汽车公司争相进入的投资热土。这种迹象表明，国际上仍然对拉美（尤其是墨西哥和巴西）汽车工业的发展前景保持乐观态度。

一 拉美汽车工业的依附型发展模式

纵观拉美汽车工业将近100年的发展历程，不难发现，拉美汽车工业高度依附于跨国汽车公司，这种依附表现为：拉美汽车工业的生产、销售全面控制在外国跨国公司手中，以及拉美汽车工业与国际汽车工业的发展周期高度吻合。实际上，拉美汽车工业的发展过程就是跨国公司逐步加深对其渗透和控制的过程，拉美汽车工业的发展成就都是由跨国公司这一微观主体在政府的引导和干预下取得的。正因为如此，拉美汽车工业具有十分明显的依附特色，可以归结为依附型发展模式。

拉美汽车工业的依附性具体表现为：拉美汽车工业对内依附于政府的政策支持，对外依附于跨国公司的资金和技术，离开了这两种可以依附的力量，拉美汽车工业自身不具备在全球竞争中立足的自生能力。作为独立决策实体的跨国公司和拉美政府，双方既有共同的利益目标，又有不同的利益追求。当双方的利益出现不一致的时候，政府需要采取各种手段引导和干预跨国公司的经营，使之服从经济发展战略的整体需要，而跨国公司则必然会凭借其强大的经济实力和政治影响（直接游说东道国政府或者通过母国施加影响）捍卫自身利益。从整体上来说，拉美政府和跨国公司之间的冲突都被控制在一定的范围之内，共同利益促使双方做出一些妥协和让步。由此可见，拉美汽车工业的发展是拉美政府干预和跨国公司扩张共同作用的结果，是世界汽车工业体系扩展和联系加强的反映。在拉美汽车工业发展的全过程，政府行为不但影响汽车工业的发展绩效，而且影响汽车工业的结构和跨国公司的经营策略；跨国公司的行为不但影响自身的经营绩效，而且约束政府的选择范围。

二 政府与拉美汽车工业发展

在发展中国家，政府行为是影响产业结构、产业发展和演变、微观行为和动机最基本的因素之一。拉美各国政府制定了各种汽车工业政策，引导、激励和强制微观主体为发展汽车工业服务。从 CKD 组装转向当地组装，从进口替代转向出口促进，拉美政府制定的汽车工业发展战略促进了汽车工业的迅速发展。对于拉美国家自身而言，在缺少资金和技术的条件下发展了当地汽车制造业，并能迅速转向出口，各国政府的作用功不可没。尤其是当拉美政府的目标与跨国公司的利益一致时，政府政策往往能够取得巨大的成功。尽管拉美政府有时能够通过自己的势力阻止跨国公司实施对本国汽车工业不利的行为，但当跨国公司与政府利益发生冲突时，政府政策的效果会受到很大的削弱。

在拉美依附型汽车工业发展模式中，政府的初始行为导致了对跨国公司的依附，这种依附反过来限制了政府的行为能力及其影响。拉美政府对跨国汽车公司的依赖越深，自身行为能力受到的限制就越多。20 世纪 60 年代初，拉美政府为了在国内基础工业薄弱的前提下迅速建立汽车工业体系，不得不借助跨国公司的资金和技术。这种做法无可厚非，但拉美各国政府对民族企业保护不力和忽视培养民族企业的核心竞争力，最终导致了跨国公司全面控制国内汽车工业。随着民族资本退出汽车工业（主要指总装业），拉美政府失去了可扶持的国内对象和可依赖的微观基础，只有依靠跨国公司来实现自己的政策目标。当汽车工业在国民经济中的地位不断提高，以及跨国公司在汽车工业中的地位不断提高，政府的行为能力被进一步削弱。

此外，为了解决一些迫切的现实问题（如国际收支恶化问题），拉美政府常常牺牲长期利益来满足短期需要，导致汽车工业政策的不合理性和不稳定性。当新的现实问题不断出现的时候，政府政策也需要不断地变动和调整。拉美政府换届引起的政策变动，进一步加剧了政府政策的短期性。拉美的短期性汽车工业政策虽然在一些方面成功地减轻了各国对资本主义体系的依附，并获得了更多的资本积累和更快速度的增长，但汽车工业政策的实施同时产生了新的依附形式，甚至导致了一些更加显著的依附特征。对于一些较小的拉美国家来说，由于自身缺乏必要的资本、技术等发展汽车工业的基本条件，将汽车工业交给跨国公司控制尚情有可原。因为这样既能利用跨国公司的资本、技术来带动相关产业的发展和推动本国的工业化进程，又能增加国内就业和改善国际收支状况。但是，对于一些实力较强的拉美国家（如巴西和墨西哥）来说，完全放弃国民经济的自强自立，依靠外国垄断资本来发展本国工业化进程中的支柱产业的做法，仍然值得质疑。

三　跨国公司与拉美汽车工业发展

跨国公司是依附型汽车工业发展模式中的另外一个重要行动者，其全球战略和在拉美市场上的行为深刻地影响着拉美汽车工业的市场结构和发展绩效。对于拉美汽车工业来说，跨国公司是一把双刃剑。离开了跨国公司的资金、技术和管理经验，拉美汽车工业根本无法发展。同时，跨国公司的战略和行为也在很多方面妨碍了拉美汽车工业的进步。在建立汽车工业体系和扩大海外市场方面，跨国公司对拉美汽车工业的发展做出了巨大的贡献。但跨国公司毕竟是一个以追求利润为最终目标的经济主体，其主观动机并不是为了帮助东道国政府推动社会经济进步。

跨国公司在拉美的行为决策，最终取决于跨国公司全球竞争战略的需要，并随着世界汽车工业的发展趋势而调整。在汽车工业这样一个规模经济显著的市场上，跨国公司必然会采取寡头垄断竞争行为，尽管这样的行为可能不利于拉美汽车工业的发展。全球竞争的加剧迫使跨国公司无视过度进入的不良后果，纷纷设法进入发展远景被它们看好的拉美市场，但跨国公司的长期战略行为导致了拉美汽车工业因无法利用规模经济而生产效率低下。为了获得更好的生产经营条件和更多的财政优惠，跨国公司还会利用自身的强大优势以及母国政府的政治力量来影响拉美政府的决策，对拉美的政治经济产生了全面的影响。此外，作为一个以利润最大化为准则的经济人，跨国公司难免会为了获利而采取一些不正当的市场行为（如转移定价），从而影响正常的市场秩序。因此，东道国政府必须对跨国公司进行必要的规制。

如果仅仅以汽车工业产出的增长来衡量，拉美的依附型汽车工业发展模式仍然具有很大的潜力，尤其是巴西和墨西哥的汽车工业，其发展前景被国际社会普遍看好。南美地区是最重要的新兴汽车市场之一，而墨西哥则具有得天独厚的地理优势，它们仍将对跨国公司具有巨大的吸引力。但是，拉美汽车工业的依附性特点很难改变。拉美汽车工业初始发展的基调表明，其发展将取决于跨国公司的全球战略和政府制定的吸引跨国公司投资的政策。

过去的发展历程显示，拉美汽车工业的许多特色是由政府的短期行为和跨国公司的长期战略共同决定的。由于路径依赖和锁定效应，拉美汽车工业很难转向自主型发展模式，除非发生剧烈的政治经济变动。因此，拉美政府并不能真正自主决定本国汽车工业的发展方向，任何大的政策变动都必须得到跨国公司的同意和支持。奉行依附型汽车工业发展模式的拉美国家必须要重视的是，世界汽车工业生产格局和地理分布模式并不是一成不变的。相反，全球汽车工业发展史表明，随着汽车工业核心区域（或者中心区域）的转移，汽车工业地理分布区域常常发生变动①。

四　拉美汽车工业发展的未来选择

世界汽车工业格局正在快速重构，以日本为主导的东亚汽车工业发展势头迅猛，而美国汽车工业却陷入停滞和调整之中，正在崛起的中东欧也有可能与拉美国家在吸引跨国汽车公司投资方面产生竞争。此外，中国的汽车消费市场正在不断壮大，中国汽车工业在新能源、智能化等领域已经占有一席之地，这些发展经验也值得拉美汽车工业借鉴。当然，在短期之内，墨西哥和巴西也许无需过分担心其汽车工业的发展，但必须做好应对世界汽车工业格局变动的准备。有学者为出口导向型发展中国家提出了有益的建议，这些建议至今仍然非常适合拉美国家：第一，在技术和财务方面加强与跨国汽车公司的联系；第二，鼓励国内企业与跨国汽车公司组建合资企业，实现"世界汽车"生产战略；第三，对已经在本国从事生产经营的跨国汽车公司提供出口激励②。

拉美国家应该根据自身情况，为汽车工业制定适合国情的发展规划。拉美最主要的两个汽车生产大国应该抓住全球汽车工业的新趋势，在技术创新方面有所作为。对于巴西和墨西哥来说，必须继续提高汽车研发创新能力，形成全产业链内生增长动力。巴西在灵活燃料方面的技术具

---

①　Bennett, Douglas, and Kenneth Sharpe, *Transnational Corporations Versus the State: the Polotical Economy of the Mexican Auto Industry*, Princeton: Princeton University Press, 1985, p. 205.

②　Gwynne, Robert, "New Horizons? The Third World Motor Vehicle Industry in an International Framework", in Law, Christopher M., ed., *Restructuring the Global Automobile Industry: National and Regional Impacts*, London: Routledge, 1991, p. 70.

有全球领先地位，墨西哥则成功地嵌入汽车工业全球价值链的各个环节，两国应该强化在特定领域的竞争优势。阿根廷曾经是最受跨国公司青睐的汽车投资基地，但近年来的经济动荡对汽车造成了巨大的冲击，必须尽快调整发展方向。

第二节　拉美汽车工业发展的经验与教训

拉美国家是发展中国家汽车工业发展的先驱，其发展经历为我们提供了许多宝贵的经验和惨痛的教训。中国汽车工业起源于 20 世纪 50 年代，在半个多世纪的发展历程中，经历了从计划体制下的指令性生产转变到社会主义市场经济条件下的市场化经营，再到参与全球汽车工业专业化分工。尽管中国汽车工业取得了令人瞩目的成就，但仍然缺乏核心产业技术开发能力和国际竞争力。在全球汽车工业竞争加剧的背景下，中国汽车工业正面临严峻的挑战，一些学者甚至提出了中国汽车工业如何避免"拉美化"的问题①。因此，从拉美汽车工业发展中吸取经验教训非常必要。

一　重视保护民族企业，加快培养和提高自主创新能力

在世界经济全球化的背景下，有人鼓吹这样一种观点：跨国公司内部复杂的股权结构以及跨国公司遍布全球的分支机构正在模糊民族的概念，不必过多有意识地扶持民族汽车企业。这种观点忽略了这样一个事实：民族国家过去是、现在是、将来仍然会是独立的角逐主体，只有本国和本民族的利益才是各国的最根本利益。"因此，在经济全球化的过程中，始终有一个民族工业的保护问题，绝不能视而不见。"② 需要注意的是，所谓的保护民族汽车企业，并不是指不惜一切成本地扶持民族企业，而是指为民族汽车企业培养竞争力提供便利的条件和有力的支持。拉美国家的教训表明，单纯的市场保护和优惠政策难以真正保护民族企业，

①　许多学者认为，"拉美化"并不是一个十分科学、准确的概念，此处引用"拉美化"主要是指中国汽车工业的发展出现了许多与拉美汽车工业相同的不利趋势。

②　贺晓琴：《跨国公司与经济全球化》，《世界经济研究》1998 年第 3 期，第 21—24 页。

只有促使民族汽车企业培养自主创新能力才是根本之所在。

实际上，拉美汽车工业之所以会走上依附型发展道路，主要是因为国内企业不具备技术创新能力。政府保护民族企业的努力最终归于失败，也主要是因为国内企业缺少技术创新能力。从这个意义上来说，保护民族企业与培养自主创新能力其实是同一问题的两个方面。民族汽车企业能否在激烈的国际竞争中立足，在很大程度上取决于民族企业是否具有技术创新能力；而一个国家的汽车工业是否具有自主创新能力，通常是指本国的微观企业基础是否拥有创新能力。纵观世界汽车工业诸强，所谓的具有自主创新能力的汽车工业国，实际上就是拥有若干个具备自主技术创新能力和优势的跨国汽车公司的国家。对于中国这样一个发展中大国而言，必须从拉美汽车工业的发展中吸取教训，绝不能将本国主导产业的发展希望完全寄托在外国跨国公司身上。

我国汽车工业发展的前半个多世纪中，技术引进是汽车工业技术进步的主要途径。但迄今为止，技术落后仍然是制约我国汽车工业国际竞争力提高的最重要因素。面对技术落后的约束，我国政府提出并积极实施"国家汽车创新工程"，力图通过组织"官、产、学、研"大联合，在汽车工业的技术创新、制度创新、环境创新等方面取得突破性的进展[①]。国家汽车创新工程有利于动员全国的科技力量和资源，在较短的时间内取得若干重大技术突破，体现了我国政界、商界、学界对培养技术创新能力的重视。实践证明，在培养汽车工业技术能力方面，要想打破"落后—引进—再落后—再引进"的怪圈，必须在引进的基础上消化吸收，并培养自主创新能力。只有掌握了核心技术开发能力的国家，才能真正成为世界汽车工业强国，我国需要更加坚决、更加快速地朝这个方向发展。

促进民族汽车企业的发展是培养自主创新能力的关键，因为民族汽车企业是承担自主创新的微观主体。在市场经济条件下，政府的职责是制定宏观发展战略和规划，而不能包办一切。中国高举自主创新大旗，就是要提高本国汽车企业的技术开发能力。拉美的经验也表明，寄望通

---

① 胡树华、汪秀婷、侯仁勇：《国家汽车创新工程研究》，科学出版社2007年版，第166—167页。

过跨国公司的技术转让和技术溢出效应来提高国内汽车工业的技术创新能力是不现实的，必须通过主动的研发（R&D）活动来培养民族企业的内生技术能力。"当一个跨国公司用现代技术在一个贫穷的国家投资时，它所追求的自然是利润。因为这是它的目的，所以没有什么可抱歉的。但是令人烦恼的是，既然跨国公司可以从发达国家雇到熟练技术工人，得到生产技术，那么，发展中国家传播这些技能和技术，并不会使跨国公司自己的技术能力有什么特别的提高。这里确实存在着矛盾。最有利于跨国公司的做法，往往不利于它们所投资的发展中国家。发展中国家的人力和技术的计划人员必须考虑到这种差异，想办法创造一种局面，使之有利于自己的国家。"① 我国民族汽车企业正在成长壮大中，一些自主品牌也开始进入国际市场。但与国际汽车巨头相比，我国民族汽车企业的竞争力还比较低。世界汽车工业格局正在变化之中，新一代汽车技术也正在研发当中。如果中国能够抓住契机，重视培养民族企业工业的自生能力，那么，出现几个具有国际竞争力的民族汽车企业集团并不是一种奢望。

二　积极转变政府行为，合理规制汽车工业

回顾世界各国汽车工业的发展历程，可以发现，政府扶持和干预对各国汽车工业的发展至关重要。即使是那些积极鼓吹"自由"市场经济的发达国家，至今也仍然对本国汽车工业的发展进行各种干预。在美国、日本和德国等汽车工业强国，为了保证汽车产业的快速发展，都建立了一套完善的汽车工业法律、法规体系和社会支撑体系。拉美国家的经验也进一步表明，对于汽车工业后起国家来说，政府干预政策不但在很大程度上决定了本国汽车工业的市场结构和产业发展模式，而且深刻地影响着汽车企业的行为和绩效。因此，发展中国家不能放任汽车工业自生自灭，而必须加以引导、管理和扶持，促进汽车工业健康发展。

实际上，在我国汽车工业的发展过程中，政府也一直在发挥重要的作用。尤其是 20 世纪 80 年代我国正式将汽车工业确定为国民经济的支柱

---

① ［美］约翰·科迪、［美］海伦·休斯、［美］戴维·沃尔：《发展中国家的工业发展政策》，张虹等译，经济科学出版社 1990 年版，第 134 页。

产业以来，政府对汽车工业实施了全面的管理，包括通过关税和非关税贸易壁垒构建强大的保护体系、积极推进国产化、实施"以市场换技术"和"以市场换资金"战略等。1994 年，我国颁布了《汽车工业产业政策》，标志着我国形成了一个完整、连贯、系统、科学的汽车工业政策体系。加入 WTO 之后，为了满足加快汽车工业发展的需要和实现加入 WTO 的承诺，我国又于 2004 年颁布了《汽车工业发展政策》，进一步调整和完善了汽车工业政策体系。为了配合《汽车工业发展政策》的实施，政府有关部门还颁布了一系列相配套的法律和法规，例如，2003 年颁布的《汽车金融公司管理办法及其实施细则》也在 2004 年全面实行。我国政府的积极干预为汽车工业的发展营造了一个良好环境，推动了汽车工业快速发展。但政府干预也还存在很多不够完善的地方，只有进一步提高政府的干预能力才有可能全面实现汽车工业的发展目标。

在全球竞争加剧和世界汽车工业格局加速演变的大背景下，政府作用越发重要。如果政府能够正确地作为，我国蜕变成汽车工业强国指日可待；如果政府的思路和战略出现偏差，我国不但有可能继续深陷现在这种"大而不强"的局面，甚至有可能落后于新兴汽车生产国。加入 WTO 和其他国际协定之后，政府的思路和行为必须有所转变，政策措施既要符合多边国际协议的规定，又要能为国内汽车工业的发展提供合理的保护。

具体来说，我国政府应该在以下几个方面继续努力，第一，根据世界汽车工业的发展潮流，从宏观角度制定汽车工业发展战略和规划，合理调整产业结构和产业布局，引导本国汽车工业的发展方向。第二，采取具体的行政、法律和经济等各种手段，从微观上监管企业行为。在市场经济体制下，企业这个微观主体的根本目标在于盈利，经常会为了短期利益和个人利益而不顾长期利益和整体利益。政府必须加以引导和规制，使它们为汽车工业的全面发展服务。第三，对国内汽车企业提供合理的保护和支持，培养一批具有国际竞争力的企业。保护和支持国内幼稚工业是所有国家通行的做法，中国也必须借鉴别国的经验，为民族汽车企业的发展提供更加优惠的条件。第四，发挥好组织、协调和沟通作用，为汽车企业之间的战略合作服务，为汽车工业的快速壮大提供便利条件。

三　合理规制跨国公司，正确处理引进外资和限制跨国公司的关系

在全球化趋势下，世界汽车工业比以往任何时代的联系都更加紧密，以纯粹的民族企业为中心的做法已经不可取。根据拉美国家的发展经验，后发国家融入全球汽车工业体系的最佳做法是大力引进外国直接投资。实际上，就连加拿大这样的发达国家也让跨国公司主导本国的汽车工业，实现国内汽车工业与国际发展趋势的良好互动。发展实践表明，引进外国直接投资不但能够弥补国内资金和技术短缺的瓶颈，缩小与世界汽车工业强国的差距，而且能够通过竞争效应带来产品质量的提高和价格的降低，从而获得更多的进入国际市场的机会。

因此，我国应该抓住全球化带来的机遇，把国内汽车工业融入一体化的世界汽车工业体系中，成为统一的世界汽车工业体系的有机组成部分，而不是在完全封闭的状态下谋发展。从当前的现实情况来看，跨国公司与中国是相互需要的关系。中国需要利用跨国公司的投资促进国内汽车工业的发展，跨国公司也需要进入中国这个市场潜力巨大的新兴汽车消费市场和投资热土以应对激烈的全球竞争。这种相互需要有利于促进内资企业和以内资为主的企业与跨国公司开展各种形式的合作或结成战略联盟，通过整合双方的资源实现共同发展。

但是，跨国公司有其自身的利益追求，当与东道国的利益发生冲突的时候，跨国公司会全力维护自身的利益。"跨国公司的投资固然可以为受资国带来资本、就业机会等好处，但由于资本技术等的所有权属于跨国公司，子公司的收益属于母公司，子公司的行为必须符合母公司的利益，它决不可能为了维护受资国的利益而牺牲自己或母公司的利益。"[1]作为一个理性的经济人，跨国公司追求利润的行为无可厚非，但在客观上却可能对东道国产生负面影响。因此，东道国政府必须加强对跨国公司的管理和限制，正确处理引进外资和规划跨国公司行为之间的关系。到目前为止，全球知名的跨国汽车公司都已经通过各种方式进入我国市场，如何在发挥外资积极作用的同时限制其消极作用显得十分重要。如果不积极引进外资，我国有可能丧失拓展国际发展空间、促进汽车工业

---

[1]　贺晓琴：《跨国公司与经济全球化》，《世界经济研究》1998 年第 3 期，第 21—24 页。

快速发展的良机；如果不合理限制跨国公司的逆向行为，我国汽车工业则有可能像拉美汽车工业那样陷入对外依附而不能自拔。

由此可见，在引进外资的同时必须加强对跨国公司的监管。在 WTO 和 IMF 等国际机构的积极推动下，发展中东道国出现了放松对外国投资限制的大趋势。诚然，减少不必要的行政审批和降低外资的进入门槛，确实有利于促进我国汽车工业的发展。但我国必须注意到，利用外资和限制跨国公司的消极作用并不矛盾，完全放松对外资限制的做法不可取。只有合理管理微观经济实体和大力引进外国直接投资并举，才能更快地促进我国汽车工业的发展。在当前的形势下，我国汽车企业不应该再回避与跨国公司进行竞争，而应该认真研究跨国公司的全球战略，因势利导，尽量协调跨国汽车公司与国家之间的利益，并通过与跨国公司之间的竞争和合作主动融入世界汽车工业体系。

四　大力发展零部件工业，为汽车工业发展提供有力的支撑

零部件工业是汽车工业体系的重要组成部分，其发展水平关系到整个汽车工业的发展。"从世界汽车工业发展的历史来看，零部件生产厂相对于汽车厂起着次要作用，而汽车厂则对零部件起着指导作用。但进入 20 世纪 90 年代，种种迹象表明，汽车工业发展的重心已移向汽车零部件业。"[1] 尽管这种判断可能有夸大之处，但零部件工业的重要性正在提高是个不争的事实。对于任何一个汽车工业强国来说，都离不开零部件工业这个基础产业的支持。可以说，没有强大的零部件工业，就不可能有强大的汽车工业。随着精益供应和全球采购等战略的盛行，确保零部件工业与总装业同步协调发展变得越来越重要。

许多汽车工业后起国家都是从零部件工业开始取得突破的，拉美国家（尤其是墨西哥）大力发展汽车零部件工业的实践为我们提供了宝贵的经验。经过了数十年的经营，墨西哥和巴西都不仅摆脱了零部件依赖进口的局面，而且已经成为汽车零部件生产和出口大国，墨西哥更是成为北美，甚至全球最重要的零部件生产基地之一。从 1962 年颁布第一部汽车工业法令开始，墨西哥一直坚持零部件企业中民族资本必须控股，

---

① 李洪：《中国汽车工业经济分析》，中国人民大学出版社 1993 年版，第 144 页。

并通过限制总装厂的垂直一体化战略等各种措施努力促进民族零部件工业的生产和出口，确保了民族资本在汽车工业体系中占有一席之地。20世纪80年代，墨西哥利用北部边境地区客户工业兴起的机会进一步推动了零部件工业的发展。1989年，墨西哥颁布的《汽车工业法》再次强调，墨西哥汽车工业分为两个部分——以外国资本为主的汽车总装业和以本国资本为主的零部件工业，表明了墨西哥政府继续扶持民族零部件工业的意图。

我国汽车零部件工业与汽车工业基本上是同步发展的。1953年，为了配合第一汽车制造厂的建设，全国各地兴建和扩建了一批零部件工厂，拉开了中国汽车零部件工业发展的序幕。但是迄今为止，我国零部件工业的发展仍然存在很多问题，主要表现为规模小、生产配套率低、技术力量薄弱和缺乏独立的开发能力等。在以平台战略和零部件全球采购为代表的汽车工业新型产业分工模式逐渐形成的背景下，我国急需大力发展零部件工业来应对激烈的全球竞争。促进零部件工业的发展，需要在以下几个方面努力：第一，加强扶持和引导，促进产业结构调整，构建层次分明、布局合理的产业结构。第二，加快提升零部件企业的技术开发能力，迅速扭转不能自主开发核心产品的被动局面，逐步形成产品自主开发能力，在部分零部件产品的研发上要形成国际竞争力。第三，通过兼并、重组等方式组建零部件企业集团，发展规模生产，加快实现汽车零部件行业做强、做大的目标。第四，大力促进汽车零部件产品的出口，通过参与国际分工进入国际汽车零部件采购体系，使中国汽车零部件工业成为国际汽车工业体系的重要组成部分。

第七章

中国汽车工业发展的历程与战略选择

　　回顾历史，中国汽车工业从一穷二白的基础上起步，经历了苏联援助、自主建设、吸引外资、自主创新等过程不断壮大。进入 21 世纪，中国汽车工业快速崛起。中国不但自 2009 年跃居世界第一大汽车生产国和销售国后至 2019 年产销量连续 11 年雄踞全球第一，而且在新能源汽车、智能汽车及智能出行等新兴汽车技术方面进入世界前列。创新是世界汽车工业发展的根本动力，信息技术与智能技术的融合将会从根本上改变未来汽车工业的生态。在此背景下，中国汽车工业面临历史性的发展机遇，但也存在巨大的挑战，必须选择正确的战略实现质的飞跃。

第一节　中国汽车工业的发展历程

一　萌芽起步阶段（1950—1965）

　　新中国成立之初，国内工农业结构失衡情况十分严重，中国汽车工业几乎全面空白。1950 年 3 月中央人民政府重工业部成立了汽车工业筹备组，正式开始筹建第一汽车制造厂。1953 年 7 月 15 日，中国第一汽车制造厂奠基开工，标志着新中国汽车制造工业正式起航。令人瞩目的是，1956 年 7 月 14 日，仅仅 3 年后我国第一批解放牌卡车就下线，标志着我国汽车工业实现了零的突破。1958 年 5 月 12 日，中国第一辆小轿车正式下线，拉开了家用轿车生产的序幕。从中国汽车的起步来看，发展速度非常之快，但初期的汽车工业一味模仿苏联的生产模式，存在投资严重分散、分工不够明确、"小而全"重复生产等不足。

萌芽时期建立的汽车厂主要是为了满足国家建设需要，通过政府集中资源统筹规划建立。这个时期的汽车厂为了能够迅速投产，主要采取逆向研发方式，即通过拆解分析国家统一调配的国外汽车测绘画图，并模仿制造。虽然逆向研发方式迅速生产出了卡车、小轿车以及军用吉普，形成了汽车工业雏形，但是这种研发方式在很长一段时期被我国汽车生产企业使用，导致汽车企业逐渐缺乏创新，落后于其他国家。而且，由于基础工业薄弱，这一阶段汽车工业发展基础较差，主要依托国家政策配置资源，受到技术研究人员少、发展方式单一等因素的制约。当然，由于苏联的帮助，我国汽车工业相较于其他国家发展的起点较高。

二 快速成长阶段（1966—1980）

在这个发展阶段我国汽车工业主要是贯彻中央的战略部署，大力推进三线汽车厂建设，重点建设中、重型载货汽车和越野汽车等战备车型。第一批汽车厂不但要加快技术改造和扩大产能，而且要承担包建和支援三线汽车厂的任务。1964年中央再一次提出构想，筹划建设以"军用汽车"为主的第二汽车厂。1967年，由我国第一次完全设计、建设的大型综合汽车制造厂——第二汽车厂正式成立，标志着我国汽车工业进入自主快速发展阶段。此后中国汽车工厂开始遍地开花，不断取得突破。与此同时，许多地方开始仿制和生产汽车产品，诞生了众多地方性汽车工厂，但大多数汽车厂都是简单重复生产。

随着中国与西方发达国家关系的改善，中国与外国汽车工业的交流增多。1964年广交会上一名中国参观者购买了10辆皇冠轿车，标志着日系汽车正式进入中国市场，也拉开了中国汽车工业向国外学习先进技术的另一个开端。1972年中日建交后，许多中国汽车工业技术人员陆续到日本丰田公司考察学习，加强了对日本造车模式的学习和模仿。随着中日、中美建交，国外的先进造车技术及车型开始被引入国内。1978年改革开放更是让"合资经营"成为可能，在此期间国内几乎所有车企都在试图通过中外合作来获取国外先进技术，后来成为国内举足轻重的上海大众就是典型的案例。

三 引进开放阶段 (1981—2000)

20 世纪 80 年代初，我国汽车年产量和保有量还非常小，但此后进入高速增长阶段。到 1992 年我国汽车产量突破 100 万辆大关 (达到 106.2 万辆)，其中轿车生产数量为 16.3 万辆；2000 年，我国汽车产量翻倍达到 207 万辆，轿车产量更是达到 60.8 万辆。得益于改革开放带来的重要机遇，汽车工业进入全面发展阶段。最为重要的突破是我国汽车工业市场结构迅速调整，改变了"缺重少轻"的生产格局。改革开放开拓了中国汽车企业的眼界，使之充分认识到自身与海外车企在轿车领域的差距。中国汽车生产企业积极学习和引进轿车生产技术，加大力气研发和生产轿车。1983 年北京汽车制造厂和美国汽车公司签约组建了北京吉普汽车有限公司 (BJC)，形成了中国汽车工业史上第一家合资汽车企业。与此同时，各地汽车厂也纷纷寻找国外先进车企开展合作合资，引进国际先进技术和生产线，由此诞生了上海大众、广州标致等第一批合资汽车企业。

随着改革开放的推进，我国汽车企业大力推行管理体制和经营机制改革，生产能力和生产效率大幅提高。在汽车工业快速发展的背景下，我国也开始重视提高国产化率，一大批零部件企业纷纷建立。为了提升国产化率，桑塔纳轿车国产化共同体应运而生。上海大众的国产化战略带动了汽车零部件配套体系的完善，不但提高了汽车生产能力，而且提高了汽车生产质量。1992 年我国正式推出汽车环保、安全、节能等方面的强制性标准，实行单项否决制，极大地推动了汽车制造技术的提高。

四 发展提高阶段 (2001—2010)

2001 年，随着北京吉普等一批 20 世纪 80 年代合资企业协议相继到期，我国"后合资时代"到来①。2001 年 12 月 11 日，我国加入WTO，中国汽车消费市场出现井喷式增长。2001—2010 年，中国汽

---

① 邹昭：《后合资时代中国汽车内资企业战略分析与对策》，《企业经济》2014 年第 5 期，第 5—11 页。

车销量以 25.92% 的平均增速快速增长。2000 年我国汽车销量首次跨过 200 万辆大关后，2008 年更是达到 938 万辆，私人汽车逐渐成为市场消费主体①。在中国汽车市场规模不断扩大的背后，是中国汽车工业技术日益提高，技术创新加快了车型推陈出新。此外，在新能源汽车、科技应用创新等方面，中国汽车工业逐渐进入全球第一梯队。随着中国汽车制造企业生产管理能力和技术创新能力的提高，中国汽车工业格局也在不断完善，由原来的分散化重复生产转向大集团为主的规模化、集约化的产业新格局。

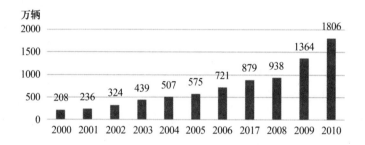

图7—1 2000—2010 年中国汽车销量

但是，由于我国汽车工业发展之初的研发模式弊端，国内车企自主研发资金投入远低于跨国汽车企业巨头。2009 年汽车巨头大众、通用、本田等企业研发投入占销售收入比重均在 5% 以上，而中国一汽集团、东风集团、上汽集团等三家汽车行业巨头 2010 年研发投入占销售额的比重分别只有 1.54%、1.29%、1.03%。② 由于在研发投入方面相差巨大，我国自主品牌车型数量较少，主要生产低端产品。但内资企业通过"市场换技术"不断学习国外汽车企业的先进技术，并根据国内市场调整自身市场定位，迅速用产品策略和价格策略快速抢占了国内细分市场。而且，我国大型车企开始摒弃以往模仿为主的研发模式，在新能源和人工智能应用等方面甚至达到世界领先水平。

---

① 数据来源：历年《中国汽车工业年鉴》。
② 数据来源：历年《中国汽车工业年鉴》。

五 全新发展阶段 (2011—至今)

2010 年被视为中国汽车工业全新发展的基年，中国汽车企业完成了对海外先进汽车企业的收购。2010 年吉利汽车完成对沃尔沃轿车公司的收购，北汽集团收购瑞典威格尔变速器厂，奇瑞汽车以全年 10.7 亿美元的出口额居于汽车企业榜首，这些事件标志着中国汽车工业的国际地位快速提升。

2010 年 10 月国务院发布了《国务院关于加快培育和发展战略性新兴产业的决定》（国发〔2010〕32 号），新能源汽车被确立为战略新兴产业，个人购买新能源车的补贴方案也正式出台，开启了中国新能源汽车投资高速发展的序幕。在国家政策的有力支持下，我国新能源汽车销售快速增长，在短短数年时间里销量从 0.82 万辆突破到 100 万辆①。

与此同时，政府部门不断完善顶层制度设计，大力推动互联网、人工智能等技术的车辆应用。2009 年我国开始大力发展车辆联网技术，2017 年车联网上升为国家层面的发展目标。车联网技术的发展让国内许多汽车企业受益匪浅，各大车企相继推出互联网汽车和智能网联汽车，引领未来汽车工业发展潮流。与此同时，许多高科技企业也进入汽车工业供应链，百度、华为等企业开始将 5G 技术、无人驾驶运用到汽车当中，中国走在了自动驾驶车联网的前列，开启了全新的发展阶段。

图 7—2　2011—2018 年中国新能源汽车销售量和增速

数据来源：中国汽车工业协会网站，http：//www. caam. org. cn/。

---

① 数据来源于中国汽车工业协会，下文数据如无特殊说明均来自中国汽车工业协会。

第二节　中国汽车工业的比较优势

中国汽车工业起步晚、技术创新能力需要提高，但与国外汽车企相比，也具有国内市场庞大、产业基础完备、政策措施有力等有利的发展条件。

一　庞大的消费市场支撑

（一）人口基数和消费市场

当前我国汽车产业仍处于普及期，有较大的增长空间。尽管中国汽车消费市场过去 10 年保持了高速增长，长期稳居世界汽车第一大销售市场，但中国汽车市场远未达到饱和，长期来看仍有巨大的增长空间。据统计，截至 2018 年年底，我国汽车保有量达到 2.4 亿辆，比 2017 年增长 10.51%。其中小型载客汽车保有量首次突破 2 亿辆，达到 2.01 亿辆，同比增长 11.56%，是汽车保有量增长的主要原因；私家车（私人小微型载客汽车）保有量达 1.89 亿辆，近五年年均增长 1952 万辆，保持快速稳定增长；载货汽车保有量再创历史新高，达 2570 万辆，并且新增注册 326 万辆①。与此相应的是，我国 2018 年年底拥有机动车驾驶证人达 4.09 亿人，其中汽车驾驶人达 3.69 亿人，占驾驶人总数的 90.28%。从驾驶人年龄来看，26—50 岁的驾驶人达 3 亿人，占 73.31%，这个年龄阶段的人口将构成汽车消费的主力军②。

我国当前正处于城市化的高速发展时期，但城市化率还低于世界平均城市化率，未来的城市化将成为中国经济发展最强有力的支撑力量，由此也将继续为汽车消费提供持续的动力。2019 年 1 月，发改委、工信部、交通运输部等联合印发《进一步优化供给推动消费平稳增长促进形成强大国内市场的实施方案（2019）》，涉及许多与汽车相关的政策。例如，车企积极响应"汽车下乡"政策，为乡村汽车购买提供较大的优惠

---

① 张洋：《去年我国小汽车突破 2 亿辆》，《人民日报》2019 年 1 月 13 日，第 002 版。

② 蒋菱枫：《去年全国小汽车保有量突破 2 亿辆》，《人民公安报》2019 年 1 月 12 日，第 4 版。

折扣和补贴，在一定程度上能够刺激农村居民购车需求，推动了我国城市化。

需要注意的是，在经济增速放缓、贸易摩擦加剧、汽车消费信心不振的背景下，虽然 2017 年 1 月 1 日—12 月 31 日国家对购置 1.6 升及以下排量的乘用车按 7.5% 税率征收车辆购置税大幅促进了汽车销量，但 2018 年中国汽车产业的产销增速罕见地出现了近 30 年来首次回落。2019 年中国汽车产销量比上年同期分别下降 7.5% 和 8.2%，降幅进一步扩大①。当然，中国有 14 亿庞大人口，5 亿左右家庭，汽车占有率还远没有达到饱和地步，但未来的增速可能会保持比较平稳的状态。

（二）车辆更新换代市场

随着人们生活水平的提高，现有车辆更新换代将会提供强烈的购车需求，无论是旧车报废还是置换配置升级私家车，都将为汽车消费提供动力。根据中国汽车工业协会公布的数据，2016 年我国二手车交易突破 1000 万辆，2017 年同比增长 19.35%，2018 年同比增长略有下降，但是仍有 11.46%。由此可以看出我国二手车市场发展迅猛，交易量逐步增长。

中国汽车拥有量庞大，更新换代高峰即将到来。随着经济发展和居民收入增长，居民物质需求提高，人们对汽车的需求开始从满足生活日常代

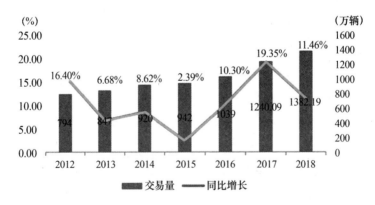

图 7—3   2012—2018 年二手车交易量

数据来源：中国汽车工业协会网站。

---

①   数据来源：中国汽车工业协会网站，http：//www. caam. org. cn/。

步到满足舒适性的转变，购买新车成为一种提高生活质量的手段。2000 年以后购买的汽车，由于技术老旧，汽车使用时间过长，逐步达到了报废的标准，这一部分群体购买新车的需求在上升。随着 2016 年"二胎"政策的开放，许多家庭开始生育第二个小孩，家庭人口增多，家庭开始考虑换购或添置第二辆车甚至第三辆车。同时，许多汽车厂商相继推出置换汽车优惠政策，极大地刺激消费者在满足置换条件下购买新的汽车。

（三）新兴技术汽车需求旺盛

中国市场上的汽车企业正在开始新一轮的创新角逐，搭载"互联网＋"技术的汽车、新能源汽车以及智能网联汽车等新汽车产品在改变人们的出行方式。"互联网＋"汽车是近年来盛行的新兴技术汽车，许多厂家在宣传新产品时往往将其作为一个亮点，装配"互联网＋"技术的汽车可实现实时在线地图导航、语音控制汽车部分功能、无感快速支付停车费或油费等操作，极大地改善了驾驶体验。

新能源汽车主要包括目前销量持续增加的电动汽车和氢能源汽车，政府鼓励购买新能源汽车，购车者可以享受补贴、免征购置税、单独摇号、充电桩设施补贴和不限号等一系列优惠政策。2018 年我国新能源汽车保有量达 261 万辆，占汽车总量的 1.09%，比 2017 年增长 70.00%。值得一提的是，我国的纯电动汽车保有量为 211 万辆，占新能源汽车总量的 81.06%。统计数据表明，我国新能源汽车保有量年均增加 50 万辆，呈现出快增长趋势①。

智能网联汽车是目前国内厂商研发的重点之一，虽然国内厂商尚未推出商业化具有人工智能和未来属性的自动驾驶汽车，但从汽车巨头们的研发热情就可以看出该市场潜力巨大。我国未来对个性化、定制化、智能化、生态化的汽车出行方式需求巨大，庞大的市场规模将为新兴技术汽车的发展提供广阔的发展空间。

二　完备的产业基础条件

（一）拥有全球最为完整的产业链

汽车产业链在汽车产业发展中起着非常重要的作用，在一定程度上

---

① 蒋菱枫：《去年全国小汽车保有量突破 2 亿辆》，《人民公安报》2019 年 1 月 12 日，第 4 版。

决定了汽车产业的整车成本、汽车质量和竞争力。汽车产品从研发、设计、生产到销售和售后需要许多不同专业化企业参与，每个环节都十分重要。当前中国汽车工业最为薄弱的环节当属研发创新，随着我国企业逐渐开始重视产品开发设计，很多领域都已经靠近国际前沿水平。国内汽车企业纷纷通过加大研发投入或收购、控股研发中心的方式提高研发能力，不断地改善在汽车工业产业链中的地位。2018年中国最权威的汽车发动机评选活动"'中国心'年度十佳发动机"中，6款国产自主研发的发动机上榜，向世界展示了国内汽车企业研发设计的进步。

经过长期不懈的努力，中国已经拥有完整的汽车产业链，其中不乏一批具有一定实力的汽车零部件企业。例如，万向集团是全球知名的汽车系统零部件生产企业，其产品种类包含了汽车核心部件——底盘、悬架系统以及制动系统；福耀玻璃是全球第二大汽车玻璃厂商，为众多国际知名汽车企业供应相关产品。根据中国汽车工业协会的统计数据，2018年我国零部件企业总计超过10万家，基本上实现了汽车产业链中动力系统、电子系统和底盘系统产品的全覆盖。同时，在产业链的销售端中，中国汽车4S店基本上覆盖了所有城市，能够提供全方位的售后服务。总的来说，从汽车研发设计到售后，我国已经形成了一条完善而又庞大的产业链，有效支撑汽车产业的未来发展。

（二）培育了竞争力强大的企业群体

经过几十年的发展，中国汽车工业从当初仅有唯一的"第一汽车厂"发展到现在2143家汽车厂商，形成了相互竞争和相互促进的庞大企业群。而且，上汽集团与东风汽车在2018"世界500强"中更是进入汽车企业前10名。我国汽车工业的发展布局合理，形成了不同的产业集聚区，北汽集团领衔京津冀地区、一汽集团雄踞东北地区、上汽集团屹立长三角地区、东风集团盘踞中部地区、长安集团偏隅西部地区、广汽集团统领珠三角地区，他们在全国范围内有着强大的竞争力，占据了我国汽车市场的主要份额。

我国汽车市场竞争十分激烈，各大汽车企业相互竞争、取长补短，通过差异化精准定位形成了良性竞争，奠定了汽车工业长远发展的基础。我国汽车企业群不仅在国内市场进行良性竞争，同时还相继在海外布局产业，攻占海外市场。一汽集团在非洲和俄罗斯等地建立商用车组装基地，上汽集团在东南亚建立工厂生产通用五菱和 MG 系列车型，吉利汽车和长城汽车加强了对俄罗斯市场的销售，长安汽车则在墨西哥和美国投资建厂。中国汽车企业是中国汽车工业的脊柱，保障了中国汽车工业不会落入"依附性"发展陷阱。

（三）特定领域的先进技术支撑

近年来，以"互联网＋"汽车、新能源汽车和人工智能汽车为代表的新一轮科技革命和产业变革发展迅猛，为中国汽车工业创造了赶超世界巨头的绝佳历史机遇。在新一轮科技革命重塑汽车产业的背景下，全球汽车企业几乎站在同一起跑线上，率先把握发展趋势的企业将形成竞争优势。"互联网＋"汽车、新能源汽车和人工智能汽车的发展将引领未来汽车工业的潮流，它们的发展离不开计算机、信息技术和人工智能技术的支持，中国汽车企业和供应链企业已经做好充足准备，许多关键技术及应用方面毫不落后，甚至走在世界前沿。

在新能源汽车方面，中国已经成为全球第一大产销国。相对于传统燃油车方面的落后差距，中国在电动汽车方面与国外的技术差距较小，并且进步较快，特别是近几年的市场需求为电动汽车的发展积蓄了一定的先发优势。从新能源汽车供应链产业来看，中国的动力电池配套企业和燃料电池企业都具备一定的国际竞争力。在整车技术方面，中国新能源乘用车技术接近国际先进水平，部分高端产品甚至达到和超过国际一流水平。在先进汽车应用技术领域，中国的发展前景被广为看好，企业、技术以及资本等要素都非常活跃，未来将形成强大的国际竞争力。

三　科学的政策制度体系

历史经验表明，汽车工业的健康发展离不开先进制度体系的支撑。汽车行业标准体系法规的建立、新型交通基础设施建设，以及城市管理体系完善和能源供应系统的全面升级，都离不开政府的作用。中国可以发挥体制优势，确立高效制度优势，为汽车工业的快速发展提供强有力的保障。

（一）完善的顶层制度设计

顶层制度设计直接引领和决定了汽车工业的发展方向，对汽车企业有非常重要的指导作用。回顾历史，我国汽车工业从无到有、从有到强都是国家战略引领的结果。进入 21 世纪以来，我国政府深刻认识到汽车工业的重要性，逐渐提高汽车工业的战略地位，为汽车工业的未来发展指明了方向。2004 年国家发展和改革委员会发布了《汽车产业发展政策》，引导我国汽车工业逐步构建起完整的汽车产业链。2009 年我国正式启动新能源汽车"十城千辆"工程，大力推动新能源汽车工业布局。2010 年我国出台的《关于加快培育和发展战略性新兴产业的决定》和 2011 年出台的《节能与新能源汽车产业规划》，明确定位新能源汽车产业为中国的战略性新兴产业，并指明了发展方向。2013 年工业和信息化部发布《2013 年工业强基专项行动实施方案》，明确提出汽车工业是关键突破领域之一。

2014 年 5 月，习近平总书记视察上汽集团时首次提出"汽车强国"的概念，2017 年 4 月工业和信息化部、发展和改革委员会、科学技术部联合印发了《汽车产业中长期规划》明确了建设汽车强国的总目标。2015 年"中国制造 2020"战略将节能与新能源汽车作为十大重点发展领域之一、2017 年我国发布了《汽车产业中长期发展规划》、2018 年国家发展改革委发布《智能汽车创新发展战略（征求意见稿）》首次提出将智能汽车产业的发展上升为国家战略，这些顶层制度设计描绘了中国汽车工业的发展蓝图。

（二）强力的专项支持政策

随着顶层战略逐渐搭建成型，各级政府支持汽车工业发展的专项政策也不断推出和完善。实际上，在汽车工业发展的早期阶段，地方政府就表现出响应中央号召建立汽车工厂的积极性，早期建立的汽车厂奠定了我国汽车工业基础，也形成了有效支持的政策氛围。在国家推动新能源汽车发展和扩大汽车进出口的背景下，各级机构纷纷制定专项支持政策，极大地促进了相关企业的发展。汽车工业的高质量发展离不开完善的规划，2019 年 9 月商务部表示正在开展调研，将会同有关部门适时出台有针对性的政策措施支持汽车产业高质量发展。

汽车工业的良性发展还需要汽车使用和配套服务方面的政策支持，强大的支持政策必将促使中国汽车工业焕发出新的活力。2019 年 8 月国务院办公厅印发了《关于加快发展流通促进商业消费的意见》，其中的第十条就是"释放汽车消费潜力"，要求实施汽车限购的地区要结合实际情况逐步放宽或取消限购，有条件的地方对购置新能源汽车给予积极支持①。2019年8月商务部等七部门联合印发了《关于进一步促进汽车平行进口发展的意见》，提出推进汽车平行进口工作常态化制度化，进一步提高汽车平行进口贸易便利化水平，加强平行进口汽车产品质量把控②。事实上，中国各级政府部门总能审时度势，灵活和高效地根据实际情况推出各种专项支持政策，为汽车工业的健康发展保驾护航。

第三节　中国汽车工业的主要挑战

一　核心技术创新能力相对滞后

（一）传统核心技术短板急需尽快弥补

回顾世界汽车工业发展史，中国汽车工业起步晚、底子薄，虽然中国于2009年一举登上了世界第一大汽车产销国的王座并保持至今，但中国汽车工业仍然存在大而不强的问题。尽管近年来中国汽车企业快速崛起，成为世界汽车产业技术创新的主要参与者，但无论是核心技术掌控力还是品牌溢价率，中国汽车企业与国际汽车巨头差距仍然明显，甚至要受制于人，从而极大地影响了汽车工业的竞争力。

实践表明，我国的"以市场换技术"战略并没有促进中国企业核心技术创新能力的大幅提高。时至今日，中国汽车工业的核心技术还是通过引进来解决。在关键零部件供应方面，外资、合资零部件供应商在液力变矩器、发动机启动装置、自动变速器等高技术含量领域拥有绝对的话语权，这些企业占据主要市场份额赚取高额垄断利润。我国汽车产品的发动机、变速箱、底盘开发技术仍与国际汽车巨头存在很大差距，国外已经广泛应用的涡轮增压和缸内直喷技术我们还在研发学习，车辆底盘技术方面目前仍处于逆向研发阶段。国际贸易摩擦给我国汽车工业敲响了警钟，长期依靠技术引进并不是长久之计，必须加大创新支持力度，

---

① 国务院办公厅：《国务院办公厅关于加快发展流通促进商业消费的意见（国办发〔2019〕42号）》，http://www.gov.cn/zhengce/content/2019－08/27/content_5424989.htm，2019年9月30日。

② 商务部网站：商务部等七部门印发《关于进一步促进汽车平行进口发展的意见》，http://www.mofcom.gov.cn/article/ae/ai/201908/20190802894999.shtml，2019年10月2日。

及早解决中国汽车工业发展的技术瓶颈。

（二）新一代智能汽车技术竞争力有待提升

汽车智能化、网联化正在引领全球汽车工业发展趋势，世界汽车巨头以此为核心展开激烈竞争。与此同时，汽车智能化和网联化发展将电子产业和信息通信产业融入传统汽车产业生态圈。从宏观层面来看，我国智能网联汽车的顶层制度设计尚不够明晰，缺乏长远发展指导规划，没能充分整合资源聚焦未来的发展方向。从微观层面来看，我国许多汽车企业还未深刻认识到智能网联汽车发展对汽车产业的深远影响，没有抢先行动占领制高点，将来可能会再一次陷入追赶的地步[1]。

智能网联汽车不仅涉及汽车产品本身的研发和制造，还需要实现车、网、路、云一体化产业链融合发展。欧美和日本在汽车智能化、网联化领域长期占据领先地位，而我国智能网联汽车的产业链还不够完善，关键零部件的核心技术欠缺，尤其在核心芯片、人工智能、传感系统和研发能力等方面明显落后。汽车工业发展的历史经验表明，核心技术和关键零部件落后将严重制约整车制造能力的提高。"关键核心技术是要不来、买不来、讨不来的"，只有加快提高自主创新能力才能改变受制于人的局面[2]。

（三）新一代汽车商业模式需要加快完善

盖世汽车发布的《新能源汽车商业模式创新研究》指出，汽车企业正在以大数据、互联网为手段向消费者提供覆盖汽车全生命周期的服务，以消费者体验为主的新型零售模式正在兴起（体验中心＋直营），尤其是新能源汽车需要通过商业模式创新培育市场竞争力[3]。因此，商业模式创新应该成为中国汽车工业创新的重要内容，是中国汽车企业未来重要的竞争力源泉。当前我国新能源汽车和智能网联汽车的商业模式还不够清

---

[1]　边明远、李克强：《以智能网联汽车为载体的汽车强国战略顶层设计》，《中国工程科学》2018 年第 1 期，第 52—58 页。

[2]　习近平主席在中国科学院第十九次院士大会、中国工程院第十四次院士大会上的讲话指出，我国基础科学研究短板依然突出，中国要强盛、要复兴，就一定要大力发展科学技术，努力成为世界主要科学中心和创新高地。

[3]　搜狐网：盖世汽车发布《新能源汽车商业模式创新研究》报告，http：//www. so-hu.com/a/321567990_377299，2019 年 9 月 30 日。

晰，必须以增强客户体验为中心形成完整的生态圈，以商业模式创新强化竞争力。

二　对政府扶持的依赖程度较高

中国汽车工业是在"一穷二白"基础上逐步发展起来，20 世纪 50 年代汽车工厂的成功筹建完全是由政府集中资源办大事的方针推动实现的。此后中国汽车工业发展强大，每个阶段都离不开政府政策的大力支持。尽管世界各国都在普遍实施汽车工业政策，但长期的支持政策也可能形成路径依赖。

（一）新能源汽车补贴

我国政府大力支持新能源汽车发展，2009 年的《汽车产业调整和振兴规划》明确了落实新能源产量及销售目标，此后财政部、科技部对北京、上海等 13 个城市开展节能与新能源汽车示范推广补贴试点工作。2010—2012 年中央财政投资 100 亿元支持新能源汽车及专用零部件开发，鼓励企业开展新能源汽车技术改造，攻坚关键汽车总成品；2014 年 9 月—2017 年 12 月销售的纯电动汽车、插电式（含增程式）混合动力汽车和燃料汽车免征车辆购置税，对节能汽车减半征收车船税[1]。

近年来我国开始调整过高的新能源汽车支持力度，2018 年财政部、工业和信息化部出台了《关于调整完善新能源汽车推广应用财政补贴政策的通知》（财建〔2018〕18 号），2019 年 3 月国家财政部、工业和信息化部、科技部和发展改革委联合发布《关于进一步完善新能源汽车推广应用财政补贴政策的通知》（财建〔2019〕138 号），对补贴标准、公平竞争、安全质量监管等方面进行了严格规范。

政策支持推动了我国新能源汽车销量暴增，2018 年新能源汽车销量较 2010 年增加了 120 倍，增长趋势明显。然而，新能源汽车市场仍然高度依赖政策推动，市场拉动的新增长动能转换还未完成。政府支持和补贴对汽车工业的驱动效应正在递减，发展到一定阶段难免会动力不足而陷入停滞，新能源汽车企业必须加快构建创新驱动型发展模式。

---

① 高秀平：《我国新能源汽车财税政策的国际借鉴》，《理论探索》2018 年第 2 期，第 111—115 页。

（二）"汽车下乡"补贴

为了应对金融危机的影响和撬动农村汽车消费，2009 年我国发布的《汽车行业调整振兴规划》中首次提及"汽车下乡"。在此利好政策的推动下，2009—2010 我国汽车销量实现了爆发式增长，2010 年首次超越美国成为全球第一大汽车销售市场。2019 年 1 月 29 日，国家发展改革委、工信部、财政部等十部委联合印发《进一步优化供给推动消费平稳增长促进形成强大国内市场实施方案（2019）》，鼓励农村居民汽车消费，此举被视为 2009 年之后的新一轮"汽车下乡"。国内汽车厂商积极响应，相继推出了一系列现金补贴、金融贴息和购置税优惠等方案。

"汽车下乡"补贴在一定程度上刺激了汽车销量，助力汽车工业繁荣局面的出现。然而，随着时间推移，优惠政策对汽车购买的拉动力不断减弱。2019 年推出的"汽车下乡"政策效果并没有 10 年前那样明显，许多车企更像是打着"汽车下乡"的名义降低积压库存和消化落后产能。在汽车市场竞争日趋激烈和消费者日益理性的背景下，如果汽车厂商利用支持政策进行寻租，"汽车下乡"补贴难以实现预期目标，汽车企业的口碑和竞争力都得不到应有的提升。即便是汽车企业及时扩大新车型的生产，但仓促行动可能会造成新的库存积压，而且容易忽视技术创新和汽车质量。

（三）其他支持政策

我国汽车产业还能在特定时期享受出口退税补贴。出口退税是国家常用的税收杠杆奖励措施，能够刺激特定行业的出口发展。2009 年国家商务部联合其他部门发布了《关于促进我国汽车产品出口持续健康发展的意见》（商产发〔2009〕523 号），提出了一系列刺激汽车产品出口的措施，有力地推动了我国汽车工业健康发展。此外，我国还推出过汽车以旧换新政策、促进和规范汽车消费信贷政策、政府采购公务车等相关政策。

从实践结果来看，每一次政策的出台对汽车销量的增长确实具有一定的促进作用。但一旦政策措施到期，汽车工业发展的动力就会显得不足，由此可以看出，我国汽车工业对政府政策的依赖程度相当高，缺乏一定的内生增长能力。我国汽车企业必须清醒地认识到，政策支持只是一种手段而不是目的，过度依赖政策支持不利于企业的长远发展，必须借助政策支持提高自主竞争力。

第四节　中国汽车工业的发展战略

一　大力补短板，掌握关键领域核心技术

随着科学技术的发展，未来汽车工业的竞争本质上是科技创新能力的竞争，谁掌握了核心技术谁就占领了产业制高点。未来的汽车工业核心技术不但包括传统汽车工业的共性技术，而且还涵盖了软件技术、集成技术、人工智能等整个供应链的技术。对于中国汽车工业而言，不但要在传统技术方面补短板、缩小差距和后发赶超，更要在新能源、智能网联等代表未来发展方向的新技术方面站在世界前沿，避免落入依附陷阱。

加快技术突破，完善核心零部件产业链。汽车产业链条作为汽车制造的基础，是建设汽车强国的基本支撑和基础保障。中国具备完整的汽车工业产业链，但在核心零部件环节存在着明显的短板。因此，中国汽车工业必须以产业为导向构建基础共性研究平台，促进企业通力合作实现基础技术的突破；必须加快原始创新、集成创新、引进消化吸收再创新，改变自主品牌竞争力不足、零部件供应链落后的被动局面，实现汽车产业又"全"又"强"发展；大力推动国家汽车工业战略研究院、汽车工业研究院和国家汽车协同创新平台之间的合作，促进汽车工业协同创新，并引导企业打造国际标准。

把握发展趋势，突破新能源汽车技术瓶颈。我国汽车厂商在积极研发和推出新能源汽车抢占市场的同时，必须加强对新能源汽车核心部件和中高端零部件的研发，形成内生创新能力，摆脱对政策的过度依赖。新能源汽车企业应重视构建新能源汽车生态圈，加强与高新科技企业的战略合作，从燃料电池和混合动力系统等方面提高消费者的驾驶体验。

加快技术创新，构建智能网联汽车生态圈。全球汽车工业在智能网联领域几乎都处于同一起跑线上，我国汽车企业必须抓住历史机遇及早行动，占领产业制高点；依托国内大环境，牢牢抓住"互联网＋"等战略行动的重要机遇，培育核心竞争力。政府部门要推动构建产、学、研体系，打造信息技术、智能交通、能源技术和汽车产业融合发展的新型

智能出行生态圈。

二 积极谋发展，培育世界级企业和品牌

全球汽车工业格局大变动为中国汽车企业提供了赶超发展的历史机遇，前提是中国汽车工业必须涌现一大批世界级的龙头车企，以龙头效应带动行业整体竞争力的提升。因此，必须统筹规划、加强政策引导，促进关键环节的技术创新突破，提高整个产业的竞争力和提升骨干企业的自主创新能力。积极培育国内重点企业，支持自主品牌企业收购、兼并具有核心技术和品牌优势的整车制造企业和零部件企业，打造中国自主品牌汽车企业巨头。努力整合资源，增强优势细分领域竞争力，在特定专业化领域塑造不可替代的优势。

加快推进中国汽车工业转型发展，鼓励企业进行商业模式创新和利用多种方式实现跨越式发展，努力打造世界级自主品牌。从全球汽车产业的发展趋势来看，汽车产业已经迈入品牌至上、质量优先的增长阶段。中国汽车企业在做大做强的过程中必须树立质量和品牌优先的理念，加强培育企业文化和提升品牌价值，挖掘出自身的品牌内涵，改善消费体验和赢取消费者认同。在参与国际市场竞争时，产品质量和口碑就是企业的生命线，不能仅仅依靠价格竞争策略。增强企业文化意识，加强品牌文化宣传，为国际市场量身定制特色品牌产品，推出具有特色的车型并形成良好的市场口碑。加快商业模式创新，高效整合各种资源，彰显企业品牌价值，逐渐做大做强。

三 加快"走出去"，提升企业的国际化水平

随着中国深度融入全球化和汽车企业实力的提升，中国汽车企业不断走出国门，从零部件出口到整车出口、从实行低价策略的传统汽车到高标准的电动车、从出口方式到海外投资设厂，中国汽车企业一步一个脚印打开国际市场大门。但是，汽车产业是全球化程度最高的产业之一，相比于中国汽车工业的体量和实力，汽车企业"走出去"还处于初级发展阶段。正如长城汽车董事长魏建军所言，"品牌国际化会提升认知度，同时也会扩大产品品类，降低生产研发升本，中国汽车企业不走国际化

道路一定死在中国。"① 因此，汽车企业必须抓住实力大幅提升、国家政策有力支持、国际合作深入推进的机遇，大力推动汽车产品出口，积极开展海外投资设厂，实现高质量发展。

相关政府部门应该积极研判发展趋势、认真制定战略规划，明确汽车工业国际化的战略定位、目标和路径，制定推动汽车企业"走出去"的专项支持政策。落实"放管服"改革的要求，提升汽车贸易便利化水平，简化汽车企业对外投资审批，助力汽车企业深耕海外市场。培育一批包括汽车及零部件在内的国际营销服务公众平台，牵头建设海外汽车工业园，搭建国际化桥梁。加强对汽车产品出口和海外投资的协调管理，加大对故意扰乱出口市场、恶性价格竞争等极端不负责任行为的惩罚力度，确保汽车工业有序推进国际化。

提升中国汽车工业的国际化水平不但需要政策的引导和支持，更需要汽车企业高度重视、精心谋划和长期坚持。汽车企业必须培育国际化经营眼光和雄心，努力增加开拓海外市场的资源投入，大力提升产品质量和品牌知名度，共同维护中国汽车品牌的国际形象；抓住国际供应商剥离优质资源的机会，准确把握切入时机，通过国际并购和国际合作等多种方式参与全球汽车工业重组；以"一带一路"沿线地区为重点，加快建立海外生产基地、研发基地和销售网络，打造国际化生产经营网络，构建产品、技术、人才与资本共同输出的国际化格局。

四　努力聚人才，提高自主创新发展能力

对于汽车工业来说，创新是提升发展的第一动力，人才则是创新的核心资源和根本保障。汽车强国建设的根基在于人才，创新是汽车产业可持续发展的动力和保障，科学有效的创新驱动体系是实现汽车强国建设目标的基石。政府部门应该统筹规划人才培养体系，针对汽车发展需求制定多层次、跨领域的人才培养政策，通过各种措施激励人才成长；牵头搭建政府、高校、科研院所和企业人才培养合作平台，形成"产、学、研"一体化的人才培养机制；加强职业教育和技能培训，大力培养

---

① 新浪网：《魏建军：中国车企不走国际化道路一定"死"》，http：//auto. sina. com. cn/news/hy/2019 – 04 – 19/detail – ihvhiewr7132658. shtml，2019 年 8 月 30 日。

高素质专业性技术人才；优化人才配套服务体系，为高端人才提供专业化、精细化、个性化的综合服务。

企业自身必须持之以恒地推进人才建设，构建完善的人才培养、使用和管理体系，做到"人尽其才，才尽其用"。优化人才招募选聘机制，创新人才引进方式，采取灵活、开放的方式吸引国内外高端紧缺人才，聚天下英才而用之；建立人才孵化中心，推动高水平专业人才队伍建设，加强各类人才储备，夯实研发基础；加强人才培养合作，鼓励人才到合作伙伴和专业机构接受培训，推进人才持续学习，确保人才水平的高端性和前沿性；恰当使用和安排人才，提高各类人才的岗位匹配和待遇，充分调动人才的积极性，防止人才流失。

参考文献

程振彪:《WTO 与中国汽车工业发展研究》,机械工业出版社 2002 年版。

程振彪:《世界汽车工业概览》,上海科学技术出版社 1993 年版。

韩琦:《跨国公司与墨西哥的经济发展》,人民出版社 2011 年版。

何琳:《我国汽车产业的技术整合与技术能力成长》,经济日报出版社 2013 年版。

何世耕:《汽车工业的战略抉择》,中国经济出版社 1989 年版。

胡树华、汪秀婷、侯仁勇:《国家汽车创新工程研究》,科学出版社 2007 年版。

江时学:《拉美发展模式研究》,经济管理出版社 1996 年版。

蒋学伟、路跃兵、任荣伟:《中国本土汽车企业成长战略》,清华大学出版社 2015 年版。

李洪:《中国汽车工业经济分析》,中国人民大学出版社 1993 年版。

李一鸣、刘军:《产业发展中相关理论与实践问题研究》,西南财经大学出版社 2006 年版。

刘世锦、冯飞:《中国产业发展研究》,华夏出版社 2001 年版。

娄勤俭:《中国电子信息产业发展模式研究》,中国经济出版社 2003 年版。

路跃兵、蒋学伟、任荣伟:《中国汽车产业成长战略》,清华大学出版社 2014 年版。

钱振为:《21 世纪中国汽车产业》,北京理工大学出版社 2004 年版。

乔梁:《WTO 与中国汽车产业》,红旗出版社 2002 年版。

芮明杰:《产业经济学》,上海财经大学出版社 2005 年版。

史自力:《日本汽车产业发展战略研究》,经济科学出版社 2005 年版。

苏振兴:《拉丁美洲的经济发展》,经济管理出版社 2000 年版。

苏振兴:《拉美国家现代化进程研究》,社会科学文献出版社 2006 年版。

孙益年:《世界汽车浪潮》,经济管理出版社 1991 年版。

谭崇台:《发展经济学概论》,辽宁人民出版社 1992 年版。

唐杰、杨沿平、周文杰:《中国汽车产业自主创新战略》,科学出版社
  2009 年版。

王俊豪等:《现代产业组织理论与政策》,中国经济出版社 2000 年版。

王玮:《汽车神话:文化、社会与创业》,北京大学出版社 1998 年版。

温茜茜:《中国产业发展模式研究》,浙江大学出版社 2015 年版。

吴国平:《21 世纪拉丁美洲经济发展大趋势》,世界知识出版社 2002
  年版。

武康平、费淳璐:《WTO 框架下中国汽车经济的增长极》,经济科学出版
  社 2002 年版。

夏大慰、史东辉:《产业政策论》,复旦大学出版社 1995 年版。

夏大慰、史东辉、张磊:《汽车工业:技术进步与产业组织》,上海财经
  大学出版社 2002 年版。

肖俊涛:《我国新能源汽车产业政策研究》,西南财经大学出版社 2016
  年版。

徐世澄:《墨西哥政治经济改革及模式转换》,世界知识出版社 2004 年版。

虞月君:《中国信用卡产业发展模式研究》,中国金融出版社 2004 年版。

臧旭恒、徐向艺、杨蕙馨:《产业经济学》,经济科学出版社 2005 年版。

张宝宇:《巴西现代化研究》,世界知识出版社 2002 年版。

张仁琪、高汉初:《世界汽车工业:道路、趋势、矛盾、对策》,中国经
  济出版社 2001 年版。

张森根、高铦:《拉丁美洲经济》,人民出版社 1986 年版。

张小蒂等:《国际投资导论》,浙江大学出版社 1996 年版。

中国汽车工业协会信息工作委员会:《汽车》,机械工业出版社 2002 年版。

邹广德等:《汽车工业系统优化与技术创新》,机械工业出版社 2004 年版。

边明远、李克强:《以智能网联汽车为载体的汽车强国战略顶层设计》,
  《中国工程科学》2018 年第 1 期,第 52—58 页。

陈涛涛、陈忱、顾凌骏：《墨西哥投资环境与中国企业投资机会》，《国际
　　经济合作》2014 年第 9 期，第 4—12 页。

董扬等：《中国汽车产业强国发展战略研究》，《中国工程科学》2018 年第
　　1 期，第 37—44 页。

樊杜鑫：《巴西汽车产业发展经验对我国的借鉴》，《黑龙江对外经贸》
　　2009 年第 4 期，第 13—15 页。

冯波：《汽车工业发展模式的比较与选择》，《天津汽车》2004 年第 2 期，
　　第 5—7 页。

冯春林：《我国智能网联汽车产业的发展困境与应对策略》，《当代经济管
　　理》2018 年第 5 期，第 64—70 页。

冯飞：《我国汽车产业的发展模式》，《经济研究参考》2002 年第 1 期，第
　　8—17 页。

高秀平：《我国新能源汽车财税政策的国际借鉴》，《理论探索》2018 年第
　　2 期，第 111—115 页。

韩东月、杨宝禄、杨洪伟：《巴西汽车市场发展浅析》，《汽车实用技术》
　　2019 年第 4 期，第 204—207 页。

贺晓琴：《跨国公司与经济全球化》，《世界经济研究》1998 年第 3 期，第
　　21—24 页。

胡安生：《中国汽车产业发展模式研究》，《汽车工业研究》2006 年第 3
　　期，第 2—9 页。

贾新光：《超精益生产方式——新的汽车生产方式正在出现》，《汽车与配
　　件》1998 年第 30 期，第 30—32 页。

江时学：《拉丁美洲汽车工业的发展》，《拉丁美洲研究》1989 年第 5 期，
　　第 22—28 页。

江时学：《拉美国家的收入分配为什么如此不公》，《拉丁美洲研究》2005
　　年第 5 期，第 3—11 页。

来有为：《对巴西汽车工业发展中政府作用的研究》，《拉丁美洲研究》
　　2001 年第 6 期，第 22—25 页。

李逢生、顾作英：《汽车工业发展道路和模式的选择与借鉴》，《世界汽
　　车》2000 年第 9 期，第 27—29 页。

李连友、韩冰：《关于用汽车消费带动我国经济增长的几点思考》，《中央

财经大学学报》2003 年第 8 期，第 69—73 页。

刘建丽：《工业 4.0 与中国汽车产业转型升级》，《经济体制改革》2015 年第 6 期，第 95—101 页。

刘金山：《中国汽车业"拉美化"现象的反思》，《探索与争鸣》2004 年第 4 期，第 29—30 页。

刘世锦、冯飞：《汽车产业全球化趋势及其对中国汽车产业发展的影响》，《中国工业经济》2002 年第 6 期，第 5—12 页。

刘宗巍、赵福全、陈嘉瑶：《中国新能源汽车产业地方保护问题及对策研究》，《科技管理研究》2018 年第 7 期，第 136—141 页。

刘宗巍、赵世佳、赵福全：《中国汽车零部件产业现状分析及未来发展战略》，《科技管理研究》2016 年第 20 期，第 104—108、156 页。

马建等：《中国新能源汽车产业与技术发展现状及对策》，《中国公路学报》2018 年第 8 期，第 1—19 页。

潘寿田：《墨西哥汽车发展之路》，《中国对外贸易》2000 年第 7 期，第 12—14 页。

钱平凡：《后起国家汽车工业发展模式与政府作用的比较研究》，《企业技术开发》2003 年第 2 期，第 51—56 页。

乔英俊等：《我国汽车产业转型升级研究》，《中国工程科学》2019 年第 3 期，第 41—46 页。

申杨柳：《巴西汽车产业对外开放经验研究》，《汽车与配件》2018 年第 35 期，第 28—31 页。

宋泓、柴瑜：《跨国公司与发展中国家的产业成长：模式和政策选择》，《改革》1999 年第 4 期，第 23—33 页。

苏振兴：《增长、分配与社会分化——对拉丁美洲国家社会贫富分化问题的考察》，《拉丁美洲研究》2005 年第 1 期，第 1—11 页。

孙建斌：《WTO 与中国汽车工业》，《经济研究参考》1999 年第 A9 期，第 13—29 页。

孙龙林：《巴西汽车工业政策浅析》，《汽车工业研究》2011 年第 8 期，第 45—48 页。

田建军、江时强：《警惕汽车工业"拉美化"之忧》，《上海国资》2005 年第 1 期，第 61—63 页。

王今:《国外汽车产业利用外资模式的比较研究》,《汽车工业研究》2005
　　年第 7 期。

王水娟、吕波:《跨国公司撤资对东道国产业发展的影响——来自巴西汽
　　车工业的案例》,《武汉金融》2007 年第 10 期,第 34—35 页。

夏大慰:《后起国家现代汽车工业形成过程与政策研究》,《中国工业经
　　济》1993 年第 11 期,第 73—78 页。

肖卫国:《跨国公司海外直接投资对投资国的经济效应分析》,《武汉大学
　　学报》(人文科学版)1999 年第 4 期,第 39—44 页。

杨强、胡树华:《发展模式的比较与选择》,《世界汽车》2002 年 a 第 1
　　期,第 37—40 页。

杨强、胡树华:《世界汽车工业发展模式的比较》,《北京汽车》2002 年 b
　　第 3 期,第 1—4 页。

岳谭:《辉煌历程再回首中国汽车工业发展 60 周年图片展集萃》,《时代
　　汽车》2013 年第 10 期,第 60—65 页。

张磐、鲁志强:《汽车工业面临的选择》,《数量经济技术经济研究》1987
　　年第 5 期,第 8—13 页。

张宇贤等:《汽车工业发展道路研究》,载史清琪、赵经彻主编《中国产
　　业发展报告》,中国轻工出版社 2001 年版。

张宇贤、杨合湘:《中国汽车工业发展战略选择》,《宏观经济研究》2001
　　年第 6 期,第 11—13 页。

张占斌:《国际汽车产业模式比较与中国发展路径选择》,《产业经济研
　　究》2003 年第 5 期,第 28—34 页。

赵福全等:《中国汽车工业强基战略与实施建议》,《中国软科学》2016 年
　　第 6 期,第 1—10 页。

赵福全等:《中国实现汽车强国的战略分析和实施路径》,《中国科技论
　　坛》2016 年第 8 期,第 45—51、76 页。

赵福全、刘宗巍、史天泽:《中国制造 2025 与工业 4.0 对比解析及中国汽
　　车产业应对策略》,《科技进步与对策》2017 年第 14 期,第 85—91 页。

赵平:《拉美汽车工业政策的历史考察》,《拉丁美洲研究》2009 年第 6
　　期,第 54—60 页。

周治平、钟华、李金:《世界汽车产业发展特点》,《宏观经济管理》2006

年第 11 期，第 72—74 页。

邹昭：《后合资时代中国汽车内资企业战略分析与对策》，《企业经济》2014 年第 5 期，第 5—11 页。

毕忠华：《日本、韩国、巴西三国汽车工业发展模式对我国的启示》，硕士学位论文，吉林大学，2005 年。

关云平：《中国汽车工业的早期发展（1920—1978 年）》，博士学位论文，华中师范大学，2014 年。

邱毓伟：《巴西汽车工业发展之研究》，硕士学位论文，台湾淡江大学，2004 年。

郑保国：《阿巴墨三国汽车工业发展剖析》，硕士学位论文，中国社会科学院研究生院，1990 年。

蒋菱枫：《去年全国小汽车保有量突破 2 亿辆》，《人民公安报》2019 年 1 月 12 日，第 4 版。

吴志华：《南方共同市场迈向自由贸易》，《人民日报》1999 年 1 月 11 日第 7 版。

张洋：《去年我国小汽车突破 2 亿辆》，《人民日报》2019 年 1 月 13 日，第 002 版。

［巴西］费尔南多·恩里克·卡多佐、［巴西］恩佐·法勒托：《拉美的依附性及发展》，单楚译，世界知识出版社 2002 年版。

［巴西］特奥托尼奥·多斯桑托斯：《帝国主义与依附》，毛金里等译，社会科学文献出版社 1999 年版。

［法］埃米尔·迪尔凯姆：《社会学方法的规则》，胡伟译，华夏出版社 1999 年版。

［美］艾伯特·赫希曼：《经济发展战略》，潘照东、曹征海译，经济科学出版社 1991 年版。

［美］加里·杰里菲、［美］唐纳德·怀曼：《制造奇迹：拉美与东亚工业化的道路》，俞新天等译，上海远东出版社 1996 年版。

［美］迈克尔·P. 托达罗：《经济发展（第六版）》，黄卫平、彭刚等译，中国经济出版社 1999 年版。

［美］乔纳森·曼特尔：《汽车大战：世界汽车巨人和他们创造的世界》，赵云云、林立译，新华出版社 1997 年版。

［美］乔治·斯蒂格勒:《价格理论》,李青原等译,商务印书馆1992年版。

［美］小艾尔弗雷德·D. 钱德勒:《企业规模经济与范围经济:工业资本主义的原动力》,张逸人等译,中国社会科学出版社1999年版。

［美］约翰·科迪、［美］海伦·休斯、［美］戴维·沃尔:《发展中国家的工业发展政策》,张虹等译,经济科学出版社1990年版。

［美］詹姆斯·P. 沃麦克、［英］丹尼尔·T. 琼斯:《精益思想:消灭浪费,创造财富》,沈希瑾、张文杰、李京生等译,商务印书馆1999年版。

［美］詹姆斯·P. 沃麦克、［英］丹尼尔·T. 琼斯、［美］丹尼尔·鲁斯等:《改变世界的机器》,沈希瑾等译,商务印书馆1999年版。

［日］大野耐一:《丰田生产方式》,谢克俭、李颖秋译,中国铁道出版社2006年版。

［日］宫本惠史:《产业政策》,彭晋璋译,载中国社会科学出版社工业经济研究所、日本总合研究所《现代日本经济事典》,中国社会科学出版社1982年版。

［英］理查德·拉明:《精益供应:创新与供应商关系战略》,高文海译,商务印书馆2003年版。

［英］威克托·布尔默—托马斯:《独立以来拉丁美洲的经济发展》,张凡、吴洪英、韩琦译,中国经济出版社2000年版。

Arbix, Glauco, and Iram JácomeRodrigues, "The Transformation of Industrial Relations in the Brazilian Automotive Industry", in Tuman, John P. , and John T. Morris, eds, *Transforming the Latin American Automobile Industry: Unions, Workers, and the Politics of Restructuring*, New York: M. E. Sharpe, 1998.

Arthur, B. , "Competing Technologies, Increasing Returns, and Lock – in by Historical Events", *Economic Journal*, 1989, 99 (394): 116 –131.

Bennett, Douglas, and Kenneth Sharpe, *Transnational Corporations Versus the State: the Polotical Economy of the Mexican Auto Industry*, Princeton: Princeton University Press, 1985.

Bennett, Douglas, and Kenneth Sharpe, "Agenda Setting and Bargaining Power: The Mexican State versus Transnational Automobile Corporations", in Kronish, Rich and Kenneth S. Mericle, eds., *The Political Economy of the Latin American Motor Vehicle Industry*, Cambridge: The MIT Press, 1984.

Bennett, Mark, *Public Policy and Industrial Development: The Case of the Mixican Auto Parts Industry*, Boulder: Westview Press, 1986.

Berry S, Grilli V, Lopez – De – Silanes F., "The Automobile Industry and The Mexico – Us Free Trade Agreement", *NBER Working Paper*, No. W4152, 2004.

Bloomfield, Gerald T., "The World Automotive Industry in Transition", in Christopher M. Law, ed., *Restructuring the Global Automobile Industry: National and Regional Impacts*, London: Routledge, 1991.

Breandán ó hUallacháin, David Wasserman, "Vertical Integration in a Lean Supply Chain: Brazilian Automobile Component Parts", *Economic Geography*, 2010, 75 (1): 21 –42.

Cárdenas, Mauricio P., "Restructuring in the Colombian Auto Industry: A Case Study of Conflict at Renault", in Tuman, John P., and John T. Morris, eds., *Transforming the Latin American Automobile Industry: Unions, Workers, and the Politics of Restructuring*, New York: M. E. Sharpe, 1998.

Carrillo, J. V., "The Restructuring of the Car Industry in Mexico: Adjustment of Policies and Labor Implications", *Texas Papers on Mexico*, No. 90 – 05, 1990.

Catalano, Ana María, andMarta S. Novick, "The Argentine Automotive Industry: Redefining Production Strategies, Markets, and Labor Relations", in Tuman, John P., and John T. Morris, eds., *Transforming the Latin American Automobile Industry: Unions, Workers, and the Politics of Restructuring*, New York: M. E. Sharpe, 1998.

Douglas, S. P., and Wind, Y., "The Myth of Globalization", *Columbia Journal of World Business*, 1987, 22 (4): 19 –29.

Dunning, John H., ed., *The Theory of Transnational Corporations*, New York: Routledge, 1993.

Evans, Judith, and Paul Heath Hoeffel, and Daniel James, "Reflections on Argentine Auto Workers and Their Unions", in Kronish, Rich, and Kenneth S. Mericle, eds. , *The Political Economy of the Latin American Motor Vehicle Industry*, Cambridge: The MIT Press, 1984.

Flee, Michael, "Bargaining Relations in the Colombia Motor Vehicle Industry", in Kronish, Rich, and Kenneth S. Mericle, eds. , *The Political Economy of the Latin American Motor Vehicle Industry*, Cambridge: The MIT Press, 1984.

Humphrey, John, and Antje Oeter, "Motor Industry Policies in Emerging Markets: Globalisation and the Promotion of Domestic Industry", in Humphrey, John, and Yveline Lecler, and Mario Sergio Salerno, eds. , *Global Strategies and Local Realities: The Auto Industry in Emerging Markets*, London: ST. Martin's Press, 2000.

Humphrey, John, "Labor in the Brazilian Motor Vehicle Industry", in Kronish, Rich, and Kenneth S. Mericle, eds. , *The Political Economy of the Latin American Motor Vehicle Industry*, Cambridge: The MIT Press, 1984.

Jenkins, R. , "Transnational Corporations and the State", in Jenkins, R. , ed. , *Transnational Corporations and Industrial Transformation in Latin America*, London: Palgrave Macmillan, 1984.

Jenkins, R. , *Dependent Industrialization in Latin American: The Automotive Industry in Argentina, Chile, and Mexico*, New York: Preger Publishers, 1977.

Jenkins, R. , "The Political Economy of Industrial Policy: Automobile Manufacturers in the Newly Industrializing Countries", *Cambridge Journal of Economics*, 1995, 19 (5): 625 – 645.

Jenkins, R. , "The Rise and Fall of the Argentine Motor Vehicle Industry", in Kronish, Rich, and Kenneth S. Mericle, eds. , *The Political Economy of the Latin American Motor Vehicle Industry*, Cambridge: The MIT Press, 1984.

Jenkins, R. , "Transnational Corporations and the Latin American Automobile Industry", *Hispanic American Historical Review*, 1988, 68 (4): 837 – 838.

Jenkins, R. , *Transnational Corporations and the Latin American Automobile Indusrty*, London: The Macmillan Press, 1987.

Spatz, Julius, and Peter Nunnenkamp, "Globalization of the Automobile Industry: Traditional Locations under Pressure?", *Kiel Working Paper*, No. 1093, 2002.

Klier, Thomas H. , and James Rubenstein, "Mexico's Growing Role in the Auto Industry Under NAFTA: Who Makes What and What Goes Where", *Federal Reserve Bank of Chicago Economic Perspectives*, 2017, 41 (6): 1 – 29.

Knickerbocker, F. T. , "Oligopolistic Reaction and the Multinational Enterprise", *Thunderbird International Business Review*, 2010, 15 (2): 7 – 9.

Kronish, Rich, "Latin America and the World Motor Vehicle Industry: The Turn to Exports", in Kronish, Rich and Kenneth S. Mericle, eds. , *The Political Economy of the Latin American Motor Vehicle Industry*, Cambridge: The MIT Press, 1984.

Kronish, Rich, and Kenneth S. Mericle, "The Development of the Latin American Motor Vehicle Industry, 1900 – 1980: A Class Analysis", in Kronish, Rich, and Kenneth S. Mericle, eds. , *The Political Economy of the Latin American Motor Vehicle Industry*, Cambridge: The MIT Press, 1984.

Levitt, T. , "The Globalization of Markets", *Harward Business Review*, 1983, 61 (May – June): 92 – 102.

Maxcy, G. , and A. Silberston, "The Motor Industry", *The Economic Journal*, 1959, 69 (276): 786 – 788.

Maynard, Micheline, *The Global Manufacturing Vanguard: New Rules From the Industry Elite*, Hoboken: John Wiley&Sons, 1998.

Mericle, Kenneth S. , "The Political Economy of the Brazilian Motor Vehicle Industry", in Kronish, Rich, and Kenneth S. Mericle, eds. , *The Political Economy of the Latin American Motor Vehicle Industry*, Cambridge: The MIT Press, 1984.

Moreno Brid, "Mexico's Auto Industry after NAFTA: a Successful Experience in Restructuring?", South Bend: Kelogg Institute, *Working Paper*, No. 232, 1996.

Morley, S., and G. Smith, "The Choice of Technology: Multinational Firms in Brazil", *Economic Development and Cultural Change*, 1977, 25 (2): 239 – 264.

Morris, John T., "Economic Integration and the Transformation of Labor Relations in the Mexican Automotive Industry", in Tuman, John P., and John T. Morris, eds., *Transforming the Latin American Automobile Industry: Unions, Workers, and the Politics of Restructuring*, New York: M. E. Sharpe, 1998.

OECD, *Long Term Outlook for the World Automobile Industries*, Paris: Organization for Economic Cooperation and Development, 1983.

Robert Grosse, *Multinationals in Latin America*, London: Routledge, 1989.

Root, H. Paul, "Should Product Differentiation Be Restricted?", *Journal of Marketing*, 1972, 36 (3): 3 – 9.

Roxborough, Ian, "Labor in the Mexican Motor Vehicle Industry", in Kronish, Rich and Kenneth S. Mericle, eds., *The Political Economy of the Latin American Motor Vehicle Industry*, Cambridge: The MIT Press, 1984.

Scherer, F. M., "Firm size, Market Structure, Opportunity and the Output of Patented Innovations", *American Economic Review*, 1965, 55 (5): 1097 – 1125.

Shapiro, Helen, *Engines of Growth: The State and Transnational Auto Companies in Brazil*, Cambridge: Cambridge University Press, 1994.

Skidmore, Thomas E., and Peter H. Smith, *Modern Latin America*, Fourth Edition, Oxford: Oxford University Press, 1997.

Sturgeon, Timothy, and Leonardo Lima Chagas, and Justin Barnes, "Inovar Auto: Evaluating Brazil's Automative Industrial Policy to Meet the Challenges of Global Value Chains", Brazil's Productivity Programmatic Approach (P152871) and the Brazil Public Expenditure Review (P158800) at the World Bank, 2017.

Tuman, John P. and John T. Morris, "The Transformation of the Latin American Automobile Industry", in Tuman, John P. and John T. Morris, eds., *Transforming the Latin American Automobile Industry: Unions, Workers, and the Politics of Restructuring*, New York: M. E. Sharpe, 1998.

Tuman, John P. , "The Political Economy of Restructuring in Mexico's 'Brownfield' Plants: A Comparative Analysis", in Tuman, John P. , and John T. Morris, eds. , *Transforming the Latin American Automobile Industry: Unions, Workers, and the Politics of Restructuring*, New York: M. E. Sharpe, 1998.

Tyler, William G. , *The Brazilian Industrial Economy*, Lexington: D. C. Heath and Company, 1981.

UNCTAD. *World Investment Report* 1992: *Translational Corporations as Engines of Growth*, New York: United Nations, 1992.

Wonnacott, P. , "The Automotive Industry in Southeast Asia: Can Protection Be Made Less Costly?", *World Economy*, 2010, 19 (1): 89 – 112.